Die Rechtswissenschaft ohne Recht.

Kritische Betrachtungen

über die

Grundlagen des Staats- und Völkerrechts

insbesondere über die

Lehre von der Souveränität.

Von

Leonard Nelson.

„Wer ist denn der souveräne Mann?
Ach das ist bald gesagt:
Der, den man nicht hindern kann,
Ob er nach Gutem oder Bösem jagt."
Goethe.

Leipzig ◻ Verlag von Veit & Comp. ◻ 1917

Dem Andenken

LUDWIG VON BARs

gewidmet.

„Am Ausgang des neunzehnten und am Anfang des zwanzigsten Jahrhunderts stehen wir in einer jener Perioden, in welcher die Idee des Rechts verblaßt. Es wird Zeit, sie wieder in ihrer Bedeutung zu erkennen."

LUDWIG VON BAR.

Inhalt.

Einleitung.

In einem Gespräch, das ich einst mit einem in seinem Vaterlande als Forscher wie als Staatsmann gleich angesehenen römischen Juristen führte, kam die Rede auf die Vorzüge der deutschen und der italienischen Sprache. Mein Freund behauptete, von allen ihm bekannten Sprachen eigne sich keine so gut wie die deutsche dazu, abstruse oder banale Behauptungen so auszudrücken, daß sie den Schein besonderen Tiefsinns annehmen. Die italienische Sprache dagegen bekunde ihre Präzision und Klarheit gerade dadurch, daß man, um die Nichtigkeit einer im Deutschen tief klingenden Behauptung zu erkennen, nur den Versuch zu machen brauche, sie ins Italienische zu übersetzen. Als Beispiel erwähnte er die Erklärung, mit der ein berühmter deutscher Professor, dessen Schüler er als Student gewesen war, seine Vorlesungen begonnen habe. „Die Rechtswissenschaft“, so habe jener erklärt, „ist die Wissenschaft vom Recht.“ „La scienza del diritto e la scienza del diritto“, fügte mein Freund ironisch lächelnd hinzu, um durch die bloße Übersetzung die Trivialität der Erklärung ins Licht zu setzen. Ich wagte nicht, zu widersprechen; denn ich war geneigt, ihm recht zu geben.

Heute sehe ich es anders an. Erfahrung und Nachdenken haben mich überzeugt, daß die Erklärung des deutschen Professors, weit entfernt, trivial zu sein, eine Behauptung von außerordentlicher Kühnheit enthält. Wer die Entwicklung verfolgt, die die Rechtswissenschaft in den Händen ihrer neueren Bearbeiter genommen hat, dem muß sie mehr und mehr in einem Lichte erscheinen, wonach jene Erklärung vom Wesen der Jurisprudenz nicht nur nicht als trivial, sondern nicht einmal mehr als richtig gelten kann. Das Bestreben, die Forschung auf eine, wie man sagt, positive Basis zu stellen und sie von allen metaphysischen Voraussetzungen zu reinigen, hat zu einer Kritik der Grundbegriffe geführt, deren Ergebnis ein totaler Umschwung in den Anschauungen vom Wesen der Rechtswissenschaft selbst ist, ein Umschwung, der so weit geht, daß ihm die überkommene Wortbedeutung ihres Namens nicht mehr Rechnung zu tragen vermag.

Dieser Vorgang ist übrigens nur das Symptom einer allgemeinen Entwicklung, deren gleichartige Wirkungen sich in allen Gebieten der Wissenschaft bemerkbar machen. Überall ist der Positivismus zur Herrschaft gelangt, überall ist man gleichmäßig bestrebt, die Forschung auf die Feststellung der sinnlich wahrnehmbaren Tatsachen zu beschränken, alle Annahmen dagegen, die über das anschaulich Vorfindbare hinausgehen, auszumerzen und sich damit, wie man es nennt, von allen metaphysischen Voraussetzungen frei zu machen.

So hat die Psychologie längst aufgehört zu sein, was ihr Name bedeutet. Die Erforschung der Seele gilt dem modernen Psychologen als eine metaphysische Verstiegenheit, die er weit von sich weist, als ein Abenteuer, das ihn in die Gesellschaft der Obskuranten, Okkultisten, Spiritisten und Theosophen versetzen würde; denn mit seinem Chronoskop, Tachytoskop und Kymographion kann er ein so mysteriöses Ding nicht beobachten oder gar messen.

Und wie es eine Verkennung der modernen Psychologie wäre, wenn man ihr eine Erforschung der Seele zumuten wollte, so täte man auch einem modernen Vertreter der Naturwissenschaft unrecht, wollte man in der von ihm betriebenen Wissenschaft eine solche von der Natur suchen. Denn was über ein bloßes Registrieren von Empfindungen hinausgeht, würde, soweit es sich nicht in willkürlichen Festsetzungen zum Behuf einer möglichst ökonomischen Zusammenfassung und Übersicht der gewonnenen Empfindungen erschöpft, metaphysische Voraussetzungen in die Wissenschaft hineinziehen und muß daher als etwas empirisch Unkontrollierbares aus dem Bereich einer reinen Erfahrungswissenschaft verwiesen werden. Eine von seinen Empfindungen unabhängige, durch notwendige und allgemeine Gesetze geregelte Natur ist etwas, was sich den Beobachtungen und Experimenten des Naturforschers entzieht, und worüber daher seine Wissenschaft keinen Aufschluß geben kann. Ob es eine solche Natur gibt, und wie sie beschaffen ist, dies sind Fragen, die alle menschliche Wissenschaft übersteigen, und über die man das Urteil denen überlassen muß, die sich des Besitzes einer übersinnlichen Offenbarung erfreuen. SOKRATES behält danach recht, wenn er die Bestrebungen seiner Zeitgenossen, zu einer Wissenschaft von der Natur zu gelangen, als einen frevelhaften Übergriff in das Vorrecht der Götter zurückwies, und Männer wie GIORDANO BRUNO, KEPPLER und GALILEI, die dieses aberwitzige Unterfangen erneuert und sich zu Märtyrern ihres Irrwahns gemacht haben, verdienen nicht länger unsere Bewunderung.

Der Psychologie ohne Seele und der Naturwissenschaft ohne Natur tritt nun eine Rechtswissenschaft ohne Recht an die Seite. Ein Recht, das objektiv und unabhängig von aller Anerkennung seitens der Menschen Verbindlichkeit besäße, das seine Gültigkeit nicht der Rücksicht auf soziale oder politische Opportunität verdankt, noch auch der Ehrwürdigkeit des historisch Gewordenen, ist ein offenbar nur der Metaphysik angehöriges Gebilde. Nicht mit einem solchen Recht daher, sondern einzig mit den ihren Forschungsmitteln zugänglichen Rechtsüberzeugungen, Vorstellungen, Gefühlen, Willensakten, oder was sonst als historisch erweisliche Rechtsquelle gelten mag, kann es die positive Wissenschaft zu tun haben. Ob das, was als Recht anerkannt wird und als Recht gilt, auch objektiv Recht sei oder nicht, darüber zu urteilen, muß sie sich für inkompetent erklären. Dies ist in der Tat der Zustand, den wir in der heutigen Jurisprudenz antreffen.

Die Preisgabe des objektiven Rechtsbegriffs von seiten der Jurisprudenz hat aber nicht nur tiefgreifende Folgen für das Schicksal dieser Wissenschaft, sondern ihr Einfluß erstreckt sich auch auf das Schicksal des Rechtes selbst. Die Existenz oder Nichtexistenz der Seele hängt nicht davon ab, ob die Psychologie sie anerkennt. Und das Bestehen der Natur und ihrer Gesetze wird nicht dadurch bedroht, daß die Wissenschaft es verschmäht, sie in den Kreis ihrer Forschung zu ziehen. Es besteht keine Gefahr, daß die Erde aufhören könnte, sich um die Sonne zu drehen, wenn die Naturforscher dieser Wahrheit die Anerkennung wiederum versagen. Wenn aber die Wissenschaft der Unterscheidung von Recht und Unrecht die Anerkennung verweigert, so wird dadurch die Sicherheit und Geltung des Rechtes selbst untergraben. Denn ob Recht oder Unrecht herrscht, das hängt vom Verhalten der Menschen ab, und mit der Zerstörung des Glaubens an die Verbindlichkeit des Rechtes müssen unvermeidlich auch die Triebfedern zur Sicherung und Erhaltung des Rechtes gelähmt werden. Wo die Wissenschaft dem Recht ihren Schutz versagt, da wird das Recht überhaupt schutzlos. Denn wenn schon die berufenen Hüter des Rechtes seine Heiligkeit nicht achten, wie viel mehr werden es dann diejenigen mit Füßen treten, denen bei der skrupellosen Verfolgung ihrer Interessen nur das Recht eine Schranke setzen konnte.

Wo sich daher dieser juristische Nihilismus der Wissenschaft bemächtigt, da wird auch ein praktischer Nihilismus im Völkerleben die unausbleibliche Folge sein, und nur soweit die äußere Rechtsordnung noch durch die Macht der Gewohnheit oder durch ein glückliches Gleichgewicht der an ihrer Zerstörung interessierten Kräfte aufrechterhalten bleibt, tritt diese Folge nicht unmittelbar in Erscheinung.

Eine Prüfung des in der neueren Jurisprudenz zur Herrschaft gelangten Dogmas erscheint angesichts seiner hohen praktischen Tragweite als eine Aufgabe von nicht bloß theoretischem Interesse, und sie verdient gewiß um so mehr Aufmerksamkeit in einer Zeit, wo die gewaltigsten Umwälzungen im öffentlichen Leben alle Gedanken auf die Frage nach den Normen hinlenken, die für die Neugestaltung der Gesellschaft bestimmend sein sollen und von deren Anerkennung das Schicksal der Völker abhängt und mit dem Schicksal der Völker das Wohl und Wehe jedes einzelnen.

Im folgenden sollen die von einigen neueren Juristen entwickelten staats- und völkerrechtlichen Ansichten erörtert werden, die für die gekennzeichnete Tendenz als typisch gelten können und die auch in der Gegenwart besonderen Beifall gefunden haben. Bei dieser Prüfung soll indessen der Maßstab nicht der Rücksicht auf die praktischen Konsequenzen der einzelnen Lehren entnommen werden, sondern wir werden, um den Standpunkt der reinen Wissenschaft nicht zu verlassen, uns einzig von der Frage nach der inneren Haltbarkeit, d. h. nach der Widerspruchslosigkeit und der Vollständigkeit der Begründung der zu prüfenden Lehrgebäude leiten lassen.

Die wissenschaftlichen Tendenzen, die uns hier interessieren, haben ihren konzentriertesten Ausdruck in der Lehre von der Souveränität gefunden. Gemäß der ausgezeichneten Rolle, die dieser Begriff sowohl im Staatsrecht wie auch besonders im Völkerrecht spielt, wird er ganz von selbst in den Mittelpunkt der uns beschäftigenden Probleme rücken, und unsere Untersuchung wird daher im wesentlichen zu einer Kritik des die heutige Rechtslehre beherrschenden Souveränitätsprinzips werden.

Erstes Kapitel.

Die Begründung des Staatsrechts durch die Lehre vom Staatswillen

bei

GEORG JELLINEK.[1]

§ 1. Von der Staatsrechtslehre als Wissenschaft.

Beginnen wir mit einer Prüfung der Lehren JELLINEKs, des zweifellos noch immer angesehensten und einflußreichsten Staatsrechtslehrers unserer Zeit. Sein Hauptwerk, das denn auch hier vorwiegend benutzt werden soll, ist die „Allgemeine Staatslehre", die soeben in einer neuen Auflage erschienen ist.

Die Wissenschaften zerfallen nach JELLINEK in beschreibende oder deskriptive, erklärende oder theoretische und angewandte oder praktische. „Die ersten wollen die Erscheinungen feststellen und ordnen, die zweiten Regeln ihres Zusammenhanges aufweisen, die dritten ihre Verwendbarkeit für praktische Zwecke lehren." (A. 6.) Unter

---

[1] Die zitierten Schriften JELLINEKs werden hier mit folgenden Abkürzungen bezeichnet:

A. = Allgemeine Staatslehre. 3. Auflage, Berlin 1914.
L. = Die Lehre von den Staatenverbindungen. Wien 1882.
Ö. = System der subjektiven öffentlichen Rechte. Freiburg i. B. 1892.
R. = Die rechtliche Natur der Staatenverträge. Wien 1880.
S. = Die sozialethische Bedeutung von Recht, Unrecht und Strafe. 2. Auflage, Berlin 1908.

diesen Klassen von Wissenschaften muß auch die Staatsrechtslehre ihre Stelle finden.

An dieser Einteilung ist von vornherein bemerkenswert die Gleichsetzung angewandter und praktischer Wissenschaft. Praktische Wissenschaft gibt uns Regeln für das Handeln. Jene Einteilung setzt also voraus, daß sich Regeln für das Handeln nur durch Anwendung theoretisch festzustellender Regeln des Zusammenhangs der Erscheinungen erhalten lassen oder daß sie wenigstens nur insofern Gegenstand einer Wissenschaft werden können. Diese Voraussetzung läuft auf die Behauptung hinaus, daß die praktischen Zwecke selbst, in deren Dienst die Anwendung theoretischer Regeln erfolgt, keiner weiteren wissenschaftlichen Beurteilung unterworfen werden können. Alle praktische Wissenschaft könnte hiernach nur r e l a t i v e Bedeutung beanspruchen; d. h. sie könnte nur mit Rücksicht auf willkürlich gewählte Zwecke die Regeln angeben, denen gemäß jene zu verwirklichen wären. Mit anderen Worten: die Wissenschaft würde zwar über die M i t t e l zur Erreichung irgend welcher Zwecke Aufschluß geben können, niemals aber über die Vorzugswürdigkeit oder Verwerflichkeit der Zwecke selbst. Sie würde, nach KANTs treffendem Ausdruck, zwar hypothetische, nicht aber kategorische Imperative zu lehren vermögen.

Hiermit stimmt denn auch überein, was JELLINEK über die „angewandte oder praktische Staatswissenschaft“ sagt. (A. 13 f.) Diese ist ihm die P o l i t i k.

„Da absolute Zwecke nur auf dem Wege metaphysischer Spekulation aufgezeigt werden können, so . . . können nur relative politische Untersuchungen wissenschaftlichen Wert gewinnen, d. h. solche, die hypothetisch einen bestimmten Zweck als zu erreichend annehmen, dabei aber die Möglichkeit anders gearteter teleologischer Beurteilung zugeben müssen.“ „Allgemeingültige politische Regeln können schon deshalb nicht aufgestellt werden, weil alle konkreten politischen Zwecke entweder relativ oder metaphysisch, in beiden Fällen aber Gegenstand individuellen oder parteimäßigen Meinens und Glaubens sind." (A. 21.)

In der Tat, die Aufstellung kategorischer praktischer Sätze würde eine metaphysische, d. h. von aller Erfahrung unabhängige Erkenntnis erfordern. Daß eine solche als Wissenschaft unmöglich sei, setzt JELLINEK als selbstverständlich voraus.

Dennoch soll es eine von der Politik unabhängige Staatswissenschaft geben. Diese ist einerseits, als „soziale Staatslehre", Wissenschaft vom Sein des Staates, andererseits, als Staatsrechtslehre, Wissenschaft von den in jenem Sein „zum Ausdruck kommen sollenden Rechtsnormen". (A. 20.) Hier macht nun die „soziale Staatslehre" keine Schwierigkeit; sie ist teils beschreibende, teils erklärende Wissenschaft vom Sein des Staates. Wie aber verhält es sich mit der Staatsrechtslehre? Sie soll eine Wissenschaft von Normen sein, d. h. von „Regeln, welche ein Sein-sollen ausdrücken", wie überhaupt die Rechtswissenschaft „eine Wissenschaft nicht der Seinsgesetze, sondern der Normen" ist. (A. 20.) Die Staatsrechtslehre wäre also eine praktische Wissenschaft. Ihre Normen sollen aber nicht politischer Natur sein; sie beanspruchen also nicht nur hypothetische, sondern kategorische Gültigkeit. Für eine solche Wissenschaft war ja aber in der gegebenen Einteilung der Wissenschaften kein Platz. Dieser Konsequenz wird denn auch alsbald der eben definierte Begriff der Staatsrechtslehre wieder geopfert. An ihrem normativen Charkter wird zwar zunächst noch festgehalten. Aber die Rechtsnormen sollen das Besondere an sich haben, daß sie geltende Normen sind, d. h. solche, „denen Garantien ihrer Erfüllung zur Seite stehen". „Diese Geltung", so wird geschlossen, „erhebt sie zu einem Teile des Seienden." Das Recht übe, im Unterschied von anderen Willensnormen, als reale Macht bestimmte berechenbare Wirkungen aus. „Darum ist das

Recht dieser Seite nach Gegenstand der Wissenschaft vom Seienden." (A. 20.) Und bald hören wir sogar, „daß das allgemeine Staatsrecht keine Lehre von einem geltenden Rechte, sondern gleich dem nichtjuristischen Teil der Staatslehre eine Theorie ist, die nicht Normen, sondern wissenschaftliche Sätze enthält". „Die Forderung einer von der Politik geschiedenen Staatslehre, die . . . in ihren Resultaten nur dem Gewordenen und Seienden, nicht dem Seinsollenden zugewendet ist", sei die Errungenschaft der neueren deutschen Publizistenschule, „deren Aufgabe es ist, das Staatsrecht ausschließlich in seinem rechtlichen Gehalte zu erforschen und darzustellen". Diese Einsicht in die Natur der Staatsrechtslehre wird als eine „grundlegende Erkenntnis der neuesten Zeit" gepriesen. (A. 63 f.) Sie ist aber nichts als barer Widerspruch. Es war zugestanden, daß das Recht aus Regeln besteht, welche ein Sollen ausdrücken. Die Aufgabe aber, das Staatsrecht ausschließlich in seinem rechtlichen Gehalte zu erforschen und darzustellen, soll durch eine Wissenschaft gelöst werden, die ausschließlich dem Gewordenen und Seienden, nicht dem Seinsollenden zugewendet ist? Kurz: das Staatsrecht soll erforscht werden durch eine Wissenschaft, die ausschließlich dem zugewendet ist, was n i c h t Staatsrecht ist?

Der Fehler liegt hier in dem Schluß von der „Geltung" der Rechtsnormen auf ihre Zugehörigkeit zum „Seienden". Daß eine Rechtsnorm Geltung hat, soll heißen, daß ihre Erfüllung garantiert ist. Ihre Erfüllung aber bedeutet, daß das, was geschehen soll, auch wirklich geschieht. Hört aber die Rechtsnorm darum auf, ein Sollen zu sein, weil das, was sie fordert, wirklich geschieht? Wird sie dadurch ihrerseits zu einem Gegenstand der Wissenschaft vom Seienden? Wenn eine Norm gilt, so ist das, was sein soll, ein Seiendes. Keineswegs aber wird dadurch das Sollen selbst zu einem Seienden. Keineswegs ist es richtig, daß das Recht, im Unterschied von anderen Willensnormen, als reale Macht bestimmte Wirkungen ausübt. Wenn, wie JELLINEK an anderer Stelle betont, „durch Rechtsbegriffe niemals ein reales Sein erkannt wird“ (A. 162), wenn allen Rechtsbegriffen „in der Welt der Tatsachen nichts objektiv Wahrnehmbares entspricht“ (A. 183), so kann das Recht auch nicht als reale Macht Wirkungen ausüben. Nur die Vorstellung der Rechtsnormen und der mit ihrer Übertretung verbundenen Folgen vermag dies. Nur diese Vorstellung, nicht aber das Recht selbst, ist ein „tatsächlicher Faktor des Volkslebens“, den die Geschichte „nach dem Maße realen Seins, der tatsächlichen Wirkungen messen“ kann. (A. 20 f.)

Wenn daher der „ideale Typus“ des Staates, der „kein Seiendes, sondern ein Seinsollendes und damit zugleich Wertmaßstab des Gegebenen“ ist, als solcher aus der „theoretisch-wissenschaftlichen Erkenntnis“ verbannt und in den Bereich der „Spekulation“ verwiesen wird (A. 36), so ist dies freilich richtig, falls man unter theoretischer Wissenschaft diejenige versteht, deren Objekt „das Seiende, nicht das Seinsollende, die gegebene Welt, nicht eine zu erschaffende“ ist. Der Schluß aber, daß ein solcher Typus „nicht auf dem Wege wissenschaftlicher Forschung“ zu finden sei, da „wie alle Spekulation, auch die vom idealen Staatstypus in letzter Linie auf dem Boden subjektiver Überzeugungen ruhe“, und daß er „daher nicht Objekt des Wissens, sondern des Glaubens“ sei, ist ein Trugschluß. Er steht und fällt mit der durch nichts zu begründenden Behauptung, daß „theoretische Wissenschaft“ mit Wissenschaft überhaupt gleichbedeutend sei, daß, mit anderen Worten, eine Wissenschaft des Sollens unmöglich sei. Unter dieser Voraussetzung aber wäre auch keine Rechtswissenschaft möglich. Es gäbe also erst recht keine Staatsrechtswissenschaft. Wer darauf verzichtet, die Staatsrechtslehre als praktische Wissenschaft zu bearbeiten, mag den Begriff des Staatsrechts umdeuten, wie er will; wenn der Zweck der Staatslehre wie der aller Jurisprudenz „auf Gewinnung praktischer Möglichkeit gerichtet ist, das tatsächliche Leben rechtlich zu beurteilen", wenn alle Konstruktionen, die nicht irgend wie diesem praktischen Zweck zu dienen im stande sind, keinen wissenschaftlichen Wert haben" (A. 51 f.), und wenn eine nur dem Seienden zugewendete Rechtswissenschaft „den edleren Teil ihres Berufes gänzlich aufgeben würde" (A. 19), so ist sein Unternehmen gerichtet.

§ 2. Vom Begriff des Rechts.

Der Wunsch, der Staatsrechtslehre ihre praktische Bedeutung zu retten, ohne sich doch auf den Boden der „metaphysischen Spekulation" zu begeben, führt nun zu den abenteuerlichsten Mißgriffen. Vor allem gilt es, einen dieser widerspruchsvollen Anforderung genügenden Begriff des Rechts zu gewinnen. Das Dogmatische eines solchen Vorgehens rächt sich hier sogleich beim ersten Schritte. Statt vor allem diesen Begriff selbst zu erörtern und so zuerst die Bedeutung des Wortes „Recht" zu fixieren, stellt man uns sofort vor die Wahl zwischen zwei aufs Geratewohl herausgegriffenen Hypothesen über die „Natur" oder das „Wesen" des Rechts, ohne die Frage der Vollständigkeit der zur Wahl gestellten Möglichkeiten auch nur zu streifen.

> „Entweder man sucht die Natur des Rechtes als einer vom Menschen unabhängigen, in dem objektiven Wesen des Seienden gegründeten Macht zu erforschen oder man faßt es als subjektive, d. h. innermenschliche Erscheinung auf." (A. 332.)

Offenbar sind in dieser Alternative mehrere, von einander verschiedene Gegensätze vermengt. Der Gegensatz zu einer im Wesen des Seienden gegründeten Macht wäre ein als bloßes Sollen von allem Sein unabhängig bestehendes Recht. Von diesem Gegensatz des Seins und des Sollens ist der zwischen Objektivem und Subjektivem wohl zu unterscheiden. Objektiv wäre ein von der Vorstellung der Menschen unabhängiges, subjektiv ein von den Menschen nur vorgestelltes Recht.

Wieder ein anderer Gegensatz endlich ist der des Inneren und Äußeren. Als „innermenschliche Erscheinung" wäre das Recht etwas Psychisches; der Gegensatz dazu wäre eine außermenschliche oder physische Erscheinung.

Eine einfache Erörterung des Rechtsbegriffes hätte es klar gemacht, daß wir unter „Recht" in der Tat nicht sowohl eine im Wesen des Seienden begründete Macht, als vielmehr ein bloßes Sollen verstehen. Ist aber das Recht überhaupt nichts Seiendes, so ist ferner auch klar, daß es weder zu dem außer uns, noch zu dem in uns Seienden gehören kann, daß ihm also so wenig psychische wie physische Existenz zukommt. Was aber den Gegensatz des Objektiven und Subjektiven betrifft, so ist klar, daß, wenn wir vom „Recht" sprechen, wir etwas anderes meinen als unsere oder anderer Menschen Vorstellung vom Recht. Die Frage, ob wir berechtigt sind, ein solches objektives Recht anzunehmen, kann dabei ganz dahingestellt bleiben; jedes rechtliche Urteil, das wir fällen, setzt faktisch das Bestehen eines solchen voraus; denn wenn wir sagen, daß etwas Recht sei, so meinen wir etwas anderes, als daß wir es für Recht halten. Sagen wir nämlich, daß wir etwas für Recht halten, so läßt diese Aussage die Frage, ob es auch Recht sei, offen; gerade dies behaupten wir aber, wenn wir sagen, daß es Recht sei.

Für JELLINEK aber fällt der Begriff eines objektiven Rechts mit dem einer äußeren Macht zusammen, der Gegensatz des Objektiven aber ist für ihn das Innermenschliche oder Psychische. Daß den Rechtsbegriffen kein „reales Sein" entspricht, ist ihm gleichbedeutend damit, daß ihnen keine „Realität außer uns" oder nichts „Materielles" entspricht. (A. 162.) Und so genügt ihm die Erinnerung, daß die Annahme eines objektiven Rechts ihn auf den Weg der „metaphysischen Spekulation" führen würde, um kurzerhand zu schließen, daß das Recht „ein Teil der menschlichen Vorstellungen" sei. „Es existiert in unseren Köpfen, und die nähere Bestimmung des Rechtes hat dahin zu gehen, welcher Teil unseres Bewußtseinsinhaltes als Recht zu bezeichnen ist." (A. 332.)

So wird denn das Recht zu einer „psychologischen Erscheinung", rechtliche Urteile zu psychologischen Urteilen und somit die Rechtswissenschaft zu einem Zweig der Psychologie.

Wenn das Recht aus menschlichen Vorstellungen besteht, so ist die nächste und wichtigste Frage: aus Vorstellungen w o v o n? Auf den ersten Blick könnte man diese Frage für einfach genug halten und meinen, sie beantworte sich von selbst; denn um welche anderen Vorstellungen könnte es sich handeln als um die vom Rechte? Aber diese Antwort würde offenbar fehlgehen. Denn das Recht ist ja gerade als ein Teil unserer Vorstellungen erklärt worden; diese Vorstellungen s e l b s t s i n d das Recht. Also kann das, w a s wir in diesen Vorstellungen vorstellen, alles andere, nur nicht das Recht sein. Jede Vorstellung ist die Vorstellung von e t w a s, und dieses Etwas kann nicht die Vorstellung selbst sein. Wohl kann auch eine Vorstellung wieder vorgestellt werden, aber nur durch eine neue Vorstellung, die dann ihrerseits die erste zum Gegenstand hat. Ist also das Recht ein Teil unserer Vorstellungen, so wird es von der äußersten Erheblichkeit, zu wissen, welches die, vom Recht jedenfalls verschiedenen, Gegenstände dieser Vorstellungen sind.

Statt aber diese Frage zu beantworten oder auch nur aufzuwerfen, geht JELLINEK auf seine frühere Erklärung zurück, das Recht bestehe aus Normen, d. h. aus Regeln für menschliches Handeln. Da jedoch auch die Vorschriften der Religion sowohl wie der Sittlichkeit und der Sitte Normen sind, so entsteht die Frage nach dem unterscheidenden Merkmal der r e c h t l i c h e n Normen. Hier heißt es:

„Da alle Handlungen auf bestimmte Zwecke gehen, so liegt es nahe, in den spezifischen Zwecken des Rechts sein Unterscheidungsmerkmal von anderen normgebenden Mächten zu suchen. Über diese Zwecke wird sich leicht Übereinstimmung herbeiführen lassen.“ (A. 332 f.)

In diesem Schluß ist sowohl die Prämisse wie der Schlußsatz als auch der Schluß selbst falsch. Daß alle Handlungen auf Zwecke gehen, würde bedeuten, daß jede Handlung nur als Mittel zur Herbeiführung eines von ihr selbst verschiedenen Erfolges, nie um ihres unmittelbaren Wertes oder ihrer inneren Notwendigkeit willen geschieht, womit wenigstens das rechtliche Handeln gerade ausgeschlossen wäre. Verhielte es sich aber auch so, so würde daraus doch nichts für einen spezifischen Zweck oder überhaupt für einen Zweck des Rechtes folgen. Denn das Recht ist keine Handlung, sondern besteht aus Normen für Handlungen. Und in der Tat, schon die Sprachwidrigkeit des Ausdrucks verrät, daß es widersinnig ist, von „Zwecken des Rechtes“ zu sprechen. Rechtsnormen sind nicht hypothetische, d. h. unter der Bedingung eines Zweckes gebietende, sondern kategorische, d. h. schlechthin und ohne alle Rücksicht auf einen zu erreichenden Zweck gebietende Normen. Nach den Zwecken des Rechts zu suchen, ist daher eine in sich widerspruchsvolle Aufgabe.

JELLINEK läßt denn auch diese Aufgabe alsbald wieder fallen, um das entscheidende Merkmal in der Art der Normen selbst zu suchen. Er findet es darin, daß sie 1. „Normen für das äußere Verhalten der Menschen zueinander“ sind, daß sie 2. „von einer anerkannten äußeren Autorität ausgehen“ und daß 3. ihre „Verbindlichkeit durch äußere Mächte garantiert ist“. Die beiden ersten Kriterien lassen so sehr jede Begründung und besonders das zweite auch jede Erklärung seines Sinnes vermissen, daß es nicht verlohnt, auf sie einzugehen. Nur das dritte wird einer näheren Erörterung gewürdigt, die jedoch seinen Sinn mehr verdunkelt als aufklärt. Sie lautet:

„Alles Recht hat als notwendiges Merkmal das der Gültigkeit.

Eine Norm gilt dann, wenn sie die Fähigkeit hat, motivierend zu wirken, den Willen zu bestimmen." (A. 333.)

Wie aber eine Norm die Fähigkeit erlangen kann, zu wirken, bleibt nach wie vor rätselhaft. Eine solche Annahme erscheint nur möglich, wenn man die Norm mit der Vorstellung der Norm verwechselt. Nur die Vorstellung der Rechtsnorm vermag motivierend auf den Willen zu wirken. So heißt es denn auch weiter:

„Diese Fähigkeit entspringt aus der nicht weiter ableitbaren Überzeugung, daß wir verpflichtet sind, sie zu befolgen." (A. 333.)

Davon abgesehen aber kommt offenbar alles darauf an, was hier unter „Fähigkeit" verstanden werden soll. Daß nicht ohne weiteres die Befolgung der Rechtsnorm zum Kriterium ihrer Gültigkeit gemacht wird, versteht sich; denn wir sprechen einer Rechtsnorm nicht dann schon die Gültigkeit ab, wenn sie gelegentlich übertreten wird. Also nicht sowohl die Befolgung als die Fähigkeit, sich Befolgung zu verschaffen, die „Möglichkeit, verwirklicht zu werden", wie es an anderer Stelle heißt (A. 17), ist für die Gültigkeit erforderlich. Was aber bedeutet diese Fähigkeit oder Möglichkeit? Sie kann entweder physisch (im weitesten Sinne des Wortes) verstanden werden oder rechtlich. Im ersten Sinne bezeichnet das Wort einen theoretischen Begriff, im zweiten einen praktischen.

In keiner von beiden Bedeutungen ist indessen die „Gültigkeit" ein definierendes Merkmal des Rechts. Als physische Möglichkeit, sich Befolgung zu verschaffen, wäre sie nichts anderes als die zur Erzwingung eines bestimmten Verhaltens erforderliche Macht. Durch das Hinzukommen dieser Macht kann aber offenbar eine Norm, die nicht schon an sich rechtlichen Charakter besitzt, nicht zu Recht werden, es sei denn, daß man sich mit einem bloßen Faustrecht begnügen wollte. Rechtlich verstanden wäre dagegen jene „Fähigkeit" nur eine Umschreibung für das Recht, ein bestimmtes Verhalten zu erwirken. Es wäre also das Recht durch das Recht definiert. Die „Gültigkeit", oder besser die „Geltung", kann also keinesfalls zu den logisch notwendigen Merkmalen des Rechts gehören.

Indessen, das Wort „Gültigkeit" hat noch eine andere Bedeutung. Hiernach bedeutet die Gültigkeit einer Rechtsnorm, daß sie für uns verbindlich ist oder daß wir verpflichtet sind, sie zu befolgen. Dieser Begriff wird von JELLINEK in kaum zu entwirrender Weise mit jenem anderen des „Geltens" vermengt. Verbindlichkeit ist allerdings ein wesentliches Merkmal der Rechtsnormen. Statt sie aber als solches anzuerkennen, macht JELLINEK daraus die Überzeugung von der Verbindlichkeit: an die Stelle der Verpflichtung durch eine Rechtsnorm setzt er die „psychologische Grundtatsache des sich Verpflichtetwissens durch eine Norm", und auf diese will er dann wieder die Gültigkeit oder Geltung der Rechtsnorm zurückführen. Die Gültigkeit der Rechtsnorm „entspringt aus der nicht weiter ableitbaren Überzeugung, daß wir verpflichtet sind, sie zu befolgen". Sie „ruht daher in letzter Linie immer auf der Überzeugung von ihrer Gültigkeit. Auf dieses rein subjektive Element baut sich die ganze Rechtsordnung auf." (A. 333 f.)

Hiermit kommen wir also wieder auf die Theorie vom psychologischen Charakter des Rechtes zurück und damit denn endlich auch auf die Frage, welches die Vorstellungen sind, aus denen das Recht besteht. Wir erfahren jetzt, daß es die Vorstellungen von der Gültigkeit des Rechts seien: „Die Überzeugung, daß etwas Recht sei, ist die letzte Quelle des Rechtes selbst." (A. 355. Vgl. auch A. 371 und R. 48: „Ein Recht zwischen zwei Individuen wird dadurch geschaffen, daß ein jedes von dem anderen tatsächlich als Träger von Rechten anerkannt wird.")

Wenn dies eine Erklärung des Begriffs des Rechtes sein soll, so ist der logische Zirkel darin offenbar. Von der Überzeugung, daß etwas Recht sei, zu sprechen, hat nur Sinn, wenn „Recht" etwas anderes bedeutet als dasjenige, wovon wir überzeugt sind, daß es Recht sei. Nur wenn der Begriff des Rechts schon anderweit bestimmt ist, ist es möglich, sich von etwas zu überzeugen, daß es Recht sei. Denn wenn „Recht" das bedeutete, wovon wir überzeugt sind, es sei Recht, so wäre die Überzeugung, daß etwas Recht sei, in Wahrheit nur die Überzeugung, daß wir die Überzeugung haben, es sei Recht; diese Überzeugung wäre aber ihrerseits nur wieder die Überzeugung, daß wir die Überzeugung haben, daß wir die Überzeugung haben, es sei Recht, und so fort ins Unendliche. Jede Rechts**über**zeugung wäre nur die Überzeugung von einer Rechts**überzeugung**, was sich selbst widerspricht.

Soll aber der Satz nicht sowohl eine Definition als vielmehr nur ein **Kriterium** des Rechts sein, so ist er nicht minder widersinnig. Um uns zu überzeugen, daß etwas Recht sei, müßten wir uns danach überzeugen, daß wir überzeugt seien, es sei Recht. Wie können wir dies aber, da wir dazu die Überzeugung, es sei Recht, ihrerseits schon besitzen müßten. Wir müßten also schon ein von der Rechtsüberzeugung unabhängiges Kriterium des Rechts haben. Dann aber wäre dieses und nicht die Rechtsüberzeugung das Kriterium des Rechts.

Widerspruchslos wäre der fragliche Satz nur in dem Sinne, daß er die Unmöglichkeit eines von der Rechtsüberzeugung unabhängigen Rechtes behauptete. Er wäre dann nur eine Umschreibung der Behauptung: Es gibt zwar Rechtsüberzeugungen, aber kein Recht. Womit denn zugleich die notwendige **Falschheit jeder Rechtsüberzeugung** behauptet wäre. Einzig im Sinne dieser **Leugnung eines Rechtes überhaupt** ließe sich der Satz logisch widerspruchsfrei durchführen. Dann kann er aber wieder nicht, wie JELLINEK will, als Kriterium bei der Aufstellung von Rechtssätzen dienen.

Logisch gibt es nur die beiden Möglichkeiten: Entweder wir nehmen das Bestehen eines Rechtes an; dann ist dieses Recht unabhängig von aller Rechtsüberzeugung, und jede mit ihm nicht übereinstimmende Rechtsüberzeugung hat als irrig zu gelten. Oder wir leugnen das Bestehen eines solchen Rechtes; dann verlangt die Konsequenz, jede Rechtsüberzeugung für falsch zu erklären und zuzugestehen, daß keine Rechtsüberzeugung das, was nicht an sich Recht ist, zu Recht machen kann. In keinem Falle kann die Rechtsüberzeugung zur Quelle des Rechtes werden.

Der Konsequenz dieser einfachen und klaren Sachlage sucht JELLINEK sich zu entziehen, indem er, um ohne Anerkennung eines objektiven Rechts dennoch ein rechtliches Kriterium festzuhalten, dieses auf die subjektive Rechtsüberzeugung zu gründen unternimmt. Da es aber mannigfache und einander widerstreitende Rechtsüberzeugungen gibt, so bedarf er hier noch eines Prinzips der Auswahl zwischen den verschiedenen Rechtsüberzeugungen. In Ermangelung eines höheren, die richtige von der falschen Rechtsüberzeugung unterscheidenden Kriteriums bleibt aber keine andere Auszeichnung übrig als die des „Durchschnitts" gegenüber der „Minderzahl". (A. 334.) Die „herrschende Rechtsüberzeugung" wird ihm so zum „Kriterium des Rechts". (A. 481.) Ob etwas Recht oder Unrecht sei, wird hiernach zum Problem „massenpsychologischer Feststellungen" (A. 334), deren Ergebnis naturgemäß von Ort zu Ort und von Zeit zu Zeit wechselt. Seinen von dem der herrschenden Kirche abweichenden Glauben frei zu bekennen, kann sowohl Recht als auch Unrecht sein: In Spanien war es zur Blütezeit der Inquisition Unrecht, im gegenwärtigen Amerika ist es Recht. Die Rechtswissenschaft ist ein Zweig der Massenpsychologie.

Der Grundgedanke dieser Auffassung ist aber nicht nur juristisch absurd und logisch widerspruchsvoll, er ist auch soziologisch falsch. Das geltende Recht braucht durchaus nicht der Überzeugung des Durchschnitts eines Volkes zu entsprechen. Bei einer extrem demokratischen Verfassung könnte es sich allenfalls so verhalten; an und für sich aber hängt es nicht sowohl von der herrschenden Rechtsüberzeugung als vielmehr von der Machtverteilung im Volke ab, was in ihm als Recht gilt. Und selbst im demokratischen Staat hängt das geltende Recht zwar vom Willen der Mehrheit ab, dieser aber wird durch das Interesse der einzelnen, nicht durch ihre Rechtsüberzeugung bestimmt.

§ 3. Die Relativität des positiven Rechts und die normative Kraft des Faktischen.

Die relativistische Umdeutung des Rechtsbegriffs hat nun freilich noch einen besonderen Grund. Wer ein objektives Recht annimmt, kann nicht umhin, zu behaupten, daß ein und dasselbe zwar für Recht und für Unrecht gehalten werden, nicht aber sowohl Recht als auch Unrecht sein könne. Er muß die Konsequenz auf sich nehmen, daß, was zu einer Zeit und an einem Ort Recht ist, es auch zu jeder anderen Zeit und an jedem anderen Ort sein muß. Ein solcher Standpunkt scheint aber mit der Anerkennung eines positiven Rechts unvereinbar zu sein. Denn dieses bestimmt sich durch Gewohnheit und willkürliche Festsetzung; es besitzt keinen allgemeingültigen, von Ort und Zeit unabhängigen Inhalt. Wollen wir also nicht, wie einst die extremsten Anhänger des Naturrechts, die Mannigfaltigkeit oder wenigstens den Gegensatz der positiven Rechtsordnungen auf bloßen rechtlichen Irrtum zurückführen, so scheinen wir genötigt zu sein, den Begriff des objektiven Rechts preiszugeben.

Diese auf den ersten Blick unlösbar erscheinende Schwierigkeit verschwindet indessen, wenn man sich nur die Mühe nimmt, eine genauere Sprache anzuwenden. Versteht man unter „positivem Recht" den Inhalt der im einzelnen Volke durch Gewohnheit oder willkürliche Festsetzung bestimmten sogenannten Rechtsregeln, so erhält man allerdings ein von Volk zu Volk und von Zeit zu Zeit wechselndes Recht. Aber dies ist ein für prinzipielle Betrachtungen gefährlicher Sprachgebrauch. Denn das bloße Faktum der Gewohnheit oder gesetzgeberischer Verfügungen macht noch gar kein Recht aus. Rechtscharakter erhalten diese erst vermöge der ihnen an und für sich gar nicht innewohnenden Verbindlichkeit. Daß aber die in einem Volke durch Gewohnheit und Gesetzgebung gebildeten Verkehrsregeln für die Angehörigen dieses Volkes Verbindlichkeit erlangen, dies ist seinerseits kein Satz des positiven, d. h. durch Gewohnheit oder willkürliche Festsetzung begründeten Rechts, da er vielmehr selbst erst allem sogenannten positiven Recht seinen Rechtscharakter verleiht. Verstehen wir daher genauer unter positivem Recht die für ein Volk bestehende Verbindlichkeit der in ihm durch Gewohnheit und Gesetzgebung bestimmten Verkehrsregeln, so wechselt zwar der Inhalt dieser letzteren von Volk zu Volk und von Zeit zu Zeit, nicht so aber darum auch das positive Recht selber. Denn nur auf Grund des Umstands, daß in einem bestimmten Lande zu einer bestimmten Zeit bestimmte Verkehrsregeln den Inhalt des Herkommens und der Gesetzgebung bilden, sind sie in diesem Lande und zu dieser Zeit Recht. Daß sie aber unter diesem Umstand Recht sind, dieser Satz gilt mit schlechthin allgemeiner Gültigkeit, ohne alle Rücksicht auf Ort und Zeit. Nimmt man also diesen für ihren Rechtscharakter wesentlichen Umstand in den Inhalt der fraglichen Rechtsnormen auf, so verschwindet der scheinbare Widerstreit der einzelnen positiven Rechtsordnungen und damit auch der Schein eines Widerspruchs zwischen der Allgemeingültigkeit des objektiven und der Wandelbarkeit des positiven Rechts.

Hiernach werden wir auch beurteilen können, was es mit der „normativen“ oder „rechtserzeugenden Kraft des Faktischen“ für eine Bewandtnis hat. Wir kommen damit auf die, wie JELLINEK meint, für die Rechtswissenschaft grundlegende „Lehre von den rechtserzeugenden Kräften“. (A. 350.) Ein Faktum „erzeugt“ (A. 345) an und für sich niemals ein Recht; aber freilich gibt es rechtlich erhebliche Tatsachen, ja unabhängig von solchen gibt es überhaupt kein materiell bestimmtes Recht. Denn alles bestimmte Recht ist positiven Ursprungs. Auf die Frage aber: Wie kann das bloß Tatsächliche rechtliche Bedeutung erlangen? oder, nach JELLINEKs zweideutigem Ausdruck: „Wie wird Nichtrecht zu Recht?“ (A. 350) ist nur die eine Antwort möglich: Dadurch, daß eine allgemeine Rechtsnorm an den fraglichen Tatbestand eine rechtliche Folge knüpft. So erhält der Tatbestand eines Versprechens rechtliche Bedeutung kraft des allgemeinen Gesetzes, daß Versprechen gehalten werden sollen. So erhalten in einem Volke Herkommen und positive Gesetzgebung rechtliche Bedeutung kraft des Prinzips der Verbindlichkeit ausdrücklicher oder stillschweigender Übereinkunft. Welches der positive Inhalt dieser Übereinkunft ist, ist rechtlich zufällig und kann nur historisch erkannt werden; daß aber solche Übereinkunft, wo sie einmal besteht, verbindlich ist, dies ist rechtlich notwendig und die Erkenntnis davon allgemeingültig. Die Lehre von den rechtserzeugenden — Nichtrecht in Recht verwandelnden — Kräften ist also nur durch eine Verkennung des von allem Faktischen unabhängigen Rechtsgesetzes entstanden; sie beruht auf einer Verwechslung der rechtserheblichen Tatsachen unter dem Rechtsgesetz mit einer angeblichen Erzeugungsquelle des Rechts selber. Mit der Aufhebung dieser Verwechslung verschwindet das Geheimnis von der „normativen Kraft des Faktischen“.

§ 4. Das metajuristische Problem.

Die unmittelbare Folge dieses Fehlers ist der phantastische Gedanke einer der Rechtswissenschaft logisch übergeordneten „metajuristischen“ Wissenschaft, deren Aufgabe es sein soll, das Geheimnis der „Gründe“ oder „Quellen“ des öffentlichen Rechtes und damit des Rechtes überhaupt zu ergründen. Dabei soll es sich wohlverstanden nicht etwa um die Feststellung der „letzten realen Ursache“ einer bestimmten Rechtsordnung, sondern um den „letzten rechtlichen Grund“ „alles Rechtes überhaupt“ handeln. (A. 368 f.) Die Frage, ob und wie eine solche Wissenschaft möglich ist, kümmert JELLINEK nicht, und ebenso wenig denkt er daran, daß er dabei den für allein gangbar erklärten Weg der empirischen Forschung zu Gunsten einer bodenlosen metaphysischen Spekulation verläßt. Und doch muß jeder, der sich nicht durch die Unbestimmtheit der Worte täuschen läßt, sehen, daß ihn schon diese Fragestellung in neue Widersprüche verwickelt. Denn da der Grund der Verbindlichkeit einer Rechtsnorm nur in einer anderen Rechtsnorm liegen kann, so ist klar, daß der Begriff eines „letzten rechtlichen Grundes alles Rechtes überhaupt“ unmittelbar einen logischen Widerspruch enthält.

Auf diese Schwierigkeit läßt sich JELLINEK in seiner Staatslehre nicht ein, aber eine merkwürdige Stelle seiner Schrift über „die sozialethische Bedeutung von Recht, Unrecht und Strafe“ kann uns zeigen, wie er sich ihre Auflösung vorstellt. Hier heißt es:

> „Alle Gebote und Verbote setzen eine gebietende und verbietende Macht voraus. Willkür oder die notwendigen Zwecke einer gebietenden und verbietenden Macht sind die letzten möglichen Quellen aller Sitten- und Rechtsgesetze. Wenn man bei einem bestimmten Gebote nach der gebietenden Macht fragt, sodann von welcher Macht jene ihre Befugnis zu dem Gebote erhalten hat,

hierauf nach dem Rechtsgrunde, aus dem die zweite Macht die Sanktion ihrer Tätigkeit herleitet u. s. w., so kann offenbar dieser Regreß der Rechtsgründe nicht ins Unendliche fortgehen, sondern wir kommen endlich zu einem letzten Grunde des Rechtes, der nicht mehr Recht, sondern nur ein Faktisches sein kann." (S. 113 f.)

Dieses Faktische findet er dann, da nur von einer intelligenten Macht Gebote oder Verbote ausgehen können, „die empirische Wissenschaft" aber „außer der Gesellschaft und ihren Gliedern keine intelligente Macht kennt", in der Gesellschaft.

Daß aber jener Regreß der Rechtsgründe nicht ins Unendliche fortgehen könne, ist hier lediglich ein willkürlicher Machtspruch. Entweder bedarf jede Rechtsnorm eines höheren Rechtsgrundes; dann gilt dies auch für die diesen Rechtsgrund bildende Rechtsnorm, und ein „letzter Grund des Rechtes" ist unmöglich. Oder es gibt einen letzten Rechtsgrund: dann liegt dieser in einer Rechtsnorm, die ihren Grund nicht wieder außer sich und also auch nicht in einem Faktum hat. Geht man aber einmal von der Voraussetzung aus, daß jedes Gebot nur durch eine gebietende Macht möglich ist, so führt die Frage nach dem Rechtsgrunde des Gebotes ins Unendliche, und vor der Konsequenz der Unmöglichkeit eines letzten Rechtsgrundes gibt es kein Entweichen.

Was aber die Behauptung betrifft, daß alle Gebote eine gebietende Macht voraussetzen, so beruht sie auf dem Unvermögen, sich unter einem Gebot etwas anderes als einen Befehl zu denken. Eine Rechtsnorm ist allerdings stets ein Gebot (oder Verbot), niemals aber kann ein Befehl eine Rechtsnorm sein. Ein Befehl ist allemal eine Willensäußerung und daher „nur als Handlung einer Intelligenz denkbar". Daß freilich die Gesellschaft eine solche sei, sollte im Namen der „empirischen Wissenschaft" nicht behauptet werden. Ein Wille der Gesellschaft und eine Intelligenz der Gesellschaft ist kein

Gegenstand empirischer Erkenntnis, sondern ein Hirngespinst metaphysischer Spekulation. Dieses Hirngespinst metaphysischer Spekulation aber wird von JELLINEK zum letzten Fundament der Rechtswissenschaft gemacht.

Könnte ein Befehl der Grund von Rechten sein, so läge in der Tat der letzte Grund solcher Rechte in einem Faktum, nämlich in dem Faktum einer Willensäußerung. Dieses Faktum hätte dann wirklich „normative Kraft". Und diese Kraft könnte es in der Tat nur vermöge der „Macht" ausüben, über die die befehlende Intelligenz verfügt. Was kann das aber für ein Gebot sein, das nur durch die Macht des Befehlenden gilt und das also nicht durch eine ihm selbst innewohnende Notwendigkeit, sondern nur vermöge der durch jene Macht mit seiner Erfüllung oder Verletzung verbundenen Folgen zur Befolgung nötigt? Ein solches Gebot ist ein hypothetisches, aber kein kategorisches Gebot, d. h. es ist für die ihm Unterworfenen ein Gebot der Klugheit, aber keine Rechtsnorm.

Dem entspricht denn auch die Art und Weise, in der JELLINEK das metajuristische Problem zu lösen unternimmt: Es ist der „Zweck, einen bestimmten Zustand der Gesellschaft zu erhalten", der allem Rechte innewohnt (S. 46) und der die „einzige Quelle" bildet, aus der sich, unabhängig von aller metaphysischen Spekulation, „ein Sollen ableiten läßt". (S. 34.)

Die behauptete Bedingtheit durch einen Zweck steht aber mit dem Begriff des Rechtes als eines Sollens geradezu im Widerspruch. Die angebliche Auflösung des Problems würde also, statt einen Grund des Rechtes aufzuweisen, vielmehr alles Recht als bloße Illusion erweisen. „Die Wissenschaft", sagt denn auch JELLINEK, „darf nicht vergessen, daß alles Sollen ein bedingtes Müssen ist." (S. 22.) Entweder bedeutet dieser Satz, daß der Begriff des Sollens mit dem eines bedingten Müssens identisch ist; dann widerspricht er sich selbst. Oder er bedeutet, daß das, was uns als Sollen erscheint, in Wahrheit kein Sollen ist, sondern sich bei wissenschaftlicher Prüfung als ein durch einen von uns nicht dafür erkannten Zweck bedingtes Müssen erweist. Dann aber wäre mit der Aufdeckung dieses Zwecks nicht sowohl der gesuchte Rechtsgrund für das Sollen gefunden, als vielmehr die Unmöglichkeit eines solchen Rechtsgrundes zugestanden. Und so heißt es denn auch:

„Bei näherer Betrachtung wird sich finden, daß der Schein eines unbedingt bindenden Gebotes nur dadurch entstand, daß die vorausgesetzte Bedingung unserer Natur so tief eingeprägt ist, daß es reifliche Überlegung und wissenschaftliche Untersuchung kostet, um sie ins Bewußtsein zu bringen. Diese Bedingung ist das Wollen der Existenz der Gesellschaft.“ „Wenn das Bejahen der Gesellschaft, welches der Vordersatz eines ethischen Gebotes bildet, unter der Bewußtseinsschwelle liegt, so . . . spricht das Gewissen in der Form eines unbedingten Sollens zu uns.“ (S. 20 f.)

Nur dadurch also, daß wir den Zweck der Erhaltung der Gesellschaft vergessen, nimmt das durch diesen Zweck bedingte Müssen den Schein eines Sollens an. So endet denn die angebliche Begründung des Rechtes damit, alles Recht in einen nichtigen, nur durch die Schwäche des menschlichen Gedächtnisses erklärlichen Schein zu verwandeln.

§ 5. Das Problem des Staatsrechts.

Unbekümmert um diese alles Recht zerstörende Konsequenz unternimmt es JELLINEK, mit seiner Befehlstheorie das Staatsrecht zu begründen. Die befehlende und als solche Recht schaffende Macht der Gesellschaft ist ihm der Staat. Die von seiten des Staates ergehenden Befehle sind „Recht für die ihm Unterworfenen“. Wie ist dann aber ein „Recht für den Staat selbst" möglich? Dies ist das Grundproblem des Staatsrechts; denn es scheint, „der Staat selbst könne sich nichts befehlen". (A. 367 f. Vgl. 476.)

In der Tat, lassen wir einmal die Gleichsetzung von Rechtsnormen und Befehlen zu, so läßt sich allenfalls verstehen, wie der Staat vermöge seiner Herrschaftsmacht für die dieser Macht Unterworfenen Recht zu schaffen vermag. In der „Lehre von den Staatenverbindungen" heißt es hierüber:

„Es gibt zwei Möglichkeiten der rechtlichen Verpflichtung: Verpflichtung durch eigenen und Verpflichtung durch fremden Willen. Die letztere findet bei dem Untertan statt, bei dem, der rechtlich einem imperium unterworfen ist. Und zwar ist der Untertan im letzten Grunde in allen seinen Rechtshandlungen durch den Staatswillen, also einen anderen Willen als den seinigen verpflichtet, denn auch eine Verpflichtung durch eigenen Willen kann für ihn rechtlich nur statthaben, insoferne der Staat im voraus an einen solchen Akt des Untertans durch seine Befehle rechtliche Wirkung geknüpft hat, insoferne die vom Staate gesetzte Rechtsordnung den ihr Unterworfenen durch seine Handlung für verpflichtet erklärt. Jede Verpflichtung des Untertans muß sich auf einen Satz des objektiven Rechtes, also des Staatswillens, gründen. Ausschließliche Verpflichtbarkeit durch den Staatswillen, also durch fremden Willen, ist das juristische Merkmal des Untertans." (L. 31 f.)

Diese Verpflichtung des „Untertans" durch den „Staatswillen" läßt sich, wie gesagt, nach der Befehlstheorie insofern verstehen, als hier dem Staate vermöge seiner Herrschermacht Garantien der Erzwingbarkeit seines Willens zur Verfügung stehen. Ist aber einmal der rechtserzeugende Charakter der Herrschermacht anerkannt, so läßt sich die Konsequenz nicht umgehen, daß, soweit die Herrschermacht ihrem Willen Geltung zu verschaffen vermag, dieser Wille niemals rechtswidrig sein kann. Denn andernfalls müßte man ein von der befehlenden Macht unabhängiges Kriterium des Rechts voraussetzen, durch das die Verbindlichkeit der Befehle eingeschränkt wäre. Eine rechtliche Bindung des Staates ist also mit der Befehlstheorie logisch unvereinbar. Der von JELLINEK versuchte Beweis des Gegenteils ist denn auch durchaus sophistisch. Das für ihn entscheidende Argument ist folgendes:

> Die vom Staate geschaffene Rechtsregel „enthält die Bindung der Staatsorgane an sie. Damit allein ist aber die Tätigkeit des Staates selbst gebunden, indem staatliche Organtätigkeit Staatstätigkeit selbst ist, ja andere Staatstätigkeit als die durch Organe vermittelte überhaupt nicht existiert". (A. 369. Vgl. auch 478: „Erläßt der Staat ein Gesetz, so bindet es nicht nur die einzelnen, sondern auch seine eigene Tätigkeit rechtlich an dessen Normen. Er befiehlt im Gesetze auch den ihm als Organe dienenden Personen, ihren Organwillen dem Gesetze gemäß zu gestalten. Da aber der Organwille Staatswille ist, so bindet der Staat durch Bindung der Organe sich selbst.")

Dies Argument ist ein bloßes Wortspiel. Denn entweder sind die „Staatsorgane", deren Bindung an die Rechtsregel hier behauptet wird, der befehlenden Herrschermacht unterworfen, oder sie sind mit ihr identisch. Im ersten Falle sind sie, als Unterworfene, allerdings der Voraussetzung gemäß an die Rechtsregel gebunden; es sollte ja aber bewiesen werden, daß *nicht* nur die der staatlichen Herrschermacht Unterworfenen, sondern auch diese *selbst* rechtlich gebunden sei. Im anderen Falle ist die Behauptung, daß die Staatsorgane durch die für die Unterworfenen verbindliche Rechtsregel gebunden seien, nichts anderes als der zu beweisende Satz selbst. Der Beweis beruht also auf einer offenbaren petitio principii.

Aller Einspruch gegen das Dogma der absolutistischen Staatslehre, „daß jeder Akt der höchsten Staatsgewalt seinem Wesen nach rechtmäßig sei, so daß sie selbst niemals ein Unrecht begehen könne" (A. 372, vgl. 165 f.), ist daher bei JELLINEK nichts als willkürliche Inkonsequenz. Und eine Inkonsequenz, mit der es ihm selbst so wenig Ernst ist, daß er für den Fall einer Abweichung der „rechtlichen Macht" von den „geschriebenen oder ungeschriebenen Normen der Verfassungen und Gesetze" ausdrücklich erklärt, „solchenfalls könne zwar ein logisches Urteil über deren Nichtübereinstimmung mit der Norm gefällt werden, aber kein rechtliches, weil eben jeder wie immer geartete Richter mangelt und mangeln muß". (A. 362.) Was bleibt nach diesem Zugeständnis eigentlich noch vom Staatsrecht übrig? Die Antwort könnte man im folgenden Satz suchen: „Zu einem rechtswidrigen Zustand wird ein also geschaffener erst dann, wenn ein Staatsorgan die ihm ausdrücklich gesetzten rechtlichen Schranken derart überschreitet, daß es das gesetzliche Funktionieren anderer Organe überhaupt verhindert." Was aber bestimmt diese Grenze für die rechtliche Gebundenheit des Staates? Wenn die staatliche Gesetzgebung keiner rechtlichen Beschränkung unterliegt, woher dann die Beschränkung „gesetzlichen Funktionierens" überhaupt? Die Konsequenzen aus der gegenteiligen Lehre sollen dies beweisen:

„Wenn der Staat rechtlich alles kann, so kann er auch die Rechtsordnung aufheben, die Anarchie einführen, sich selbst unmöglich machen. Muß ein solcher Gedanke aber abgewiesen werden, so ergibt sich eine Rechtsschranke des Staates an dem Dasein einer Ordnung. Der Staat kann zwar wählen, welche Verfassung er habe, er muß jedoch irgend eine Verfassung haben. Die Anarchie liegt im Bereiche der faktischen, nicht der rechtlichen Möglichkeit." „Ist es aber dem Staate wesentlich, eine Rechtsordnung zu besitzen, so ist damit allein schon die Lehre von der absoluten Unbeschränktheit der Staatsgewalt negiert. Der Staat steht nicht derart über dem Rechte, daß er des Rechtes selbst sich entledigen könnte. Nur das Wie, nicht das Ob der Rechtsordnung liegt in seiner Macht, in seiner faktischen wie in seiner rechtlichen." (A. 477. Vgl. R. 38 f.)

Warum, fragt man, „muß ein solcher Gedanke abgewiesen werden"?

Durch die Willenstheorie ist eine derartige Behauptung jedenfalls nicht zu beweisen, da sie ihr vielmehr direkt widerspricht. Da bietet sich denn als willkommene Aushilfe das Kriterium der Rechtsüberzeugung an: „Es kommt daher hier in letzter Linie darauf an, ob nach der Anschauung einer bestimmten Zeitepoche der Staat selbst durch seine abstrakten Willensäußerungen gebunden ist oder nicht. Diese Frage aber ist eine historische, mit keiner allgemein gültigen Formel zu lösende." (A. 371.) Die Massenpsychologie liefert den Schlüssel zur Lösung des Problems des Staatsrechts: Die staatliche Selbstverpflichtung entspricht der „herrschenden Rechtsüberzeugung". „Damit ist bei dem subjektiven Charakter aller Kriterien des Rechts die rechtliche Art staatlicher Selbstbindung dargetan." (A. 481. Vgl. 355: „Da die Überzeugung, daß etwas, das solchen Anspruch erhebt, Recht sei, die letzte Quelle des Rechtes selbst ist, so ist damit der Rechtscharakter des öffentlichen Rechts unwiderleglich dargetan.")

Warum wird aber ohne alle Befragung der herrschenden Rechtsüberzeugung erklärt, daß der Staat zwar irgend eine Verfassung haben müsse, in der Wahl der Verfassung aber rechtlich nicht beschränkt sei? Daß er zwar zur Einführung einer Gesetzgebung überhaupt verpflichtet sei, der Inhalt derselben jedoch seinem schrankenlosen Belieben überlassen bleibe? Mit der herrschenden Rechtsüberzeugung steht eine solche Auffassung zweifellos in schroffstem Widerspruch. Aber man sieht wohl, daß hier aller Respekt vor der herrschenden Rechtsüberzeugung ein Ende haben muß; denn indem diese an den Inhalt von Verfassung und Gesetzgebung bestimmte — und seien es noch so allgemeine — Anforderungen stellt, erkennt sie die „Idee eines Rechtes vor dem Staate“ an, stellt sie sich ihrerseits auf den Standpunkt eines objektiven, von der nur historisch zu erforschenden Rechtsüberzeugung unabhängigen Rechtes, auf einen metaphysischen Standpunkt also, der mit „unserer“ angeblich „geläuterten Anschauung vom Rechte“, welche „dessen Existenz von dem Dasein einer es verwirklichenden Organisation abhängen läßt“ und die sinnlose Frage, ob die das Recht verwirklichende Organisation „unter oder über dem Rechte steht, als eines der schwierigsten Probleme der gesamten Staatslehre zeigt“ (A. 476), schlechthin unvereinbar ist.

So nimmt denn die Staatsrechtslehre, wo sich das Kriterium der Rechtsüberzeugung als eine zweischneidige Waffe zeigt, alsbald eine eigentümlich objektive Sprache an. „Der Staat steht nicht derart über dem Rechte, daß er des Rechtes selbst sich entledigen könnte.“ Es ist „dem Staate wesentlich, eine Rechtsordnung zu besitzen“. (A. 477.) Dies ist offenbar keine massenpsychologische, sondern will eine rechtliche Aussage sein. Und zwar geht sie über die frühere Behauptung, daß der Staat, wenn er durch Einführung einer Rechtsordnung seine „Untertanen“ verpflichte, sich zugleich selbst verpflichte, weit hinaus; es wird damit vielmehr behauptet, daß der Staat zur Einführung einer Rechtsordnung verpflichtet sei. Es scheint diesem Satze auch nicht an einer sehr einleuchtenden und nichts weniger als metaphysischen Begründung zu fehlen: ist doch „im Begriffe der Staatsgewalt schon der der rechtlichen Ordnung enthalten“. (A. 433.) Die Notwendigkeit einer Rechtsordnung für den Staat erscheint somit als eine einfache logische Folge des Begriffs des Staates.

Wer aber hiermit eine Begründung jenes Rechtssatzes gefunden zu haben glaubt, ist das Opfer eines Wortspiels. Bloße logische Notwendigkeit kann nie zum Grund rechtlicher Notwendigkeit werden. Man mag den Begriff des Staates definieren wie man will; daraus eine Rechtsnorm abzuleiten, wird immer vergebliche Mühe bleiben. Mag denn also auch die Notwendigkeit einer Rechtsordnung für den Begriff des Staates wesentlich sein, was folgt daraus anderes, als daß, wo eine Rechtsordnung fehlt, nicht von einem „Staat“ gesprochen werden darf. Wer mehr daraus schließen und behaupten wollte, daß der Staat die Rechtsordnung nicht aufheben, die Anarchie nicht einführen dürfe, hätte zuerst zu beweisen, daß überhaupt so etwas wie ein Staat *sein solle* oder daß ein Gebilde, das ein Staat ist, auch ein Staat *bleiben* solle.

Soll aber die für den Begriff des Staates wesentliche Notwendigkeit der Rechtsordnung so viel bedeuten wie die *Pflicht* zur Aufrechterhaltung einer Rechtsordnung, soll also nicht sowohl die Rechtsordnung selbst als vielmehr nur die Pflicht, eine solche aufrechtzuerhalten, für den Staat logisch notwendig sein, so fehlt der Beweis, daß das nach dem sonstigen Sprachgebrauch „Staat“ genannte Gebilde zugleich ein Staat im Sinne dieser Definition ist. Um aber zu beweisen, daß ein Gebilde in diesem Sinne ein Staat ist, müßte man schon vorher wissen, daß ihm die fragliche Pflicht obliegt, denn nur unter dieser Voraussetzung fällt es ja unter den definierten Begriff des Staates. Diese Pflicht aber könnte man wiederum nur erkennen, wenn man schon wüßte, daß es ein „Staat“ ist. So daß auch hier der logische Zirkel in die Augen springt.

§ 6. Die Lehre von der Rechtfertigung des Staates.

Betrachtet man das Kapitel von der „Rechtfertigung des Staates“, so könnte es freilich scheinen, als sei JELLINEK den Beweis für die Notwendigkeit des Staates nicht schuldig geblieben. In Wahrheit füllt aber auch dieses Kapitel die Lücke in der Begründung des Staatsrechts nicht aus. Wie überall, so entspricht auch hier dem Reichtum der historischen Exkurse die Ärmlichkeit der eigenen Gedanken.

Es versteht sich nach dem bereits Erörterten, daß die „Rechtfertigung" des Staates, wenn sie für die Lösung des Problems des Staatsrechts irgend Bedeutung haben soll, nur in dem Nachweis einer ihrerseits nicht wieder nur bedingten Notwendigkeit des Staates bestehen kann. Denn der bloße Nachweis, daß der Staat als Mittel zu einem dem Belieben überlassenen Zweck notwendig sei, kann nie die behauptete Pflicht zur Aufrechterhaltung der dem Staate wesentlichen Rechtsordnung begründen. Hinsichtlich dieses für das Schicksal des Staatsrechts im Grunde allein entscheidenden Punktes weicht aber JELLINEK überall einer klaren und eindeutigen Stellungnahme aus. Auf der einen Seite erkennt er zwar an, daß die Fragen, um die es sich hier handelt, „sich nicht auf dem Boden des Seienden, sondern des Seinsollenden bewegen", daß sie „nicht theoretischer, sondern praktischer Natur" sind (A. 185), er verwirft die Weisungen der „Machttheorie", weil „Streit über sie höchstens in der Richtung geführt werden kann, ob sie klug, nicht aber, ob sie zulässig sind" (A. 197), er erwähnt beifällig die Worte ROUSSEAUs: „Commençons donc par écarter tous les faits, car ils ne touchent point à la question." (A. 212.) Das hindert ihn aber nicht, auf der anderen Seite zu behaupten, daß „der Nachweis der Notwendigkeit des Staates nur durch sorgfältige Betrachtung der gegebenen Welt geführt werden kann." (A. 222.) „Gerichtet werden kann die Rechtfertigung des Staates nur an diejenigen, welche grundsätzlich die Kultur und daher auch deren Bedingungen bejahen." (A. 222.) So wird also der Staat gerechtfertigt als Mittel zur Erreichung der Kulturzwecke. Schon die „partikularen Lebenszwecke" und „in noch höherem Grade die Gesamtheit der Lebenszwecke . . . können nur verfolgt und erreicht werden unter der Voraussetzung des Daseins einer Rechtsordnung." (A. 223.) „In Wahrheit ist es nur die Rechtsordnung, welche die Möglichkeit eines gesellschaftlichen Lebens garantiert." (A. 226.) — Sehen wir von der

Unbestimmtheit aller dieser Behauptungen ab, die an sich schon einen Streit über ihre Richtigkeit wertlos macht, nehmen wir an, wir wüßten, was unter „Kulturzwecken", „partikularen Lebenszwecken" und der „Gesamtheit der Lebenszwecke" zu verstehen ist und wie sich alle diese Zwecke zu einander sowohl als auch zum „gesellschaftlichen Leben" verhalten, setzen wir endlich auch als erwiesen voraus, daß nur vermittelst des Staates diese Zwecke erreichbar sind, was haben wir dann mit dieser Nachweisung gewonnen? Wir wissen dann, daß, wer diese Zwecke will, unklug handelt, wenn er nicht auch den Staat will. Da aber diese Zwecke selbst dadurch dem Belieben des einzelnen nicht entzogen sind, so ist dies auch für den Staat nicht der Fall.

Mit diesem Ergebnis stimmt die ausdrückliche Erklärung überein, daß eine „juristische Rechtfertigung für den Staat unmöglich", ein „Rechtsgrund des Staates" nicht aufweisbar sei. (A. 186.)

Wenn aber JELLINEK des weiteren die Notwendigkeit einer Rechtsordnung dadurch begründet, daß „ihr gänzliches Fehlen die natürlichen Machtverhältnisse" ungehemmt „walten ließe", „daß das bellum omnium contra omnes die notwendige Folge des Fehlens von Staat und Recht wäre" und daß sich „in solchem allgemeinen Kriege sofort tatsächliche Macht- und Abhängigkeitsverhältnisse bilden würden", daß in der rechtlosen Gesellschaft dem Starken über den Schwachen „der Sieg bestimmt wäre" und daß man nur unter der Herrschaft des Rechts „im Verkehre mit einer gewissen Sicherheit auf den gesellschaftlichen Charakter der Handlungen anderer zu bauen vermag" (A. 226 f.), so setzt er offenbar stillschweigend die Verwerflichkeit eines Zustandes voraus, in dem die natürlichen Machtverhältnisse ungehemmt walten, in dem der Starke über den Schwachen siegt und der eine sich nicht im Verkehr auf den anderen verlassen kann. Was bedeutet aber dieses Verwerfungsurteil anderes als die — zwar nicht ausdrückliche, aber tatsächliche — Anerkennung eines objektiven, von der Sanktion durch staatliche Befehle unabhängigen Rechtes?

Die Ausflucht, dieses Verwerfungsurteil habe nicht rechtliche, sondern ethische Bedeutung (A. 186), führt auf einen bloßen Wortstreit. Man mag es vorziehen, nur die durch eine Organisation garantierten Normen „Rechtsnormen“ zu nennen und sie als solche von den „ethischen“ zu unterscheiden. Nur sollte man sich dann darüber klar sein, daß diese Gegenüberstellung lediglich terminologische Bedeutung hat und keinen Schluß auf eine Verschiedenheit des Inhalts und der Verbindlichkeit beider Arten von Normen erlaubt. Es sind dieselben Normen, welche, solange sie der Garantie durch eine Organisation ermangeln, „ethische“ Normen, sobald sie diese Garantie erlangen, dagegen „Rechtsnormen“ heißen.

Was ist danach der des langen und breiten getadelte „Fehler“ der naturrechtlichen „Rechtstheorien“, die die Notwendigkeit des Staates auf das Recht zu gründen unternahmen, anderes, als daß sich diese Theorien noch nicht der neuen, unklare Geister vollends verwirrenden Terminologie bedienten? Oder glaubt JELLINEK im Ernst, daß die Begründer der Vertragstheorie der Vorwurf trifft, sie hätten den Staat in dem Sinne auf einen Satz der „Rechtsordnung“ gegründet, daß sie etwa meinten, die Vertragstreue sei eine auch im Naturzustande garantierte Norm? Sollte die Lehre von Männern wie HOBBES, ROUSSEAU und KANT wirklich darauf hinauslaufen, daß die auch unabhängig vom Staate garantierten Normen des Staates bedürften, um garantiert zu werden?

Auf nichts als eine solchen Unsinn stiftende Terminologie gestützt, brüstet man sich jenen „der Vergangenheit angehörenden“ Lehren gegenüber mit „dem klaren Einblick in das Wesen des Rechts, den die Wissenschaft der Gegenwart gewonnen hat“. (A. 218.)

Nichts vielleicht zeigt deutlicher die gänzliche Fremdheit und

Verständnislosigkeit, mit der JELLINEK dem Rechtsbegriffe gegenübersteht, wie seine Kritik der Vertragstheorie. (A. 214 f.) Die Vertragstheorie behauptet, wie alle „Rechtstheorien“, einen Rechtsgrund des Staates, d. h. sie leitet die praktische Notwendigkeit des Staates aus einem Rechtssatz ab. Dies genügt für JELLINEK, um sie für ein naives „ὕστερον πρότερον“ zu erklären. Ein solches wäre sie allerdings, wenn sie ebenso wenig wie JELLINEK zwischen Staat und Recht zu unterscheiden vermöchte, denn dann würde sie mit dem Rechtsgrund des Staates den Rechtsgrund des Rechtes aufzuweisen unternehmen und sich damit in den Zirkel des „metajuristischen“ Problems verstricken. Der Fehler liegt also nicht in der Vertragstheorie, sondern in JELLINEKs eigener Verwechslung von Recht und Staat.

> „Wie lange Zeit hat es gedauert“, ruft er aus, „ehe der Satz von der bindenden Kraft der Verträge, der dem Naturrecht so selbstverständlich erscheint, überhaupt gefunden wurde!“ (A. 216.)

Was aber beweist dies gegen eine Lehre, die, wie JELLINEK selbst wiederholt betont, „nicht etwa historisch“ verstanden sein will (A. 208), der der Gesellschaftsvertrag nicht eine geschichtliche Tatsache, sondern die „Vertragsidee“ eine „Beurteilungsnorm“ des Staates ist (A. 210), die „nicht den vergangenen, sondern, wie jede Rechtfertigungslehre, ausschließlich den gegenwärtigen und künftigen Staat auf eine rationale Basis stellen will“ (A. 214 f.), für die es einzig darauf ankommt, ob die Einrichtung des Staates „auch gewollt werden könne“ (A. 215), und die man „darum mit nichten widerlegt hat, wenn man sie als unhistorisch nachweist“? (A. 215.) Hängt denn die Richtigkeit eines Satzes von der Zeit ab, die es dauert, bis er gefunden wird?

> „Daß der bloße Konsens absolut verpflichtende Kraft habe, ist überdies auch heute ein nirgends in ausnahmsloser Geltung stehender Satz.“ (A. 216.)

Hiermit ist aber die Frage verschoben; denn nur innerhalb der Grenzen, in denen ein Vertrag überhaupt verpflichtet, behauptet die Vertragstheorie die Verbindlichkeit des Staatsgesetzes. Aus dem Bestehen solcher Grenzen auf die Falschheit dieser Theorie zu schließen, beweist daher zu viel, da nach derselben Konsequenz auch die privatrechtliche Bedeutung der Verträge nichtig sein müßte.

> „Ferner ist es unmöglich, das objektive Recht für Inhalt und Rechtsfolgen des Grundvertrages aufzuweisen.“ (A. 216.)

Die Forderung eines objektiven Rechtes für den Inhalt des Vertrages widerspricht sich selbst. Es liegt im Begriff des Vertrages, daß sein Inhalt willkürlich, also n i c h t rechtlich bestimmbar ist. Was aber die Rechtsfolgen des Vertrages betrifft, so liegt die Beweislast auf seiten desjenigen, der das Bestehen solcher Rechtsfolgen außer der Verbindlichkeit des Vertrages behauptet.

> „Der größte Mangel der naturrechtlichen Begründung des Vertrages ist aber die Unmöglichkeit, die absolute Bindung des Individuums durch den einmal abgegebenen Konsens zu erweisen.“ (A. 216.)

Dies träfe aber wieder nur diejenige Theorie, die das Recht selbst und nicht nur den Staat durch den Vertrag zu begründen unternimmt. Eine rechtliche Begründung des Vertrages wäre allerdings unmöglich, wenn das Recht seinerseits erst auf den Vertrag gegründet werden sollte. Gibt es aber überhaupt eine Verbindlichkeit der Verträge, so muß es auch möglich sein, sie zu erweisen.

Geht man freilich mit ROUSSEAU von der Freiheit als höchstem Prinzip des Rechtes aus, so muß dieser Beweis mißlingen. Denn soviel ist gewiß richtig, daß „das Individuum kraft dieser unverzichtbaren Freiheit auch jederzeit den Vertrag lösen“ könnte. Daraus aber zu schließen, daß die Vertragslehre „ihr Ziel verfehlt“, wäre nur zulässig unter der Voraussetzung, daß ein anderer Aufbau der Rechtslehre als auf Grund des Prinzips der Freiheit unmöglich ist. Der Mühe aber, diese Voraussetzung zu prüfen, hat sich JELLINEK nicht unterzogen. Wenn also die Vertragstheorie einen Fehler enthält, so ist dieser von JELLINEK wenigstens nicht gefunden worden.

§ 7. Die Lehre vom Zweck des Staates.

Neben die Frage nach dem „Grunde" des Staates tritt die Frage nach seinem „Zweck". Erst durch ihre Beantwortung „wird die Rechtfertigung des Staates vollendet". (A. 229, 236, 264.) Aber hier verwickelt uns die Scheu vor der Metaphysik nur in immer neue Widersprüche. Die Lehre vom Zweck des Staates wird dadurch notwendig, daß in der Rechtfertigung des Staates „zugleich die Aufforderung an ihn liegt, sein Dasein mit einem materiell gerechtfertigten Inhalt zu erfüllen", dieser Inhalt aber nur „durch die Zwecke gerechtfertigt wird, die er vollbringt". (A. 229.) Trotzdem aber heißt es, es sei weit gefehlt, zu meinen, „daß sich irgend eine bestimmte Form des Staates irgend wie aus einem allgemeinen Prinzipe als allein gerechtfertigt ableiten ließe".

> „Gerade weil zu allen Zeiten politische und soziale Parteien und ihre theoretischen Partisane in derartige Lehren zu verfallen geneigt sind, muß die ernste Wissenschaft solches Beginnen von sich abweisen. Einen allgemein gültigen Idealtypus des Staates könnte man nur auf Grund metaphysischer Prinzipien behaupten, über welche Übereinstimmung niemals stattfinden wird." „Eine Wissenschaft, die Parteiansprüchen absolute Geltung unterlegt, verfehlt ihr Ziel. Sie überzeugt nicht die noch nicht Überzeugten und erzeugt statt gehoffter Zustimmung unerwünschte Opposition." (A. 228.)

Auf welcher Seite ist aber wohl der größere wissenschaftliche Ernst: dort, wo man unbekümmert um die Gefahr, unerwünschte

Opposition zu erzeugen und in politischen Verruf zu geraten, vielleicht auch von gelehrten Wortanbetern als Metaphysiker verschrieen zu werden, die erkannte Wahrheit lehrt, oder dort, wo man, um sich nicht in diese Gefahr zu begeben, die Ansprüche der Wissenschaft zum Schweigen bringt? Aber freilich, eine Wissenschaft, die sich dazu hergibt, vor den „herrschenden Überzeugungen" im Staube zu kriechen, vollzieht nur an sich selbst die Konsequenz ihrer Lehren, wenn eigene Überzeugung ihr nichts mehr gilt, sobald sie nicht auf allgemeine Zustimmung hoffen kann.

JELLINEK unterscheidet nun zwischen der Frage nach dem objektiven und der nach dem subjektiven Zweck des Staates. Jene fragt, welcher Zweck dem Staate „in der Ökonomie des historischen Geschehens im Hinblick auf die letzte Bestimmung der Menschheit zukomme", diese, „welchen Zweck die Institution des Staates in einem gegebenen Zeitpunkt für die ihr Eingegliederten und damit für die Gesamtheit besitze". (A. 230 f.) Die erste Frage weist er als wissenschaftlich unlösbar zurück, da wir in Wahrheit keine objektiven, d. h. „von einer höheren, die Geschichte durchwaltenden Macht gesetzten Zwecke" (A. 233) kennen. Es bleibt also nur die Frage nach dem subjektiven Zwecke des Staates übrig. „Diese Frage muß aufgeworfen und beantwortet werden." (A. 234.)

Hier findet sich aber eine verhängnisvolle Zweideutigkeit. Es handelte sich zunächst um den Gegensatz zwischen den von einer uns unbekannten höheren, die Geschichte durchwaltenden Macht gesetzten und unseren eigenen, menschlichen Zwecken. Sehen wir aber von den ersten ab, so bleibt noch zu unterscheiden zwischen den von den Menschen wirklich verfolgten Zwecken und denen, die sie sich setzen *sollten*, d. h. die sie bei hinreichender Bildung verfolgen würden. Diese beiden Gegensätze werden von JELLINEK verwechselt, wenn er aus der Unmöglichkeit einer wissenschaftlichen Lehre von den „objektiven“ Zwecken auf den nur „historisch - politischen“ Charakter der Lehre von den Staatszwecken schließt und diese Lehre in die „Soziallehre“ des Staates verweist, mit der Behauptung, es gebe „keine begrifflich notwendigen, sondern nur nach den Anschauungen der Geschichtsepochen wechselnde Staatszwecke“. (A. 237.) Hiernach bliebe nur übrig, festzustellen, welche Zwecke zu dieser oder jener Zeit, in diesem oder jenem Staate wirklich verfolgt worden sind; zwischen vorzugswürdigen und minderwertigen Zwecken zu unterscheiden wäre aber unmöglich. Es gäbe nur eine theoretische, nämlich psychologische Lehre von den Zwecksetzungen, aber gar keine eigentlich praktische Lehre von den Zwecken selbst.

Dies hieße denn also in Wahrheit, auf jede Staatszwecklehre verzichten. Aber diese Konsequenz zieht JELLINEK wieder gar nicht. Ihm ist es nur darum zu tun, der Verantwortung für jede metaphysische Behauptung durch die ihr angefügte psychologische Hintertür auszuweichen, die es gestattet, auf jede Frage eine Antwort zu geben, die sich, je nach den Umständen, bald als eine bestimmte normative Entscheidung, bald im Gegenteil als deren Ablehnung ausdeuten läßt. Zwar läßt ihm das Interesse an einer bestimmten Entscheidung gelegentlich ein objektiv-praktisches Urteil entschlüpfen; so wenn er auf die Amtstätigkeit der Universitätslehrer zu sprechen kommt, wo sich sein durch keine metaphysische Scheu gemilderter Zorn auf diejenigen ergießt, die den Unterschied von „Amtstätigkeit“ und „Staatstätigkeit“ für unerheblich erklären und dadurch die Freiheit derer gefährden, „die im staatlichen Auftrag höhere intellektuelle Tätigkeit üben“. (A. 260 f.) Im übrigen aber hebt er überall im Nachsatz auf, was er im Vordersatz behauptet. Kaum hat er ein Zweckurteil ausgesprochen, so nimmt er es durch die Erklärung wieder zurück, daß dies Urteil zwar nach der gegenwärtigen Einsicht der Wissenschaft als richtig zu gelten habe, daß jedoch die Frage, ob es auch wirklich richtig sei, der Metaphysik zur Entscheidung überlassen bleiben müsse. Mit diesem metaphysisch-psychologischen Schaukelspiel wird die Kritik des treuherzigen Lesers so lange eingeschläfert, bis man ihn nach Belieben zum besten haben kann. Fragt er nach dem Zweck des Staates, so antwortet man ihm, daß „gemäß unserer modernen, durch die gesamte Wissenschaft bestimmten Weltanschauung fortschreitende Entfaltung und reichere Ausbildung der menschlichen Kräfte der notwendige und darum anzuerkennende Inhalt der Geschichte“ sei, und daß folglich auch „alle staatliche Tätigkeit unter diesem Gesichtspunkt zum Endzweck die Mitarbeit an der fortschreitenden Entwicklung der ihm Eingegliederten und der Gattung“ habe. (A. 262 f.) Wendet der Leser aber ein, daß ein metaphysisches Urteil nicht in die ernste Wissenschaft gehöre, so klärt man ihm sein Mißverständnis mit dem Hinweis auf, daß ja nur eine psychologische Behauptung darüber aufgestellt worden sei, was unsere moderne Weltanschauung sich als den Zweck des Staates denke. Es sei zwar zuzugeben, daß „ohne eine Metaphysik der Geschichte eine teleologische Untersuchung der sozialen Phänomene nie gründlich vorgenommen werden kann, weil die letzten Zwecke des Menschlichen rein empirischer Forschung unzugänglich sind“. Aber nicht diese teleologische Untersuchung selbst sei hier vorgenommen worden, sondern nur die psychologische Untersuchung, welches für „die herrschende Geistesrichtung“ das Ergebnis dieser teleologischen Untersuchung sei. „Metaphysischer Betrachtung bleibt die Frage überlassen, inwiefern dieser subjektiven Anschauung auch objektive Wahrheit zukommt.“ (A. 262 f.)

Wir aber wollen uns nicht im Namen ernster Wissenschaft zum besten halten lassen. Wir wissen entweder von einem Zweck des Staates, oder wir wissen nicht von ihm. Wissen wir von ihm, so widersprechen wir uns selbst, wenn wir die Frage dahingestellt sein lassen, ob unserer Überzeugung auch objektive Wahrheit zukommt, denn wir stellen unser eigenes Wissen damit in Abrede. Es ist unmöglich, von etwas überzeugt zu sein und dabei zu zweifeln, ob das, wovon man überzeugt ist, wahr sei. Wissen wir aber nicht von einem Zweck des Staates, so widersprechen wir uns selbst, wenn wir sagen, daß wir zwar von keinem Zweck des Staates wüßten, wohl aber davon, daß wir von einem solchen überzeugt seien. Es ist unmöglich, zu wissen, daß man von etwas überzeugt sei, wovon man nicht überzeugt ist.

Dieser Widerspruch begegnet uns auf Schritt und Tritt; seine Aufweisung ist allein schon hinreichend, um das ganze mit so viel mühseliger Spitzfindigkeit errichtete Gebäude dieser Staatslehre zunichte zu machen.

„Ein Staat", sagt JELLINEK, „der diesem auf unseren heutigen politischen Anschauungen beruhenden Maßstab nicht entspricht, . . . erscheint uns als minderwertig." (A. 264.) Daß ein Staat, weil er unserem Wertmaßstab nicht entspricht, uns als minderwertig erscheint, heißt doch, daß wir ihn für minderwertig halten. Halten wir ihn aber für minderwertig, warum haben wir nicht den Mut, unserer Überzeugung auch Ausdruck zu geben und zu sagen: „Er ist minderwertig"? Das Zugeständnis, daß dies unsere Überzeugung ist, straft uns Lügen, wenn wir die Frage, ob dieser Überzeugung auch objektive Wahrheit zukommt, „metaphysischer Betrachtung überlassen". Denn indem wir erklären, diese Überzeugung zu haben, gestehen wir, diese metaphysische Frage schon entschieden zu haben.

„Eine Vielheit von Menschen", heißt es an anderer Stelle (A. 179), „wird für unser Bewußtsein geeinigt, wenn sie durch konstante, innerlich kohärente Zwecke mit einander verbunden sind." Eine solche Zweckeinheit sei der Staat. Aber:

> „Ob die Einheiten, die wir denknotwendig durch Anwendung des Zweckbegriffes bilden, auch unabhängig von unserem Denken in irgend einer Form existieren, wissen wir nicht und können wir mit

den Hilfsmitteln wissenschaftlicher Forschung nicht feststellen. An diesem Punkte hat unser sicheres Wissen ein Ende und die metaphysische Spekulation ihren Anfang. Diese Grenze soll hier nicht überschritten werden." (A. 182.)

Ist hier nun gesagt, daß eine durch gewisse Zwecke verbundene Vielheit von Menschen dadurch geeinigt wird, oder ist dies nicht gesagt? Beides! Oder auch keins von beidem! Wie es gefällt. Es ist ja nur gesagt, daß sie „für unser Bewußtsein" geeinigt wird. Nur, daß es für uns „denknotwendig" sei, zu denken, sie werde geeinigt, dies und nicht mehr ist behauptet. Ob sie auch in Wirklichkeit geeinigt wird, können wir nicht wissen. Man müßte die Grenze des Wissens überschreiten und den unsicheren Boden der metaphysischen Spekulation betreten, um derartiges zu behaupten. Genug, daß wir wissen, was darüber für uns zu denken notwendig ist.

Aber wie? Wenn es für uns zu denken notwendig ist und wir also auch wirklich denken, eine Vielheit werde geeinigt, was denken wir dann eigentlich? Denken wir, daß die Vielheit geeinigt wird, oder denken wir etwas anderes? Offenbar dieses; denn wie sollten wir das nicht denken, das für uns denknotwendig ist. Wir denken also nicht, daß wir nur denken, die Vielheit werde geeinigt, sondern wir denken, sie werde wirklich geeinigt. Wir denken also gerade das, wovon wir dachten, daß wir es nicht denken, nämlich eben den metaphysischen Gedanken, der die behauptete Grenze des wissenschaftlichen Denkens überschreitet.

Wenn also JELLINEK zu denken meint, daß wir genötigt seien, zu denken, der Staat sei das in seiner Staatslehre geschilderte Gebilde, ob er es aber wirklich sei, könne als eine metaphysische Frage dahingestellt bleiben, so täuscht er sich. Er denkt vielmehr nur, zu denken, und denkt in Wirklichkeit überhaupt nicht, da, was er für Gedanken hält, nur Worte sind.

§ 8. Das Prinzip der Autonomie.

Ist hiernach der Versuch, das Staatsrecht durch die Lehre von der Rechtfertigung des Staates zu begründen, als mißlungen zu betrachten, so bleibt noch ein letzter Ausweg zu prüfen, auf dem JELLINEK das Problem des Staatsrechts lösen zu können hofft und auf den wir besonders auch, um zu einem Urteil über seine völkerrechtlichen Lehren zu gelangen, eingehen müssen. Man kann sagen, daß dieser Ausweg geradezu darin besteht, den Grundgedanken des vorher eingeschlagenen Weges auf den Kopf zu stellen. Die Klippe, an der die Befehlstheorie scheitert, soll nämlich durch das Prinzip der „Autonomie" umschifft werden.

Nach den Lehren der Befehlstheorie „besteht der Staat in Willensverhältnissen", nämlich von „Menschen, die befehlen, und solchen, die diesen Befehlen Gehorsam zollen". „Als letzte objektive Bestandteile der Staaten ergeben sich daher Willensverhältnisse Herrschender und Beherrschter." (A. 176 f.) Der Widerspruch dieser Lehre läßt sich mit denselben Worten nachweisen, mit denen JELLINEK die von ihm verworfene Rechtstheorie zu widerlegen sucht. Hier sagt er:

> „Jedes Rechtsverhältnis bedarf der Normen, die es regeln, und diese Normen müssen die Glieder des Rechtsverhältnisses mit einander verbinden, setzen also eine über den Gliedern stehende Macht voraus, von welcher diese Normen ausgehen." (A. 168 f.)

Diese Worte sprechen nur die Konsequenz der Befehlstheorie aus und treffen daher in Wahrheit auch nur diese selbst. In der Tat, die Verbindlichkeit des Herrscherwillens für den Beherrschten setzt eine Rechtsnorm voraus, die das Rechtsverhältnis zwischen ihnen derart regelt, daß der Beherrschte dem Willen des Herrschers rechtlich unterworfen wird. Diese Rechtsnorm könnte aber nach der Befehlstheorie nur der Ausfluß des Willens einer über beiden stehenden Macht sein. Was daher JELLINEK gegen die „Objekt-Theorie" des Staates einwendet, gilt auch gegen die seinige: „Jede derartige Theorie könnte als rechtliche Erklärung des Staates nur dann befriedigen, wenn es gelänge, eine überstaatliche Rechtsordnung nachzuweisen, von der der Herrscher sein Recht zur Herrschaft erhält." (A. 166.) Wird auf die Aufweisung einer solchen überstaatlichen Rechtsordnung verzichtet, so bleibt nichts übrig, als den rechtlichen Charakter des den Staat konstituierenden Willensverhältnisses abzuleugnen und das angebliche Rechtsverhältnis als ein bloßes Gewaltverhältnis anzuerkennen. Entweder wir behaupten seine Rechtsnatur, dann werden wir ins Unendliche auf immer übergeordnete Willensverhältnisse als Rechtsquellen verwiesen, ohne daß wir je zu einer wirklichen Rechtsquelle kämen, oder aber wir verzichten von vornherein auf eine solche: in keinem von beiden Fällen läßt sich die Verbindlichkeit des Herrscherwillens für den Willen des Beherrschten begründen. Umso weniger ist es von einer solchen Theorie aus möglich, umgekehrt eine rechtliche Verbindlichkeit für den Willen des Herrschers zu begründen: auch von ihr aus kann „die Anerkennung der Untertanen als Rechtssubjekte durch den Staat nur durch Trugschlüsse herbeigeführt werden". (A. 164.) Kurz, ein „Staatsrecht" ist auf der Grundlage dieser Theorie ein in sich widerspruchsvoller Begriff; ihre Konsequenz ist der nackte, schlechthin schrankenlose Absolutismus.

Diese Konsequenz läßt sich auch nicht dadurch wegschaffen, daß man den Staat als „Rechtssubjekt" bezeichnet. (A. 183.) Diese Bezeichnung bleibt vielmehr, solange man nicht die Existenz staatlicher Rechte aufgewiesen hat, ein bloßes Wort. Von einem Rechtssubjekt zu sprechen, hat nur Bedeutung, wo man eine das Recht regelnde Rechtsnorm voraussetzt. Wie ist diese aber beim Staat möglich, wenn aus seinem „Willen" das Recht erst abgeleitet werden soll, er also seinerseits die Voraussetzung für die Möglichkeit aller Rechtsnormen sein soll?

Bei dieser Lage der Dinge kostet es JELLINEK gar nichts, die Befehlstheorie, wo sie versagt, durch ihr Gegenteil zu ersetzen. Unter Berufung auf den „gewaltigen Fortschritt, den die ethische Erkenntnis seit KANT gemacht" habe, verwirft er nunmehr die Auffassung von der „heteronomen" Natur der Pflicht, wonach „jede Verpflichtung nur in der Form eines Gebotes einer höheren Macht an eine untergeordnete möglich" erscheint (A. 480), wonach „die ethische Macht dem einzelnen etwas von außen Kommendes, daher jede Pflicht ein fremdes Gebot" ist. „Von diesem die sittliche Autonomie und daher jede Ethik in höherem Sinne verwerfenden Standpunkt gibt es natürlich keine wie immer geartete Selbstverpflichtung. Aber auch ebenso wenig irgend andere Begründungen der letzten ethischen und rechtlichen Probleme als auf fatalistische Unterwerfung unter eine fremde göttliche oder physische Übermacht." (A. 368.)

Das Problem des Staatsrechts scheint damit auf die einfachste Weise gelöst: Der eigene Wille des Staates erweist sich so als der Rechtsgrund seiner Verpflichtung. „Der Begriff der Pflicht ist ein einheitlicher. Der Wandel der ethischen Theorie von der Pflicht muß daher notwendig den der juristischen zur Folge haben. In dem Begriff der staatlichen Selbstverpflichtung liegt daher so wenig ein Widerspruch wie in dem der sittlichen Autonomie." (A. 481.)

Aber die Seichtigkeit dieser Ausflucht läßt sich nicht verbergen. Denn e r s t e n s bleiben wir auch hier bei einem bloßen W i l l e n s v e r h ä l t n i s stehen:

> „Formell kann das Recht nur abgeleitet werden aus den Willensverhältnissen: Verbindlichkeit von Willensakten durch andere Willensakte." (A. 479 f.)

Es macht aber grundsätzlich wenig aus, ob der Willensakt, aus dem sich die Verbindlichkeit eines anderen Willensaktes ableitet, derselben oder einer anderen Person zukommt: Das Rechtsverhältnis, das in der Verbindlichkeit des einen Willensaktes für den anderen besteht, „bedarf der Normen, die es regeln". „Diese Normen müssen die Glieder des Rechtsverhältnisses mit einander verbinden." Es würde also auch hier der Schluß gelten, daß diese Normen „eine über den Gliedern stehende Macht voraussetzen, von welcher diese Normen ausgehen". (A. 168 f.) Es bleibt daher wieder nichts übrig, als entweder bei dem bloß faktischen Willensverhältnis stehen zu bleiben und auf eine Begründung seiner Rechtsnatur von vornherein zu verzichten, oder aber diese Rechtsnatur aus einem höheren Willensverhältnis abzuleiten, für welches dann wieder dasselbe gelten würde, so daß wir auf eine unendliche Reihe von Willensakten geführt würden, deren jeder seine Rechtmäßigkeit nur auf den nächst höheren gründen könnte, — eine Reihe, deren Unendlichkeit es unmöglich machen würde, über die bloß faktischen Willensakte hinaus zu einem wirklichen Rechtsgrunde zu gelangen. Ob wir es dabei mit eigenen oder fremden Willensakten zu tun haben, macht hierfür gar keinen Unterschied.

Zweitens aber ist es ein gröblicher Widerspruch, das sogenannte Prinzip der Autonomie, d. h. der Verpflichtung durch eigenen Willen, zwar für den Staat, nicht aber auch für das Individuum gelten zu lassen. „Der Begriff der Pflicht", sagt JELLINEK, „ist ein einheitlicher. Der Wandel in der ethischen Theorie von der Pflicht muß daher notwendig den der juristischen zur Folge haben." Nun wohl, entweder gilt das Prinzip der Autonomie, oder es gilt nicht; es kann aber nicht für den Staat das Prinzip der Autonomie, für das Individuum dagegen die Befehlstheorie gelten. JELLINEK aber sucht beides zu vereinigen. In der „Lehre von den Staatenverbindungen" kommt dieser Versuch am schroffsten zum Ausdruck:

„Es gibt zwei Möglichkeiten der rechtlichen Verpflichtung: Verpflichtung durch eigenen und Verpflichtung durch fremden Willen. Die letztere findet bei dem Untertan statt, bei dem, der rechtlich einem imperium unterworfen ist. Ausschließliche Verpflichtbarkeit durch den Staatswillen, also durch fremden Willen ist das juristische Merkmal des Untertans." (L. 31 f.) „Verpflichtbarkeit durch eigenen Willen ist das juristische Merkmal des Staates." (L. 34.)

Freilich hat es JELLINEK, offenbar im Gefühl dieses Widerspruchs, vermieden, dem Prinzip der Autonomie eine einigermaßen bestimmte Formulierung zu geben; vielmehr verbreitet er über diesen für seine Staatslehre so wichtigen Punkt wieder ein solches Dunkel, daß es ihm möglich wird, jeden bestimmten, der Kritik zugänglichen Sinn seiner Behauptungen abzuleugnen. Man kann nach ihm einerseits zugeben, daß „gewissermaßen jede Verpflichtung Selbstverpflichtung ist" (R. 15), andererseits aber hütet er sich wohlweislich, das fragliche Prinzip in einer Form auszusprechen, die eine ihm entgegengesetzte, heteronome Auffassung der Pflicht geradezu ausschließt. Vielmehr preist er die „autonome Sittlichkeit als höchste Form des Ethos". (A. 368.) Mit ihrer Verwerfung ist daher konsequenter Weise nicht die Ethik überhaupt, sondern nur die „Ethik in höherem Sinne" unvereinbar. (A. 368.) Nur der „volle sittliche Wert" hat die Autonomie des Willens zur Voraussetzung. (R. 14.) So kann er sich denn dem aufgewiesenen Widerspruch gegenüber auf die Behauptung zurückziehen, daß Autonomie für den Staat und Heteronomie für das Individuum sich keineswegs ausschließen. Eine Behauptung, bei der nur zu fragen wäre, warum die höhere Form des Ethos dem Individuum vorenthalten bleiben sollte. „Vollkommen sittlich", sagt JELLINEK, „ist nur eine Handlung, zu der wir uns selbst kraft unseres Wesens, nicht kraft einer von einem anderen gesetzten Norm verpflichtet fühlen." (A. 480.) Hiermit wird denn auch auf diesen letzten Einwand eine Antwort bereit gehalten: Auch dem Individuum wird damit die Möglichkeit vollkommen sittlichen

Handelns gegeben; es kommt nur darauf an, daß es sich kraft seines eigenen Wesens zur Befolgung des Staatswillens verpflichtet fühlt. Halten wir uns aber im Ernst an diese Erklärung, so ist damit die Lehre von der Verpflichtung des Untertans durch den Staatswillen wieder zurückgenommen; denn diese Verpflichtung ist durch die höhere Bedingung der Übereinstimmung mit dem eigenen Willen des Individuums eingeschränkt. Die ganze Theorie der rechtlichen Ursprünglichkeit und Selbständigkeit der staatlichen Herrschermacht bricht mit diesem Zugeständnis zusammen. Die unmittelbare Folge aber davon ist, daß, wenn dem Individuum die Autonomie zugestanden wird, sie dem Staat abgesprochen werden muß, ganz im Gegensatz zu der Absicht, in der das Prinzip der Autonomie überhaupt eingeführt wurde.

Die Tragweite dieser Konsequenz darf nicht verkannt werden. Die Lehre von der Verpflichtung durch den eigenen Willen führt in ihrer Anwendung auf das Individuum geradewegs auf die staatsrechtliche Doktrin von der Volkssouveränität und damit auf die von JELLINEK bekämpfte Form der Vertragstheorie des Staates, die von dem rechtlichen Prinzip der Freiheit ausgeht. Gegen sie gilt denn auch, was JELLINEK gegen die Vertragstheorie überhaupt einwendet: sie ist, „logisch zu Ende gedacht, nicht staatsbegründend, sondern staatsauflösend". (A. 217.) „Ist der Mensch seinem Wesen nach frei, dann ist der Satz ROUSSEAUs unwiderleglich, daß die Freiheit unverzichtbar sei, dann kann aber das Individuum kraft dieser unverzichtbaren Freiheit auch jederzeit den Vertrag lösen." (A. 216.) Eine rechtliche Bindung an den Staat ist mit der Autonomie des Individuums unvereinbar. Die Konsequenz dieses Prinzips ist daher die rechtliche Unmöglichkeit des Staates, d. h. Anarchie; so daß sich die Unmöglichkeit einer Begründung des Staatsrechts auf dem Boden der Willenstheorie auch von dieser Seite her zeigt.

Doch das Prinzip der „Autonomie" läßt bei JELLINEK noch eine andere Deutung zu. Hiernach hängt die Verpflichtung nicht sowohl vom eigenen Willen des Verpflichteten ab, als vielmehr von seiner Anerkennung der Verpflichtung, d. h. von seiner Überzeugung, daß er verpflichtet ist. „Alles Recht", heißt es, „ist nur möglich unter der Voraussetzung, daß wir die Fähigkeit haben, uns durch Anforderungen an unseren Willen, deren Inhalt subjektivem Gutdünken entrückt ist, verpflichtet zu halten." (A. 352.) „Der letzte Grund alles Rechtes liegt in der nicht weiter ableitbaren Überzeugung seiner Gültigkeit. Norm ist niemals etwas bloß von außen Kommendes, sondern muß stets die auf einer Eigenschaft des Subjekts ruhende Fähigkeit besitzen, von diesem als berechtigt anerkannt zu werden." (A. 371.) Wir kommen hiermit auf die Lehre von der Rechtsüberzeugung als letzter Rechtsquelle zurück.

Der an sich richtige Ausgangspunkt dieser Lehre liegt in der Bemerkung, daß bloße Überlegenheit der Macht niemals hinreicht, um uns eine Verbindlichkeit aufzuerlegen, daß vielmehr eine Verbindlichkeit für uns nur da bestehen kann, wo wir auch die Möglichkeit haben, sie kraft eigener Einsicht als solche zu erkennen. Aber das bedeutet nicht, daß wir diese Einsicht wirklich haben müßten, und noch viel weniger bedeutet es, daß sie der Grund oder die Quelle der Verbindlichkeit sei. Zwar spricht auch JELLINEK zunächst nur von der „Fähigkeit", die Norm als verpflichtend anzuerkennen. Aber aus der Fähigkeit der Anerkennung wird bei ihm alsbald die Anerkennung selbst und aus dieser dann der Grund oder die Quelle der anerkannten Verpflichtung. Hiermit verwickeln wir uns aber in dieselben Schwierigkeiten wie bei der Lehre vom Willen als Verpflichtungsgrund. Denn wenn nicht die anerkannte Pflicht selbst, sondern ihre Anerkennung es ist, was uns eigentlich verpflichtet, so ist auch die Verpflichtung durch die Anerkennung nur durch die Anerkennung der Verpflichtung durch die Anerkennung der Verpflichtung möglich und so fort in unendlicher

Reihe, ohne daß wir über die Anerkennungsakte hinaus zu einem wirklichen Verpflichtungsgrunde kämen. Ja die Schwierigkeit ist hier noch viel größer als bei der Willenstheorie. Denn um von der Anerkennung der Verpflichtung zu sprechen, müssen wir schon den Begriff einer von der Anerkennung unabhängigen Pflicht voraussetzen.

Daß die Rechtsüberzeugung nur durch Trugschlüsse den Schein eines Kriteriums des Rechts erhalten kann, weil wir, um zu irgend einer Rechtsüberzeugung zu gelangen, schon ein anderes Kriterium des Rechts besitzen müssen, hatten wir schon festgestellt. An diesem Ergebnis ändert es nun aber auch nichts, wenn man die Rechtsüberzeugung durch die Fähigkeit zu ihr ersetzt, d. h. durch die Bedingung, daß die fragliche Überzeugung auftreten würde, wenn die hinreichende Einsicht vorhanden wäre. Denn wenn wir fragen, wann denn die *hinreichende* Einsicht vorhanden ist, so läßt sich nur antworten, daß die Einsicht dann hinreicht, wenn sie *richtig* ist. Fragt man aber, wann sie richtig ist, so bleibt nur die Antwort, daß richtig die *dem Recht entsprechende* Einsicht ist. Welche diese aber ist, sollte durch das Kriterium gerade entschieden werden.

Darum ist auch das Kriterium der „Selbstgesetzgebung der Vernunft“ (A. 480) gänzlich leer. Denn „Vernunft“ ist hier nur ein anderer Ausdruck für die Fähigkeit der rechtlichen Einsicht; wir müßten daher, um das Kriterium anwenden zu können, erst wissen, welches die durch Vernunft zu erkennende rechtliche Gesetzgebung ist, und dazu bedürften wir eines anderen, vom Prinzip der Selbstgesetzgebung der Vernunft unabhängigen Kriteriums.

Es ist unzweifelhaft richtig, daß Recht nur dasjenige ist, was wir durch Vernunft als solches erkennen. Dieser Satz allein kann als das recht verstandene Prinzip der Autonomie bezeichnet werden. Aber es ist eine große Täuschung, zu meinen, daß dieser Satz uns ein *Kriterium* des Rechts an die Hand geben könne. Diese Täuschung ist die Quelle der folgenschwersten Irrtümer der Naturrechtsschule gewesen, und als solche wirkt sie auch noch heute fort, nicht zum wenigsten, wie das Beispiel JELLINEKs lehrt, bei denen, die mit Verachtung auf jene Schule herabsehen. „Es sind nicht alle frei, die ihrer naturrechtlichen Ketten spotten.“ (A. 552.)

Es bleibt eine durch keine Spitzfindigkeit wegzudisputierende Alternative: Entweder wir trauen uns ein rechtliches Wissen zu, oder wir trauen es uns nicht zu. Trauen wir uns zu, zu wissen, was Recht ist, so trauen wir uns eben damit auch zu, zu wissen, was wirklich Recht ist, und nicht nur, wovon andere oder wir selbst wollen, daß es Recht sei, oder wovon andere oder wir selbst denken, daß es Recht sei; kurz, wir trauen uns zu, ein objektives, von keinem Willen und von keiner Überzeugung abhängendes Recht zu erkennen. Trauen wir uns dies aber nicht zu, gestehen wir, von keinem objektiven Recht zu wissen, so müssen wir ehrlicher Weise auch gestehen, nicht zu wissen, daß fremder oder eigener Wille, fremde oder eigene Überzeugung ein Kriterium des Rechts sei; wir dürfen also zwar behaupten, daß dieser oder jener wolle oder denke, daß etwas Recht sei, nicht aber, daß das, was er wolle oder denke, Recht sei. Kurz, wir dürfen zwar nach Belieben psychologische Urteile fällen, müssen uns aber jedes rechtlichen Urteils enthalten.

Wer daher sagt, er erkenne zwar etwas als Recht an, maße sich aber nicht an, zu wissen, daß es auch objektiv Recht sei, weiß entweder selbst nicht, was er sagt, oder er lügt. Denn wenn es wahr ist, daß er, wie er im Vordersatz behauptet, das fragliche Recht anerkennt, so traut er sich zu, das Recht zu kennen; es ist also nicht wahr, daß er, wie er im Nachsatz unter dem Scheine der Bescheidenheit vorgibt, sich nicht zutraue, es zu kennen. Ist dagegen seine Behauptung wahr, daß er sich nicht zutraue, das objektive Recht zu kennen, so ist seine Behauptung, daß er es als Recht anerkenne, unwahr.

Unter dem Mantel der Bescheidenheit verbirgt sich also nur die Unehrlichkeit.

Man wende nicht ein, der Satz: „Ich erkenne etwas als Recht an" sei nur ein psychologisches Urteil. Allerdings ist er dies. Aber dies psychologische Urteil ist ein Urteil über ein anderes, nicht wieder psychologisches, sondern rechtliches Urteil, nämlich über mein Urteil, daß etwas Recht sei. Ist also das psychologische Urteil richtig, so urteile ich wirklich, daß etwas Recht sei. Ich täusche also entweder mich selbst oder andere, wenn ich das Gegenteil behaupte.

§ 9. Das Problem des Erkenntnisgrundes der rechtlichen Erkenntnis.

Was aber ist der Erklärungsgrund dafür, daß denkende Menschen immer wieder in das so leicht zu zerreißende Gewebe dieser Sophistik geraten?

Er liegt zunächst in der Unbestimmtheit der Sprache, die es erlaubt, unter einem Ausdruck wie dem, daß der Wille ein Verpflichtungsgrund sei, bald etwas Richtiges, bald etwas Falsches zu verstehen. Wenn sich auch das Recht, als ein praktisches Gesetz, niemals auf irgend welche Tatsachen zurückführen läßt, so gibt es doch rechtlich erhebliche Tatsachen, d. h. Tatsachen, an die sich eine Rechtsfolge knüpft. Daß sich aber an eine bestimmte Tatsache (etwa an eine Anerkennung, eine Gewohnheit oder einen Vertrag) eine bestimmte Rechtsfolge knüpft, ist nur möglich durch das Bestehen eines Rechtsgesetzes, vermöge dessen diese Verknüpfung stattfindet. Wo es uns nun, wie gewöhnlich, nur darauf ankommt, den Inhalt bestimmter, einzelner Rechte zu ermitteln, können wir daher ohne Gefahr von dem verpflichtenden oder rechtserzeugenden Charakter bestimmter Tatsachen sprechen; denn wir setzen dabei stillschweigend das von diesen Tatsachen unabhängige Rechtsgesetz voraus. Entsteht aber die Frage nach dem allgemeinen Prinzip des Rechts überhaupt, so können wir nicht, ohne uns in einen Widerspruch zu verwickeln, in derselben Weise von einem Grunde oder einer Quelle oder von der Erzeugung des Rechtes sprechen. Denn wenn die rechtliche Erheblichkeit einer Tatsache nur in der Bedeutung besteht, die sie auf Grund des Rechtsgesetzes hat, so kann man nicht umgekehrt die Verbindlichkeit des Rechtsgesetzes auf die rechtliche Erheblichkeit einer Tatsache gründen.

Verkennt man dies, verwechselt man die rechtserheblichen Tatsachen unter dem Rechtsgesetz mit einer über demselben stehenden Quelle des Rechtes, so gerät man in ein Netz von immer neuen Widersprüchen. Man kann dann mit gleichem Rechte behaupten und bestreiten, daß der Wille ein Verpflichtungsgrund sei. Man kann dann aus der Voraussetzung, daß jede Verpflichtung einen Willen als Verpflichtungsgrund erfordert, ebensowohl schließen, daß, da ein fremder Wille nicht verpflichten könne, der eigene Wille einziger Verpflichtungsgrund sei, wie daß, da der eigene Wille nicht verpflichten könne, ein fremder Wille der Grund aller Verpflichtung sein müsse, oder auch, mit wieder demselben Rechte, daß, da weder eigener, noch fremder Wille verpflichte, in Wahrheit überhaupt keine Verpflichtung möglich sei. Alle diese Schlüsse haben den gleichen Wert und Unwert. Mit jeder dieser Theorien kann man die anderen widerlegen und durch die Widerlegung der anderen die eigene beweisen.

Wer aber eingesehen hat, daß die Rechtserheblichkeit einer Tatsache nur auf Grund des Rechtsgesetzes möglich ist, wird sich nicht mehr die widerspruchsvolle Aufgabe stellen, nach der Erzeugungsquelle des Rechts zu suchen. Er wird weder einen Willen, noch eine Überzeugung als Verpflichtungsgrund ansehen; er wird daher auch daraus, daß fremder Wille kein solcher sein kann, nicht schließen, daß eigener Wille oder eigene Überzeugung ein solcher sei. Und er wird daraus, daß sich kein Verpflichtungsgrund für die Pflicht und kein

Rechtsgrund für das Recht finden läßt, nicht schließen, daß es keine objektive Pflicht und kein objektives Recht gebe.

Hier mischt sich indessen noch ein anderer Fehler ein, der der Frage nach der Erzeugungsquelle des Rechtes einen Schein von Bedeutung gibt. Er entsteht dadurch, daß man die Frage nach dem Erkenntnisgrunde oder der Erkenntnisquelle des Rechtes mit der Frage nach dem Realgrunde oder der Erzeugungsquelle des Rechtes verwechselt. Die Frage nach dem Erkenntnisgrunde oder nach der Quelle, aus der wir unsere Erkenntnis des Rechts schöpfen, ist gar keine rechtliche Frage, sondern, recht verstanden, eine solche der psychologischen Vernunftkritik. Es ist nämlich die Frage: Auf welche unmittelbare Erkenntnis lassen sich unsere rechtlichen Urteile zurückführen? Wobei von vornherein so viel feststeht, daß dieser Erkenntnisgrund unserer rechtlichen Urteile selbst eine r e c h t l i c h e Erkenntnis sein muß. Denn aus bloßer Tatsachenkenntnis oder gar aus bloßer Logik läßt sich keine rechtliche Erkenntnis ableiten; Rechtserkenntnis ist praktische Erkenntnis, praktische Erkenntnis läßt sich aber nicht auf theoretische zurückführen. Das Problem des Erkenntnisgrundes des Rechts ist also das Problem der K r i t i k d e r p r a k t i s c h e n V e r n u n f t : es wird gelöst durch die psychologische Aufweisung einer unmittelbaren praktischen Vernunfterkenntnis. In diesem Sinne ist es unzweifelhaft richtig, daß unsere Rechtsüberzeugung „das Fundament der Erkenntnis von Rechten und Pflichten" überhaupt und also auch „des Staates" ist. (A. 370.)

Mit diesem Problem wird nun aber leicht ein anderes verwechselt.[1]. Die Frage nach dem Grunde der rechtlichen Erkenntnis scheint nämlich durch die Aufweisung einer unmittelbaren rechtlichen Erkenntnis nicht

[1] Wer sich über das Verhältnis dieser Probleme genauer orientieren will, sei auf meine Schrift „Über das sogenannte Erkenntnisproblem" (Göttingen 1908) verwiesen.

gelöst zu sein, da sich die Frage nach dem Grunde der aufgewiesenen rechtlichen Erkenntnis wiederholen würde. Der Erkenntnisgrund des Rechts kann, so scheint es, nicht selbst in einer rechtlichen Erkenntnis liegen. Versteht man die Aufgabe so, daß nach dem Grunde der rechtlichen Erkenntnis überhaupt gefragt wird, so ist diese Folgerung in der Tat unvermeidlich. So verstanden, enthält aber die Fragestellung einen Widerspruch. So wenig es eine Erkenntnis geben kann, die den Grund aller Erkenntnis enthält, so wenig eine rechtliche Erkenntnis, die den Grund aller rechtlichen Erkenntnis enthält. Eine andere als selbst rechtliche Erkenntnis kann aber, wie sich zeigte, erst recht nicht den Grund aller rechtlichen Erkenntnis enthalten. Das Problem des Erkenntnisgrundes aller rechtlichen Erkenntnis ist daher ebenso widerspruchsvoll, wie das Problem des Rechtsgrundes alles Rechts. Das erste Scheinproblem zieht aber das zweite unmittelbar nach sich. Will man nämlich die rechtliche Erkenntnis auf eine über aller rechtlichen Erkenntnis stehende Quelle zurückführen, so muß man annehmen, daß sich auch das Recht selbst auf etwas zurückführen läßt, was nicht Recht ist; man befindet sich also unmittelbar vor der „metajuristischen" Aufgabe.

Diese Verwechslung der vernunftkritischen Aufgabe der Zurückführung der rechtlichen Urteile auf eine unmittelbare rechtliche Erkenntnis mit dem erkenntnistheoretischen Problem der Begründung aller rechtlichen Erkenntnis ist die tiefste Wurzel aller der erörterten Fehler und Widersprüche. Sie ist es, die JELLINEK hindert, bei einer unmittelbaren rechtlichen Erkenntnis stehen zu bleiben, und die ihn dazu verleitet, die Frage, wie Nicht-Recht zu Recht wird, lösen zu wollen. Diese Aufgabe kann aber nur dadurch lösbar erscheinen, daß man die Rechtserheblichkeit einer Tatsache unter dem Rechtsgesetz mit einer „rechtserzeugenden Kraft" der Tatsache verwechselt, also durch die Lehre von der „normativen Kraft des Faktischen".

So nur erklärt sich auch die Tendenz, keine metaphysischen Behauptungen zuzulassen. Eine unmittelbare rechtliche Erkenntnis könnte in der Tat nur eine metaphysische Erkenntnis sein, wenn man darunter eine solche versteht, die sich weder auf rein logische, noch auf empirische Erkenntnisgründe zurückführen läßt. Daß eine solche Erkenntnis unmöglich ist, setzt JELLINEK überall als selbstverständlich voraus. Daher denn sein Bemühen, alle Rechtssätze so lange umzudeuten, bis sie von allem metaphysischen und also rechtlichen Gehalt befreit sind; ein Unternehmen, das sich nur dadurch bewerkstelligen läßt, daß man dem wahren Sinn der fraglichen Rechtssätze, unter Beibehaltung ihrer sprachlichen Form, entweder leere logische Identitäten oder empirisch-psychologische Behauptungen unterschiebt.

Zweites Kapitel.

Die Begründung des Völkerrechts durch die Lehre von der Souveränität

bei

GEORG JELLINEK.

§ 1. Die Souveränität als Prinzip des Völkerrechts.

JELLINEK erhebt den Anspruch, durch seine Lehre vom Staatsrecht zugleich einen Weg zur Begründung des Völkerrechts gefunden zu haben; ja er behauptet, daß seine Lösung des Problems des Staatsrechts die einzig mögliche Lösung des Problems des Völkerrechts in sich schließe. (A. 479.) In der Tat steht und fällt seine Lehre vom Völkerrecht mit seiner Staatsrechtslehre. Es könnte daher überflüssig erscheinen, nach der Bekanntschaft, die wir mit dieser gemacht haben, auf jene überhaupt einzugehen. Indessen, die Irrtümer auf denen JELLINEKs Lehre vom Völkerrecht ruht, sind — teils ohnehin, teils unter seinem Einfluß — zu so allgemeiner Verbreitung gelangt, daß es nützlich sein dürfte, auch ohne alle Rücksicht auf ihren Zusammenhang mit der JELLINEKschen Staatsrechtslehre ihre Verfehltheit nachzuweisen.

Den eigentlichen Mittelpunkt dieser Lehre, um den sich alles übrige dreht, bildet die Erörterung des Begriffs der Souveränität.

Diese Tatsache verdient schon an sich, nämlich unter methodischem Gesichtspunkt, unsere Aufmerksamkeit. Von irgend welcher Wichtigkeit für die Ergebnisse einer juristischen Untersuchung kann unmittelbar stets nur ein Rechts-Satz, niemals aber ein bloßer Begriff sein. Aus einem Begriff folgen allemal nur leere logische Identitäten; um zu einer Behauptung von juristischem Inhalt zu gelangen, muß man von einer anderen Behauptung ausgehen, die sich ihrerseits nicht aus einem bloßen Begriff herausziehen läßt. Für die Prüfung des wissenschaftlichen Wertes einer Lehre kommt alles darauf an, daß diese grundlegende Behauptung, von der alle schließlichen Ergebnisse abhängen, klar und deutlich hervortritt. Nach einer solchen klaren und deutlichen Behauptung sucht man aber in der JELLINEKschen Lehre vom Völkerrecht vergeblich. Vielmehr werden wir überall, wo wir nach Gründen fragen, auf den Begriff der Souveränität verwiesen, und alle oder doch die wesentlichsten Fehler anderer Völkerrechtslehrer werden auf fehlerhafte Definitionen der Souveränität zurückgeführt. Wer weiß, daß aus bloßen Begriffen, sie mögen definiert sein wie immer, zwar Logik, aber keine Rechtslehre möglich ist, wird sich dadurch nicht täuschen lassen. Er wird nach der Prämisse suchen, die den wirklichen Grund der Behauptungen des Autors bildet und über die dieser selbst sich Rechenschaft zu geben versäumt hat. In der Tat, ob unter dem Ausdruck „Souveränität" dieses oder jenes zu verstehen sei, wäre an und für sich eine Frage ohne jegliches Interesse und nichts als Wortstreit, wenn man nicht schon im voraus von irgend einem Satze ausginge, dessen Richtigkeit oder Falschheit davon abhängt, wie das in ihm vorkommende Wort „Souveränität" verstanden wird. Diesen Satz also müssen wir zu finden suchen.

Einen Anhalt dafür gibt uns der ausdrückliche Hinweis JELLINEKs, daß Souveränität ein Rechtsbegriff sei. (A. 476.) Souveränität ist nämlich nach ihm die rechtlich verstandene Unabhängigkeit des

Staates von jeder anderen Macht oder, wie er auch sagt, die rechtliche Fähigkeit seiner ausschließlichen Selbstbestimmung. Souveränität, sagt er in der „Lehre von den Staatenverbindungen", „ist die Eigenschaft eines Staates, kraft welcher er nur durch eigenen Willen rechtlich gebunden werden kann". (L. 34.) Und: „Souveränität ist das Recht, nur durch eigenen Willen verpflichtbar und verpflichtet zu sein." (L. 55.) Soll hiermit nur die Bedeutung, die JELLINEK dem Worte „Souveränität" beilegen will, festgestellt sein, so wird kein denkender Mensch etwas dagegen einzuwenden haben. Streit könnte erst möglich sein, wenn es sich um die Frage handelt, ob es ein solches Recht, wie das hier als „Souveränität" definierte, auch wirklich gibt. Diese allein wesentliche Frage wird aber von JELLINEK überhaupt nicht aufgeworfen. Alle seine Schlüsse setzen vielmehr die Existenz eines solchen Rechtes als fraglos voraus. Erst durch diese als selbstverständlich angenommene Voraussetzung erklärt sich denn auch die Wichtigkeit, die JELLINEK der gegebenen Definition beilegt.

Durch die bloße Definition ist aber die Frage nach der Existenz des definierten Gebildes noch gar nicht berührt; wer diese Existenz behauptet, hat den Beweis für sie zu führen, und für diesen Beweis könnte er sich nur auf eine von der Definition unabhängige Erkenntnis stützen. In Ermangelung einer solchen bleibt die fragliche Existenzbehauptung ein willkürliches Dogma. Ein solches willkürliches Dogma und nichts anderes ist die für den ganzen Aufbau von JELLINEKs Völkerrechtslehre entscheidende Voraussetzung.

Freilich ein Dogma, das von der herrschenden Rechtsüberzeugung geteilt wird. Aber gerade dieses Beispiel könnte schon für sich allein zeigen, ein wie trügerischer Maßstab diese Rechtsüberzeugung ist. Denn wer sich nur einen Augenblick von dem blinden Glauben an die Allweisheit der herrschenden Rechtsüberzeugung frei zu machen vermag, muß beim geringsten Nachdenken zu der Entdeckung kommen, daß es ein Recht der Souveränität im erklärten Sinne gar nicht geben kann, da ein solches sich selbst und dem Begriff des Völkerrechts überhaupt widersprechen würde.

Es würde sich selbst widersprechen: Denn die Souveränität des einen Staates schließt unmittelbar die der anderen aus. Will der eine sich dem anderen gegenüber keine Schranken auferlegen (z. B. dessen Selbständigkeit nicht respektieren), so hat dieser ihm gegenüber auch keinerlei Rechte, denn diese würden den ersten verpflichten, seiner Willkür also Schranken auferlegen.

Es würde ferner dem Begriff des Völkerrechts widersprechen. „Der erste Grundsatz des Völkerrechts", sagt JELLINEK (L. 21), „ist die Anerkennung der Gleichheit der Staaten, ohne Rücksicht auf ihre Größe und politische Bedeutung." Offenbar ist dieser (wie jeder andere) Völkerrechtssatz mit der Souveränität der Staaten unvereinbar. Gibt es nämlich ein Recht der Gleichheit (oder irgend ein anderes) zwischen den Staaten, so ist dieses Recht eben damit der Willkür der Staaten entzogen; es beschränkt also ihre Souveränität und hebt diese dadurch überhaupt auf. Denn daß eine Beschränkung der Souveränität ihrer Vernichtung gleichkommt, wird von JELLINEK ausdrücklich zugestanden. (A. 496.) Die Möglichkeit des Völkerrechts steht daher mit der Souveränität unmittelbar im Widerspruch.

Man wende nicht ein, daß sich die Staaten, gerade vermöge ihrer Souveränität, in Form von Verträgen freiwillig binden und einander Rechte einräumen können. Denn einmal ist die Frage: Gibt es nicht ein Recht der Staaten, einander zum Behuf der Regelung ihres Verkehrs durch Verträge zu binden? Oder entspricht es etwa dem Völkerrecht, wenn es dem Belieben der Staaten überlassen bleibt, ob eine solche Regelung erfolgt? Die rechtliche Notwendigkeit einer solchen Regelung ist mit der Souveränität im Widerspruch. Ich sage: die rechtliche Notwendigkeit, denn die in der „Natur der Lebensverhältnisse" liegende Notwendigkeit, von der JELLINEK allerdings spricht (R. 42 f., 48 f., Ö. 298), ist nur **politisch** und kann wohl einen Zwang, aber nie ein Recht begründen. Das Recht gegen einen Staat ist nur durch eine von allem Zwang unabhängige Verpflichtung dieses Staates möglich. Die Verpflichtung zum Vertrage kann nun aber nicht etwa selbst wieder auf Vertrag gegründet werden, da ein Vertrag, durch den sich die souveränen Staaten verpflichten, ihren Verkehr durch Verträge zu regeln, schon, um seinerseits dem Belieben entzogen zu sein, einen vorhergehenden Vertrag voraussetzen würde, durch den sie sich verpflichten, diesen Vertrag zu schließen, und so fort ins Unendliche.

Zweitens aber ist schon die Voraussetzung falsch, daß Staaten, die im erklärten Sinne des Wortes souverän sind, sich auch nur freiwillig — sei es durch Vertrag oder wie sonst — verpflichten können. Wer nur durch eigenen Willen gebunden ist, ist auch an die Ausführung seines einmal bekundeten Willens nur so lange gebunden, als dieser Wille fortbesteht; er ist also in Wahrheit überhaupt nicht gebunden, und es gibt für ihn auch keine Pflicht der Vertragstreue. Daß die Vertragstreue „vernünftig, d. h., den Staatszwecken entsprechend" (R. 41) sei, und daß daher der Staat, der seinen Willen im Vertrage bekundet habe, im eigenen Interesse auch den Willen zur Vertragstreue haben müsse, um nicht „die Bedingungen seiner eigenen Existenz zu vernichten" (R. 38), ist eine politische Erwägung, die — sie mag im übrigen richtig oder falsch sein — vielleicht die **Opportunität**, keineswegs aber die **Pflicht** der Vertragstreue erklären kann. In der Tat, wie sollte auch der souveräne Staat für sein Verhalten andere als opportunistische Rücksichten bestimmend sein lassen? Was JELLINEK gegen das Rechtsprinzip der individuellen Freiheit geltend macht, gilt nicht minder gegen das Rechtsprinzip der staatlichen Souveränität: Ist der Staat seinem Wesen nach souverän, so ist der

Satz unwiderleglich, daß die Souveränität unverzichtbar sei, dann kann aber der Staat kraft dieser unverzichtbaren Souveränität auch jederzeit den Vertrag lösen! So steht und fällt diese ganze Völkerrechtslehre mit demselben Dogma, das einst im Staatsrecht die Grundlage der Naturrechtsschule gewesen war und auf dessen Überwindung man sich hier so viel zu gute tut.

§ 2. Staatsinteresse und Völkerrecht.

Übrigens gibt JELLINEK dieser letzten, die Heiligkeit aller völkerrechtlichen Verträge vernichtenden Konsequenz seiner Lehre selbst so weit nach, daß er sich nicht scheut, den Rechtsbruch im Verkehr der Staaten unter Berufung auf „die politische Wirklichkeit" (A. 767) zu beschönigen. Zwar: „Eine staatsrechtliche Verbindung kann niemals durch den Willen ihrer Mitglieder von Rechts wegen gelöst werden." (A. 768.) Im Völkerrecht dagegen soll es sich anders verhalten, weil „im Kampfe mit den höchsten Interessen souveräner Staaten die Pflicht der Vertragstreue zurücksteht". (A. 741 f.) Hier gilt, daß der Staat „höher steht als jeder einzelne Rechtssatz. Das Völkerrecht ist der Staaten, nicht aber die Staaten des Völkerrechts wegen da." (A. 377.)

Dieser Widerspruch in der Beurteilung staatsrechtlicher und völkerrechtlicher Verhältnisse ist so in die Augen springend, daß wohl schwerlich jemand sich darüber täuschen kann, daß hier nur der schlecht verhüllte Versuch vorliegt, die Völkerrechtslehre zur Magd einer das Recht nicht achtenden Politik zu erniedrigen. Für diesen Versuch bietet die Zweideutigkeit der Sprache wieder eine willkommene Handhabe. Wie plausibel klingt es nicht, daß das Völkerrecht der Staaten wegen da ist, nicht aber die Staaten des Völkerrechts wegen. „Niemals", heißt es an anderer Stelle (A. 767), „ist der Staat irgend eines Vertrages, sondern stets der Vertrag des Staates wegen da." Wer wollte dies bezweifeln? Aber ehe wir daran gehen, die Konsequenzen aus diesem Zugeständnis zu ziehen, müssen wir uns über den Sinn, den es vernünftiger Weise nur haben kann, klar sein. Die Frage, wozu eine Einrichtung da ist, bezieht sich auf ihren Zweck. Wer sie für eine bestimmte Einrichtung stellt, setzt voraus, daß dieselbe überhaupt einem Zweck diene. Trifft nun diese Voraussetzung für das Völkerrecht zu? JELLINEK behauptet dies ausdrücklich: „Da jede staatliche Verpflichtung, ihrer substantiellen Seite nach, eine Erfüllung des Staatszwecks ist, so besteht sie nur so lange, als sie diesem Zwecke genügt." (R. 40.) „Wenn ein bestimmter Rechtssatz dem Staatszwecke nicht mehr genügt, so erlischt für den Staatswillen die selbstgesetzte Verpflichtung, ihn aufrecht zu erhalten." (R. 39.) Offenbar kann das Völkerrecht nur in dem Sinne einem Zweck dienen wie das Recht überhaupt. Ich habe aber schon bei der Erörterung des Rechtsbegriffs gezeigt, daß es widersinnig ist, beim Recht von einem außer ihm selbst liegenden Zweck zu sprechen. Will man von einem Zweck des Rechtes sprechen, so kann dies vernünftiger Weise nur in dem Sinne geschehen, daß man das Recht als Selbstzweck bezeichnet. In diesem, freilich trivialen, Sinne, wonach das Recht selbst den Staatszweck bildet, ist es gewiß richtig, daß das Völkerrecht der Staaten wegen, nämlich des Rechts der Staaten wegen, da ist, und nicht der Staat des Völkerrechts wegen; denn gäbe es keine Staaten, so auch keine Rechte der Staaten und insofern auch kein Völkerrecht.

Folgt aber daraus etwa, daß „der Staat höher steht als jeder einzelne Rechtssatz", und daß folglich, „wo Beobachtung des Völkerrechts mit der Existenz des Staates in Konflikt kommt, die Rechtsregel zurücktritt"? (A. 377. Vgl. R. 40.)

Offenbar liegt hier alles an der Zweideutigkeit des Satzes, daß der Staat höher stehe als jeder einzelne Rechtssatz. Daß das Recht des Staates höher steht als alles, was damit in Konflikt kommt, mag zugegeben werden, aber ein solcher Konflikt kann niemals Anlaß zur Verletzung einer Regel des Völkerrechts geben. Wenn das Recht selbst den Staatszweck bildet, so kann der Staatszweck nicht in Konflikt mit dem Recht geraten. Denn daß um des Rechts willen das Recht verletzt werden müßte oder könnte, ist unmöglich. Ein Recht, das Recht zu verletzen, widerspricht sich selbst. Etwas ganz anderes als das Recht der Staaten ist aber ihr Interesse. Mit diesem kann allerdings die Beobachtung des Völkerrechts in Konflikt geraten. Gibt es aber kein Recht zur Verletzung irgend eines völkerrechtlichen Rechtssatzes, so kann auch kein Interesse so stark oder heilig sein, daß es eine Verletzung des Völkerrechts zu rechtfertigen vermöchte. Am Satz des Widerspruchs findet schließlich auch das Staatsinteresse seine Schranken.

JELLINEK schreckt aber nicht nur vor diesem Widerspruch nicht zurück, er geht sogar noch weiter, indem er nicht bloß ein Recht, sondern sogar eine Pflicht anerkennt, die Pflicht der Vertragstreue zu verletzen:

> „Wenn die höchste Pflicht des Staates, seine Selbsterhaltung, es gebieterisch verlangt, muß ihr die niedere Pflicht der Vertragstreue weichen.“ (L. 54. Vgl. R. 39.)

Hier kommt denn zu der Verwechslung des Interesses mit dem Recht noch die des Rechtes mit der Pflicht. Sehen wir aber ab von der Behauptung dieser Pflicht der Selbsterhaltung, für die sich nicht einmal der Versuch irgend einer Begründung findet, und die natürlich zu der Lehre von der Souveränität in unmittelbarem Widerspruch steht, so verlohnt es doch, einmal die Frage zu stellen, welches die wenigstens scheinbaren Gründe sind, auf die sich nicht nur Politiker, sondern auch Rechtslehrer stützen, wenn sie gerade die „Selbsterhaltung“ oder die „Existenz“ des Staates über alle kollidierenden Interessen und sogar Rechte stellen. Diese Tatsache läßt sich nur erklären durch den Mißbrauch des Ausdrucks „Staatsinteresse" oder ähnlicher gebräuchlicher Ausdrücke, einen Mißbrauch, der bei der gedankenlosen Anwendung dieser Worte, wie sie in der gegenwärtigen politischen und juristischen Literatur noch immer vorherrscht, allerdings nicht verwunderlich ist. Hier zeigen sich die gefährlichen Folgen jenes bei positivistischen, aller Metaphysik abholden Schriftstellern am wenigsten verzeihlichen Mystizismus, der von einem „Willen der Gesellschaft" und demgemäß auch von einem „Staatsinteresse" spricht, als ob der Staat ein wirkliches Lebewesen wäre wie das Individuum. So weit die — innerhalb gewisser Grenzen allerdings bestehende — Analogie zwischen Staat und Einzelwesen reicht, ist gegen einen solchen Sprachgebrauch nichts einzuwenden, wenn man sich nur darüber klar bleibt, daß es sich um eine bloße Analogie handelt. Dort aber, wo diese Analogie längst ein Ende hat, in diesem Sprachgebrauch fortzufahren, ist irreführend; aus ihm aber gar Konsequenzen von juristischer Tragweite zu ziehen, ist, wo von solchen Konsequenzen Völkerschicksale abhängen, ein nicht nur unwissenschaftliches, sondern auch unverantwortliches und frevelhaftes Spiel. Unter den Interessen des einzelnen Menschen nimmt freilich das an der Selbsterhaltung eine ausgezeichnete Stellung ein, insofern die Existenz des Menschen die Bedingung der Möglichkeit der Befriedigung seiner sonstigen Interessen ist. Und doch wird trotz der Anerkennung dieses Umstandes kein Jurist die Behauptung wagen, daß das Interesse an der Selbsterhaltung den einzelnen berechtige, sich über alle seiner Befriedigung im Wege stehenden Rechtsnormen hinwegzusetzen, da ja das Recht der Menschen wegen, nicht aber die Menschen des Rechtes wegen da seien. Ein von den Einzelinteressen seiner Glieder unabhängiges Interesse des Staates gibt es aber nicht. Es könnte daher selbst dann, wenn wir auch die Erhaltung des Staates als im höchsten Interesse seiner Glieder gelegen ansehen müßten, nicht auf die Berechtigung geschlossen werden, die mit diesem Interesse kollidierenden Normen des Völkerrechts zu verletzen. Aber diese Voraussetzung trifft nicht einmal zu! Es ist eine durch nichts begründete und nachweislich falsche Voraussetzung, daß das Fortbestehen eines Staates für seine Glieder eine notwendige Bedingung der Befriedigung ihrer Interessen sein müßte. Das Aufhören der selbständigen Existenz des Staates bedeutet für seine Glieder an und für sich nichts anderes als einen Wechsel der Verwaltung. Sehen wir daher von denjenigen ab, die vermöge ihrer Herrscherstellung im Staate an seinem Fortbestande interessiert sind, so ist es zwar möglich, aber nicht notwendig, daß mit einem solchen Wechsel der Verwaltung Verletzungen der Interessen der einzelnen, oder gar ihrer höchsten Interessen, verbunden sind. Möge man endlich aufhören, sich durch die Schleichwege und Winkelzüge täuschen zu lassen, mit denen eine nur die politische Selbstsucht beschönigende Sophistik den Namen der Völkerrechtswissenschaft schändet.

§ 3. Staatsrechtliche und völkerrechtliche Souveränität.

Das Bedenkliche des mit dem Worte „Souveränität" getriebenen Spiels zeigt sich aber noch von einer anderen Seite.

Obwohl sich JELLINEK in aller Förmlichkeit gegen die Vermischung rechtlicher mit politischen Betrachtungen verwahrt, beruht doch seine eigene Lehre von der Souveränität ganz und gar auf dieser Vermischung. Dies zeigt schon seine Polemik gegen die Unterscheidung zwischen staatsrechtlicher und völkerrechtlicher Souveränität. Beide Merkmale, die Unabhängigkeit des Staates im Verhältnis zu den ihm eingeordneten Persönlichkeiten und seine Unabhängigkeit im Verhältnis zu äußeren Mächten, sind nach JELLINEK „untrennbar mit einander vereinigt" (A. 475), es „können damit nur zwei Richtungen der in sich einheitlichen Souveränität bezeichnet werden". (A. 475.)

Dies scheint auf den ersten Blick wieder bloßer Wortstreit zu sein. In der Tat, versteht man unter „Souveränität“ die Eigenschaft, keinen vom eigenen Willen unabhängigen Schranken unterworfen zu sein, so kann nur ein solcher Staat souverän genannt werden, der weder in seinen inneren, noch in seinen äußeren Angelegenheiten solchen Schranken unterworfen ist. In keiner Weise aber folgt daraus, daß diese beiden Merkmale untrennbar mit einander vereinigt sind. Doch JELLINEK schließt wirklich so:

> „Jeder Staat, dem staatsrechtlich die höchste Gewalt zusteht, ist infolgedessen völkerrechtlich unabhängig.“ (L. 23.)

Dieser Satz zeigt, daß es sich tatsächlich nicht um bloßen Wortstreit handelt, sondern daß hier unter dem Schutz des zweideutigen Wortes „Souveränität“ aus politischen Verhältnissen rechtliche Schlüsse gezogen werden. Es mag *politisch* richtig sein, daß ein Staat, der im Äußeren von einer höheren Gewalt abhängt, auch im Inneren keine Selbständigkeit dieser Gewalt gegenüber mehr behaupten kann. Rechtlich aber ist dies ohne Bedeutung. Durch bloße Zergliederung des Begriffs der Souveränität, wie JELLINEK will, läßt sich über dieses Verhältnis gar nichts entscheiden. Er sagt:

> „Bei logischer Zergliederung dieser beiden Bedeutungen der Souveränität findet man jedoch, daß sie sich beide notwendig ergänzen, so daß eine ohne die andere nicht gedacht werden kann. Eine höchste Macht, die von einer anderen abhängt, ist eben nicht die höchste.“ (L. 23.)

Warum soll aber eine Macht nicht in staatsrechtlicher Hinsicht die höchste sein, die in völkerrechtlicher Hinsicht einer anderen untergeordnet ist? Wer so schließt, verwechselt offenbar das politische Verhältnis mit dem rechtlichen. Für die politische Abhängigkeit kann es nur auf das Verhältnis der Stärke der einen und anderen Macht ankommen, für die rechtliche kommt es dagegen auf den Umfang an, in dem die eine und andere sich zu betätigen befugt ist. Der Satz, daß „jeder Staat, dem staatsrechtlich die höchste Gewalt zusteht, infolgedessen völkerrechtlich unabhängig“ sei, ist daher juristisch verstanden ebenso falsch, wie er politisch verstanden trivial ist. Es wird hier also aus einem richtigen (nämlich analytischen) politischen Urteil auf ein sprachlich gleichlautendes, aber falsches rechtliches Urteil geschlossen.

Durch den auf diese Weise erschlichenen Rechtssatz wird nun die völkerrechtliche Anarchie zum Prinzip erhoben. Sehen wir davon ab, daß, wie ich gezeigt habe, nicht einmal die rechtliche Bedeutung der Verträge auf diesem Wege verständlich gemacht werden kann, so würde doch aus dem aufgestellten Satze jedenfalls so viel folgen, daß eine andere als nur vertragsmäßige Bindung staatsrechtlich unabhängiger Staaten rechtlich unmöglich wäre. Wohl gemerkt: nicht etwa nur nicht rechtlich notwendig, sondern rechtlich unmöglich! Das also wäre der Inhalt des Völkerrechts: daß es eine Unterordnung der Staaten unter eine ihre gegenseitigen Rechtsverhältnisse garantierende Organisation verbietet!

Ich erwähne nur nebenbei den offenbaren logischen Widerspruch, der darin liegt, daß die Staaten durch ein von Verträgen unabhängiges Verbot gebunden sein sollen, sich keiner von Verträgen unabhängigen Bindung zu unterwerfen. Auch hier wieder rächt sich die logizistische Erschleichungsmethode dadurch, daß sie ein nicht nur juristisch falsches, sondern logisch widerspruchsvolles Resultat liefert.

Wichtiger ist es, festzustellen, daß wir es hier keineswegs, wie man vielleicht zu erwarten geneigt ist, nur mit einer gelegentlichen Entgleisung zu tun haben, die den Kern der JELLINEKschen Lehre vom Völkerrecht nicht zu berühren brauchte. Vielmehr bildet sie wirklich selbst den Kern dieser Lehre. Was sich sonst in der Lehre von den Staatenverbindungen findet, sind klassifikatorische und terminologische Betrachtungen. Suchen wir herauszuschälen, was dabei an Gedanken von juristischer Tragweite unterläuft, so kommen wir schließlich überall auf denselben, die völkerrechtliche Anarchie sanktionierenden Grundsatz zurück.

§ 4. Staat und Staatenverband.

Versucht man, das Souveränitätsdogma im Zusammenhang mit der allgemeinen Staatsrechtslehre zu verstehen, so liegt es nahe, einen tieferen Grund dafür in dem Prinzip der Autonomie zu suchen. Wenn dieses Prinzip so viel besagt wie die Unmöglichkeit, anders als durch eigenen Willen verpflichtet zu werden, so folgt daraus, auf den Staat angewandt, in der Tat das Prinzip der Souveränität. Lassen wir hier nun alle Bedenken beiseite, zu denen die staatsrechtliche Anwendung jenes Prinzips Anlaß gibt, und sehen wir auch davon ab, daß nach derselben Konsequenz schon eine, die rechtliche Möglichkeit des Staates aufhebende Souveränität des Individuums behauptet werden müßte, so würde eine solche Begründung doch insofern zu viel beweisen, als aus ihr nicht nur die rechtliche Möglichkeit der Souveränität folgen würde, sondern darüber hinaus ihre rechtliche Notwendigkeit; eine Konsequenz, die wenigstens mit der von JELLINEK nachdrücklich behaupteten Möglichkeit nicht-souveräner Staaten im schroffsten Widerspruch stände.

In der Tat ist das Zugeständnis der rechtlichen Möglichkeit nicht-souveräner Staaten bei JELLINEK nur eine dem anarchischen Prinzip seiner Völkerrechtslehre gar nicht entsprechende Konzession an die politische Wirklichkeit. Ist nämlich einmal die rechtliche Möglichkeit nicht-souveräner Staaten zugestanden, so scheint damit auch wenigstens die rechtliche Möglichkeit einer über dem Willen der Staaten stehenden Rechtsordnung zugegeben zu sein.

Dieser Konsequenz steht bei JELLINEK freilich der Satz

entgegen, daß ein nicht-souveräner Staat nur durch den Willen eines ihm übergeordneten, seinerseits souveränen Staates möglich sei. (L. 57.)

Dieser Satz hat in JELLINEKs Darstellung den Anschein einer Selbstverständlichkeit. Sieht man aber genauer zu, so erweist er sich als eine nur wieder durch die Zweideutigkeit der Sprache täuschende Erschleichung. Wie vorher mit dem Worte „Souveränität", so wird hier mit dem Worte „Staat" ein irreführendes Spiel getrieben.

Das Wort „Staat" hat, aller willkürlichen Definition voraus einen bestimmten, nur durch Analyse des wirklichen Sprachgebrauchs feststellbaren Sinn. Niemand kann zwar gehindert werden, dem Worte einen anderen, von ihm nach Belieben festzusetzenden Sinn beizulegen, wenn er sich nur darüber klar ist, daß die Schlüsse, die für das von ihm als „Staat" definierte Gebilde gelten, nicht auf den Staat im gewöhnlichen Sinne des Wortes übertragen werden dürfen.

Definiert man: „Eine jede organisierte weltliche Gemeinschaft, die keinen Verband über sich hat, ist Staat" (A. 365), so folgt allerdings die Unmöglichkeit einer den Staaten übergeordneten Organisation, eines über den Staaten stehenden Gemeinwesens (A. 479f.); es folgt, daß der Begriff der „Staatenkorporation" „ein in sich widerspruchsvoller und daher nicht realisierbar" ist (A. 772).

Wer aber meint, hiermit einen Satz von der mindesten juristischen Tragweite festgestellt zu haben, läßt sich durch Worte täuschen. Aus terminologischen Festsetzungen lassen sich keine juristischen Schlüsse ziehen. Wem dies dennoch so scheint, der überträgt das, was auf Grund der aufgestellten Definition für das als „Staat" definierte Gebilde gilt, auf den sonst so genannten Staat. In Wahrheit läßt sich nur schließen, daß die im üblichen Sprachgebrauch „Staaten" genannten Gebilde nur so lange Staaten im Sinne der JELLINEKschen

Terminologie sind, als sie sich keiner über ihnen stehenden Organisation unterwerfen, und daß, wenn sie dies tun, diese Organisation ihrerseits, im Gegensatz zum herrschenden Sprachgebrauch, ein „Staat“ genannt werden müßte. In keiner Weise aber folgt, daß eine solche Organisation rechtlich unmöglich oder gar, wie JELLINEK glauben machen will, logisch widerspruchsvoll ist.

Was diesen Trugschluß besonders begünstigt, ist der Umstand, daß in dem gegenwärtig noch herrschenden barbarischen Zustand völkerrechtlicher Anarchie allerdings alle der genannten Staatsdefinition genügenden Gebilde zugleich Staaten im sprachüblichen Sinne des Wortes sind. Aber dieses nur zufällige historische Verhältnis darf nicht mit einem rechtlich oder gar logisch notwendigen verwechselt werden.

Beachtet man die Vorstellung, die sich JELLINEK von der Aufgabe einer Definition macht, so kann man sich freilich über diese Verwirrung der Begriffe bei ihm nicht wundern.

> „Die juristische Durchbildung eines Begriffes“, sagt er (L. 11), „kann nur erfolgen, wenn alle unter denselben fallenden Erscheinungen sorgfältig geprüft und ihre gemeinsamen Merkmale verglichen und zusammengefaßt werden. Die Induktion gilt in demselben Maße für die Feststellung der Rechtsbegriffe, wie für alle anderen aus der Erfahrung abstrahierten Begriffe.“

Die Definition, d. h. die Inhaltsbestimmung eines Begriffs, erfolgt nach dieser Auffassung durch Induktion, d. h. durch eine Zusammenfassung der gemeinsamen Merkmale der unter ihn fallenden Gegenstände. Eine einfache Überlegung zeigt aber, daß zwar die zum Inhalt des Begriffs gehörenden Merkmale den unter den Begriff fallenden Gegenständen gemeinsam sind, keineswegs aber darum auch schon umgekehrt alle diesen Gegenständen gemeinsamen Merkmale zum Inhalt des Begriffs gehören. Wer so schließt, übersieht den Unterschied zwischen den logisch notwendigen und den logisch zufälligen Merkmalen einer Klasse von Gegenständen. Nur das Hinzukommen dieser zu jenen wird durch Induktion erkannt; die Definition dagegen hat es nur mit jenen zu tun. Zwar steht nichts im Wege, auch die Gesamtheit aller gemeinsamen Merkmale einer Klasse von Gegenständen zu einem Begriff zusammenzufassen. Aber dieser Begriff ist dann ein anderer als jener, der nur die definierenden Merkmale dieser Klasse von Gegenständen enthält. Nur der Umfang dieser beiden Begriffe ist derselbe, d. h. die Gegenstände, die unter den einen fallen, fallen auch unter den anderen und umgekehrt; aber dies hebt den Unterschied ihres Inhalts nicht auf, und der Satz, daß den unter die definierenden Merkmale fallenden Gegenständen auch jene weiteren Merkmale zukommen, bleibt ein synthetischer, d. h. durch keine bloße Betrachtung des Verhältnisses der Begriffe erweislicher Satz. Der Versuch, auf induktivem Wege zu einer Definition zu gelangen, kann daher so wenig durch den Wunsch gerechtfertigt werden, der Erfahrung nicht durch spekulative Behauptungen vorzugreifen (L. 11ff.), daß er vielmehr selbst unvermeidlich zu allen jenen spekulativen Übergriffen führen muß, die entstehen, wenn man zufällige, nur empirisch konstatierbare Tatsachen für logisch notwendige Folgen einer Definition ausgibt.

Der übliche Sprachgebrauch spricht, wie übrigens JELLINEK selbst erwähnt, von einem „Staate“ nur bei einer Verbandseinheit, die ein „Gebiet, d. h. einen räumlich abgegrenzten Herrschaftsbereich“ hat und „demnach näher als Verbandseinheit seßhafter Menschen“ (A. 179) oder eines „Volkes“ (A. 183) zu bestimmen ist. Bildet man nun mit JELLINEK den Begriff einer Verbandseinheit, die keine (oder wenigstens keine mit eigener Herrschermacht ausgerüstete) Verbandseinheit über sich hat, und bezeichnet auch diesen Begriff durch das Wort „Staat“, so ist klar, daß in diesen Begriffen nichts enthalten ist, was den Schluß erlauben könnte, daß die Gegenstände, die unter den einen fallen, auch unter den anderen fallen müßten. Logisch notwendig ist also ein solches Verhältnis nicht, aber die Erfahrung zeigt uns, daß es faktisch besteht. Eine weitere Frage ist es, ob dies Verhältnis zu Recht oder zu Unrecht besteht. Diese Frage läßt sich weder logisch, durch bloße Zergliederung der Begriffe, noch auch empirisch, durch Befragung der Erfahrung, entscheiden, denn die Erfahrung zeigt uns wohl, was *ist*, nicht aber, was sein *sollte*. Zur Entscheidung der Rechtsfrage ist also die Induktion ebenso wenig zulänglich wie die Definition.

Die beiden Begriffe der Verbandseinheit eines Volkes und der Verbandseinheit, die keine höhere über sich hat, stehen also, außer der Gemeinsamkeit der von JELLINEK gewählten Bezeichnung, nur in dem *rechtlich* belanglosen Verhältnis, daß in der gegenwärtigen Geschichtsepoche die Gebilde, die im einen Sinne des Wortes „Staaten“ sind, es auch noch im anderen sind.

Nun kann man freilich einen dritten, beide Merkmale vereinigenden Begriff bilden und auch für diesen die Bezeichnung „Staat“ wählen. In diesem Sinne des Wortes würde dann der Schluß berechtigt sein, daß ein Staat, der nicht zugleich die Verbandseinheit eines Volkes und höchste, von keiner anderen abhängige Verbandseinheit wäre, unmöglich ist. Aber dieser Schluß hat lediglich terminologische Bedeutung. Es verhält sich daher hier wieder wie vorhin mit der Vereinigung der beiden Merkmale staatsrechtlicher und völkerrechtlicher Unabhängigkeit in dem Begriff der Souveränität. So wenig dort aus dem Begriff der Souveränität die rechtliche oder gar logische Untrennbarkeit staatsrechtlicher und völkerrechtlicher Unabhängigkeit folgte, so wenig hier aus dem willkürlich gebildeten Begriff des Staates die rechtliche oder gar logische

Unmöglichkeit einer (mit eigener Herrschermacht im Inneren ausgerüsteten) Verbandseinheit eines Volkes, die (hinsichtlich ihres Verhältnisses zu anderen Völkern) einer höheren Verbandseinheit unterworfen ist.

Wenn also JELLINEK sagt, die „Macht unbedingter Durchsetzung des eigenen Willens gegen anderen Willen habe nur der Staat", er sei „der einzige kraft ihm innewohnender ursprünglicher, rechtlich von keiner anderen Macht abgeleiteter Macht herrschende Verband" (A. 180), so ist dies richtig. Es ist eine richtige Beschreibung der heute bestehenden völkerrechtlichen Anarchie, wenn man das Wort „Staat" im sprachüblichen Sinne versteht, und es ist eine — ebenso gewiß richtige — Tautologie, wenn man es in dem von JELLINEK festgesetzten Sinne versteht. Wenn er aber fortfährt: „Aus diesem Grunde geht es nicht an, den Staat einer höheren Kategorie politischer Gemeinwesen als Unterbegriff einzuordnen" (A. 180), so beweist dieser Schluß, daß er beide Begriffe verwechselt und sich dadurch verführen läßt, die nur empirisch feststehende Tatsache der völkerrechtlichen Anarchie als eine logische Notwendigkeit hinzustellen.

§ 5. Staatenbund und Bundesstaat.

JELLINEKs Lehre vom Staatenbunde ist nur eine Konsequenz dieses Trugschlusses.

„Die Ansicht", lehrt er, „welche dem Bunde korporativen Charakter und daher der Bundesgewalt Herrschaftsrechte über die ihm eingegliederten Staaten zuschreibt, führt mit zwingender Notwendigkeit zur Einordnung des Staatenbundes unter die Kategorie des Staates, und damit wird jedes durchgreifende Merkmal zwischen ihm und dem Bundesstaate verwischt." (A. 763.)

Die „zwingende Notwendigkeit“ dieses Schlusses besteht nur für den, der sich durch die Zweideutigkeit täuschen läßt, die dem Wort „Staat“ bei JELLINEK anhaftet. Nennt man, dem Sprachgebrauch entgegen, jede mit eigener Herrschermacht ausgestattete Verbandseinheit einen Staat, so muß freilich jede Staatenverbindung, die mit Herrschaftsrechten über die Gliedstaaten versehen ist, ihrerseits ein Staat genannt werden. Daraus aber folgt keineswegs, daß eine derartige Staatenverbindung ein Bundesstaat oder überhaupt ein Staat im sonst üblichen Sinne des Wortes sein müßte. Die Einheit eines solchen wäre die Einheit eines Volkes; d. h. seine Glieder wären nicht selbst Staaten, sondern Menschen. Der Unterschied, ob die Verbandseinheit mit eigener Herrschermacht ausgestattet ist oder nicht, hat aber nichts mit dem anderen zu tun, ob ihre Glieder wieder Staaten sind oder nicht, und es wird folglich auch der Unterschied zwischen Staatenbund und Bundesstaat nicht dadurch verwischt, daß die Verbandseinheit einer Staatenverbindung mit eigener Herrschermacht versehen wird.

Definiert man freilich den Staatenbund als eine Verbindung von Staaten, die die Souveränität der Gliedstaaten nicht minder (A. 762), so ist ein mit Herrschermacht versehener Staatenbund allerdings unmöglich. Die Möglichkeit einer mit eigener Herrschermacht versehenen Staatenverbindung, die doch kein Bundesstaat ist, läßt sich aber auch durch diese Definition nicht aus der Welt schaffen. Man müßte denn erst beweisen, daß eine Staatenverbindung, die kein Bundesstaat ist, nur ein Staatenbund im Sinne dieser Definition sein könnte.

Ebenso ist richtig, daß, wenn man den Bundesstaat als eine Staatenverbindung definiert, „die eine Herrschaft über die verbundenen Staaten aufrichtet“ (A. 769), das bloße Hinzukommen der Herrschermacht jede Staatenverbindung zu einem Bundesstaat machen würde. Dann aber bleibt wieder der Satz, daß der Bundesstaat wie der Einheitsstaat „direkt über sein Gebiet und sein Volk herrscht, ohne daß diese Herrschaft irgend wie durch Gliedstaaten in ihrer staatlichen Eigenschaft vermittelt wäre“ (A. 773), eine durch nichts bewiesene willkürliche Behauptung.

Daher ist auch der Schluß falsch, daß die Idee eines über den Staaten stehenden politischen Gemeinwesens auf die Vorstellung der civitas maxima zurückführe. (A. 479 f.) Und weil dieser Schluß falsch ist, beweist auch der Umstand, daß die civitas maxima nicht als ein völkerrechtliches Postulat gelten kann, keineswegs, daß nicht die Beseitigung der Staaten-Anarchie ein solches Postulat sei. —

So kommt denn auch im Völkerrecht diese Lehre nicht über dieselbe rechtsverdrehende Sophistik hinaus wie im Staatsrecht. Zufällige Erfahrungstatsachen, aus denen sich rechtlich gar nichts schließen läßt, werden vermittelst willkürlicher Nominaldefinitionen als angebliche logische Notwendigkeit ausgegeben, und dann wird durch die Gleichsetzung dieser logischen Notwendigkeit mit einer rechtlichen eine Scheinlösung von Rechtsfragen herbeigeführt. Das Ergebnis dieser Methode kann den Stempel seiner Herkunft nicht verleugnen. Da es letzten Endes aus der Erfahrung geschöpft werden soll, so kann es vom Rechte auch nicht mehr enthalten, als aus der Erfahrung zu entnehmen ist. Die Erfahrung aber lehrt uns nicht, was das Recht fordert, sondern was die Kraft vermag. Wird daher der Erfahrung die letzte Entscheidung in Rechtsfragen eingeräumt, so kommt alles auf das Recht des Stärkeren hinaus. Nichts anderes aber ist, bei Lichte besehen, die „normative Kraft des Faktischen“, wenn sie zum Prinzip des Staatsrechts, und die „Souveränität“, wenn sie zum Prinzip des Völkerrechts erhoben wird.

Drittes Kapitel.

Die Lehre von den völkerrechtlichen Grundrechten

bei

FRANZ VON LISZT.[1]

§ 1. Das Prinzip der völkerrechtlichen Grundrechte.

Die „Grundrechte“ des Völkerrechts sind nach LISZT dadurch charakterisiert, daß sie nicht von besonderen, sei es ausdrücklichen, sei es stillschweigenden Vereinbarungen abhängen. Eben dadurch unterscheiden sie sich vom „konventionellen“ Völkerrecht. Sie ergeben sich nach LISZTs Meinung unmittelbar aus dem bloßen Begriff des Völkerrechts. (V. 65, 173.)

Die Grenzlinie soll zwar fließend sein; die Entwicklung des Völkerrechts bestehe gerade darin, „daß vielfach das, was heute noch besonderer Vereinbarung bedarf, demnächst auch ohne solche als aus

---

[1] Die zitierten Schriften LISZTs werden hier mit folgenden Abkürzungen bezeichnet:

V. = Das Völkerrecht. 10. Auflage. Berlin 1915.

W. = Das Wesen des völkerrechtlichen Staatenverbandes und der internationale Prisenhof. Festgabe der Berliner juristischen Fakultät für OTTO GIERKE. Breslau 1910. 3. Band.

dem Grundgedanken des Völkerrechts folgend anerkannt wird". (V. 173.) Aber dies beweist nur, daß die Grenze der Einsicht in das, was aus dem Grundgedanken des Völkerrechts folgt, fließend ist. Von jeder Völkerrechtsnorm gilt, daß sie entweder aus dem Grundgedanken des Völkerrechts folgt oder daß sie nicht daraus folgt; sie kann aber nicht zur einen Zeit daraus folgen und zur anderen nicht. Sehen wir heute ein, daß eine Rechtsnorm ein völkerrechtliches „Grundrecht" darstellt, so wissen wir damit auch, daß sie bereits gestern ein solches war, obwohl wir gestern noch nicht diese Einsicht hatten. Ob etwas ein völkerrechtliches Grundrecht ist, hängt also nicht von unserer Einsicht ab, sondern ist durch den Begriff des Völkerrechts eindeutig bestimmt.

Welches ist nun der Grundgedanke des Völkerrechts und somit das Prinzip der völkerrechtlichen Grundrechte?

> „Die Völkerrechtsgemeinschaft beruht auf dem Gedanken des Nebeneinanderbestehens verschiedener Staaten mit gegen einander abgegrenzten Herrschaftssphären, mit gegenseitig anerkanntem Machtbereich. Aus diesem Grundgedanken folgt unmittelbar eine ganze Reihe von Rechtsnormen, durch welche Rechte und Pflichten der Staaten unter einander bestimmt werden, die keiner besonderen vertragsmäßigen Anerkennung bedürfen, um bindende Kraft zu besitzen. Sie bilden den festen Grundstock aller ungeschriebenen Rechtssätze des Völkerrechts, seinen ältesten, wichtigsten, heiligsten Bestand."

Die aus diesem Grundgedanken sich ergebenden „Grundrechte" kommen ohne weiteres einem jeden Staate als Mitglied der völkerrechtlichen Gemeinschaft zu; sie sind „mit dem Begriff des Staates als eines völkerrechtlichen Rechtssubjektes ohne weiteres gegeben".

> „Es handelt sich nicht um naturrechtliche Truggebilde, sondern um Rechtsnormen, die nach dem Satze des Nichtwiderspruchs aus

dem Begriff der Völkerrechtsgemeinschaft folgen und der Form ausdrücklicher Rechtssatzung nicht bedürfen, weil ohne sie ein Völkerrecht überhaupt nicht denkbar wäre." (V. 65.)

§ 2. Die Gleichberechtigung der Staaten.

Das erste dieser Grundrechte ist die Gleichberechtigung. Folgt diese aber wirklich aus dem Begriff der Völkerrechtsgemeinschaft, d. h. des „Nebeneinanderbestehens verschiedener Staaten mit gegen einander abgegrenzten Herrschaftssphären"? Offenbar läßt sich auf Grund dieses Begriffs nur behaupten, daß die Herrschaftssphären der zur Völkerrechtsgemeinschaft gehörenden Staaten gegen einander abgegrenzt sind. Die Regeln dieser gegenseitigen Abgrenzung der Herrschaftssphären sind die Normen des Völkerrechts. Dieses verlangt also seinem Begriffe nach nur, daß eine solche Abgrenzung nach bestimmten Regeln erfolgt. Nach welchen Regeln sie erfolgen solle, ob nach dem Prinzip der Gleichberechtigung oder nach einer irgend wie gearteten Rangordnung, das läßt der Begriff des Völkerrechts für sich ganz unbestimmt. Keineswegs also ist die Gleichberechtigung „mit dem Begriff des Staates als eines völkerrechtlichen Rechtssubjektes ohne weiteres gegeben". (V. 65.)

Definiert man freilich die Normen des Völkerrechts als solche, die „die gegenseitige, auf dem Prinzip der Gleichberechtigung ruhende Anerkennung des von ihnen umschriebenen Machtkreises jedes einzelnen Rechtsgenossen bedeuten" (V. 3), so gilt ohne weiteres, daß die nach dieser Definition zur Völkerrechtsgemeinschaft gehörenden Staaten gleichberechtigt sind. In der Tat:

„Aus dem Begriff des Völkerrechts als der Gemeinschaft gleichberechtigter Staaten ergibt sich unmittelbar der Anspruch jedes

Gliedes dieser Gemeinschaft auf Anerkennung seiner Gleichberechtigung mit allen übrigen Rechtsgenossen." (V. 64 f.)

Was ist aber hiermit anderes gewonnen als der Satz, daß gleichberechtigte Staaten gleichberechtigt sind? Wer den Satz des Widerspruchs kennt, hätte freilich von vornherein keinen weitergehenden Aufschluß von ihm über die Gleichberechtigung der Staaten erwartet.

Der Schein einer Ableitung der Gleichberechtigung beruht nur darauf, daß der zu ihrem Zweck willkürlich eingeführten Definition des Völkerrechts (als der Gemeinschaft gleichberechtigter Staaten) unvermerkt die ursprünglich zu Grunde gelegte und dem üblichen Sprachgebrauch entsprechende Definition (als der Gemeinschaft der ihre Herrschaftssphären nach irgend welchen Regeln gegenseitig abgrenzenden Staaten) untergeschoben wird, wodurch die Täuschung entsteht, als sei es gelungen, aus diesem Begriff nach dem Satz des Widerspruchs die Gleichberechtigung der Staaten zu erschließen. Es wird hier also mit Hilfe des bei der Verschiedenheit der beiden Bedeutungen gleichen Wortes „Völkerrecht" eine quaternio terminorum verübt.

Daß LISZT diesen Trugschluß wirklich begeht, ergibt sich aus der Tragweite, die er der erhaltenen „Rechtsnorm" beilegt. Der Gebrauch, den er in der Folge von ihr macht, beschränkt sich nämlich keineswegs auf die tautologische Erklärung, daß gleichberechtigte Staaten gleichberechtigt sind, sondern er schließt ganz unbedenklich, daß bestimmte, wirkliche Staaten, z. B. Deutschland und Japan, weil sie Mitglieder der Völkerrechtsgemeinschaft seien, gleichberechtigt sind. (V. 66.) In Wahrheit kann LISZT nur auf die Gleichberechtigung der Staaten schließen, die Glieder der Völkerrechtsgemeinschaft, d. h. der Gemeinschaft gleichberechtigter Staaten sind, so daß er, um bestimmte Staaten als Mitglieder der Völkerrechtsgemeinschaft zu erkennen, ihre Gleichberechtigung schon vorher bewiesen haben müßte.

Jeder Versuch, den abgeleiteten Satz auf das Verhältnis wirklicher Staaten anzuwenden, kann also nur auf einer Erschleichung beruhen.

§ 3. Gleichheit des Stimmrechts und Einhelligkeit der Beschlüsse.

Die Gleichberechtigung der Staaten soll sich im gleichen Stimmrecht der Beteiligten auf den Staatenkongressen äußern und im Erfordernis der Einhelligkeit bei allen Beschlüssen.

Aber die Staaten haben ja unmittelbar gar kein Interesse, Abstimmungen auf Kongressen zu veranstalten, wobei dann ihre Stimmen nach dem Prinzip der Gleichheit ins Gewicht zu fallen hätten, sondern bei ihrem Verkehr kollidieren ihre (wirtschaftlichen und politischen) Interessen, und erst um diese auszugleichen, beschicken sie Kongresse. Die kollidierenden Interessen sollen nach dem Prinzip der Gleichheit ausgeglichen, d. h. nur nach ihrer Vorzugswürdigkeit abgewogen werden, nicht aber nach der Macht der Interessenten. Dies ist die Regel für die Entscheidung auf dem Staatenkongreß, die aus der Gleichberechtigung folgt: sie betrifft den Inhalt dieser Entscheidung. Wer die Gleichberechtigung zu einer Regel des Stimmrechts macht, setzt entweder voraus, daß durch Gleichheit des Stimmrechts, und nur dadurch, auch die Gleichheit im Inhalt der Entscheidung gesichert werden kann, was er erst zu beweisen hätte, oder aber daß der Inhalt dieser Entscheidung rechtlich gleichgültig sei, d. h. daß die Gleichberechtigung nur ein formales Prinzip der Geschäftsordnung bei der Beschlußfassung sei, diese selbst aber dem Belieben der Beschließenden überlasse: was durch Beschluß nach der Regel des gleichen Stimmrechts beschlossen wird, ist eben damit als Recht qualifiziert.

Die Forderung der Einhelligkeit aber liefert gerade für den Fall, für den wir sie brauchen, keine Entscheidung: für den Kollisionsfall. Da, und nur da, wo keine Einhelligkeit zwischen den

Staaten besteht, verlangen wir eine völkerrechtliche Entscheidung. Das Völkerrecht auf einhellige Beschlüsse gründen, heißt also in Wahrheit, die Möglichkeit des Völkerrechts aufheben.

Einhelligkeit des Beschlusses, als Bedingung seiner Rechtskraft, ist allerdings ein notwendiges Erfordernis, wenn ohne schon vorhergehende Sanktion von nicht-einhelligen Beschlüssen (die aber wieder nur auf dem Wege einhelligen Beschlusses möglich wäre) alle einzelnen durch den Beschluß gebunden werden sollen. Aber eben darum reichen Beschlüsse, und also Verträge, überhaupt nicht zur Rechtsbildung hin; es bedarf der Gesetze, die unabhängig von der Einwilligung der einzelnen das Recht entscheiden. — Ferner aber ist auch für die Rechtsgültigkeit des Vertrages Einhelligkeit zwar eine notwendige, aber doch darum noch keineswegs hinreichende Bedingung. Auch ein einhellig geschlossener Vertrag ist nur gültig, wenn er nicht gegen die von allen Verträgen unabhängigen Forderungen des Rechtsgesetzes verstößt. Nach jener formalistischen Rechtsauffassung gäbe es freilich keine solchen Einschränkungen. Sie widerspricht sich aber schon darin selbst, daß nach ihr die Verbindlichkeit der Verträge selbst nicht begründet werden könnte. Das Prinzip der Verbindlichkeit der Verträge muß schon zu Grunde liegen, um irgend einem Vertrag Rechtskraft zu geben. Es kann also auf gar keine Beschlüsse, weder einhellige noch nicht-einhellige, gegründet werden.

Ist aber die Verbindlichkeit der Verträge zugestanden, so ist damit jenes formalistische Prinzip überhaupt durchbrochen. Denn Verträge sind hinsichtlich dieser Verbindlichkeit nicht ausgezeichnet. Solche Auszeichnung scheint nur so lange möglich, als man den Willen der einzelnen (Personen oder Staaten) als alleinigen Verpflichtungsgrund ansieht. Er ist aber als ein solcher nicht einmal hinreichend: denn weder reicht der Wille zur Vertragstreue hin, um diese zur Pflicht zu machen, noch der Wille zum Vertragsbruch, um diesen erlaubt zu machen. Das Auftreten dieses Willens ist für sich stets nur ein theoretischer und gar kein praktischer Sachverhalt; es gehört zum Tatbestand, und wenn es insofern rechtlich erheblich sein soll, so ist dies nur auf Grund eines Rechtsgesetzes möglich. Daß der Wille aber als Verpflichtungsgrund auch nicht notwendig ist (selbst wenn er hinreichend wäre), ist daraus klar, daß auch beim Fehlen des Willens zur Vertragstreue diese Pflicht ist. Also ist der Wille als Verpflichtungsgrund überhaupt nicht ausgezeichnet. Er ist ein solcher nur, insofern er eine Erwartung beim anderen erzeugt (nicht dem Erfolge, sondern schon der Absicht nach); diese Erwartung zu achten ist Pflicht — nämlich die Pflicht der Zuverlässigkeit —, ohne Rücksicht auf den theoretischen Ursprung dieser Erwartung.

§ 4. Das Prinzip der Nicht-Intervention.

Aus dem Begriff des Völkerrechts soll ferner die Völkerrechtswidrigkeit der Intervention folgen. Und zwar selbst für den Fall, daß „nach der, sei es auch begründeten Ansicht eines einzelnen Staates die allgemeinen Interessen der Menschheit oder der Kultur einen Angriff notwendig machen; denn damit wäre der Willkür Tür und Tor geöffnet“. (V. 70.)

Jeder Eingriff in die „inneren oder äußeren Angelegenheiten eines anderen Staates“ (V. 68) wäre hiernach verboten, mag er auch durch die „allgemeinen Interessen der Menschheit“ gefordert sein. Hiermit ist denn die schrankenlose Souveränität der Staaten proklamiert: jeder Staat soll nur selbst seine Angelegenheiten — innere und äußere — regeln dürfen. Aber wie ist dies hinsichtlich der äußeren Angelegenheiten möglich, wenn die Staaten mit einander im Verkehr stehen? Offenbar nur so lange, als ihre Interessen nicht kollidieren.

Im Kollisionsfall schließt die Souveränität des einen Staates notwendig einen Eingriff in die Angelegenheiten des anderen ein: sie ist nicht ohne die Einschränkung der Souveränität des anderen möglich. Die Souveränität, als allgemeines Prinzip gedacht, und also das Prinzip der Nicht-Intervention, widerspricht sich daher selbst, sofern es auf Staaten Anwendung finden soll, die überhaupt im Verkehr mit einander stehen. Es würde in seiner Konsequenz die Abschließung von allem Verkehr fordern, und kann also so wenig als Prinzip einer Völkerrechtsgemeinschaft gelten, daß es vielmehr alle Staatengemeinschaft vernichten müßte. Und doch soll es eine Konsequenz desselben Begriffs des Völkerrechts sein, aus dem sich auch „Recht und Pflicht eines jeden Staates zu ständigem Verkehr mit allen übrigen Mitgliedern der Völkerrechtsgemeinschaft (zum „Commercium", zur „Soziabilität") ergibt"! (V. § 7, IV, 72.)

Wenn freilich nur der eigene Wille des einzelnen (Staates) für ihn zum Verpflichtungsgrund werden kann, so folgt von selbst, daß der Eingriff eines fremden Staates nie rechtliche Bedeutung haben kann, sondern nur „Willkür" bleibt. Dann könnte es eine „begründete" Ansicht von der Notwendigkeit eines solchen Eingriffs aber überhaupt nicht geben.

Sollte aber auch der Idee nach eine objektiv begründete Ansicht von solcher Notwendigkeit möglich sein, so wird doch offenbar vorausgesetzt, daß, da auch sie der „Willkür" Tür und Tor offen läßt, wir kein Kriterium besitzen, um sie von der nur subjektiv dafür gehaltenen zu unterscheiden. Haben wir aber kein Kriterium des objektiven Rechts, so vermögen wir auch keine rechtliche Notwendigkeit der Souveränität zu erkennen.

Warum kann und muß man dann nicht auch sagen, daß jeder Eingriff in die inneren oder äußeren Angelegenheiten eines anderen Menschen rechtswidrig sei, selbst wenn die Ansicht begründet ist, daß die allgemeinen Interessen der Menschheit ihn notwendig machen, „denn damit wäre der Willkür Tür und Tor geöffnet"?

Weil es also von der rechtlichen Einsicht und dem guten Willen des Intervenierenden abhängt, ob die Intervention zu Gunsten des Rechts geschieht, weil also, wenn diese Einsicht und dieser Wille mangelt, durch die Intervention Unrecht geschieht, deshalb soll die Intervention auch da, wo der Intervenierende die begründete Einsicht in ihre rechtliche Notwendigkeit hat, unterbleiben! Mit einfacheren Worten: die Intervention ist rechtswidrig, auch wo sie rechtlich notwendig ist! Sollte dies wirklich nach dem Satz des „Nichtwiderspruchs" aus dem Begriff des Völkerrechts folgen?

Zu solchen Widersprüchen führt die subjektivistische Auflösung des Rechtsbegriffs.

§ 5. Die Rechtsüberzeugung als Quelle des Völkerrechts.

Dieser rechtliche Subjektivismus findet seinen unmittelbaren Ausdruck in der Erklärung der „übereinstimmenden Rechtsüberzeugung der Kulturstaaten" als „Erzeugungsquelle" des Völkerrechts (V. 11). „Nur die Rechtsüberzeugung vermag Recht zu schaffen." (V. 12.) Für den historischen Ursprung des geltenden Völkerrechts mag dies allenfalls zutreffen, obgleich zu fragen wäre, ob nicht viel mehr die Machtverhältnisse als die Rechtsüberzeugungen für die wirkliche Rechtsgestaltung ausschlaggebend sind, und obgleich erst Aufschluß darüber zu verlangen wäre, was eigentlich unter der Überzeugung eines Staates zu verstehen ist. Aber für das rechtliche Wesen der Völkerrechtsnormen würde daraus gar nichts folgen. Und doch ist gerade dies gemeint, wenn an die Stelle der objektiven Richtigkeit die Übereinstimmung der Rechtsüberzeugung der an der Völkerrechtsgemeinschaft beteiligten Staaten gesetzt wird. In der Tat, in Ermangelung eines objektiven Rechts wäre keine Rechtsüberzeugung vor der anderen rechtlich ausgezeichnet und also auch keine Entscheidung eines Rechtsstreits möglich. Bei Übereinstimmung der Rechtsüberzeugungen aber bedarf es einer solchen nicht!

Gibt es überhaupt ein Völkerrecht (und nicht nur das Faktum subjektiver Rechtsüberzeugungen), so hängt es auch nicht von irgend welchen Rechtsüberzeugungen ab; vielmehr hat sich jede Rechtsüberzeugung dann der Frage ihrer Richtigkeit zu unterwerfen, und auch die übereinstimmende Rechtsüberzeugung sämtlicher Staaten wäre hiervon nicht ausgenommen. Die (sei es auch übereinstimmende) Rechtsüberzeugung zum Kriterium des Rechts zu machen, ist ein logischer Widerspruch. Es widerspricht aber insbesondere auch der Annahme völkerrechtlicher „Grundrechte".

Wäre nur das der Rechtsüberzeugung Entsprechende Recht, so würde folgen, daß nur diejenige Rechtsüberzeugung richtig wäre, die in der Überzeugung von der Richtigkeit dieses Satzes bestünde, also die Überzeugung, daß Recht nur das der Rechtsüberzeugung Entsprechende sei. Jede abweichende Rechtsüberzeugng, z. B. die von dem Bestehen völkerrechtlicher Grundrechte, wäre falsch, könnte also nicht als Kriterium des Rechts dienen. Das Kriterium des (richtigen) Rechts wäre also, daß (richtiges) Recht dasjenige ist, wovon wir überzeugt sind, daß es Recht ist. Wir müßten daher schon eine andere Rechtsüberzeugung haben als die, daß Recht das der Rechtsüberzeugung Entsprechende ist, um uns von irgend etwas zu überzeugen, daß es wirklich Recht ist. (Denn nur auf Grund der Überzeugung, daß es Recht sei, könnten wir uns überzeugen, daß es Recht ist.) Diese Überzeugung aber wäre falsch; denn richtig ist nur die Rechtsüberzeugung, daß Recht das der Rechtsüberzeugung Entsprechende ist. Das einer falschen Rechtsüberzeugung Entsprechende ist aber, eben weil diese Überzeugung falsch ist, nicht Recht. Es wäre also Recht dasjenige, was nicht Recht ist.

Umgekehrt folgt daraus, daß das der Rechtsüberzeugung Entsprechende Recht ist, die Richtigkeit dieser Rechtsüberzeugung, was auch ihr Inhalt sein mag. Hat sie also einen anderen Inhalt als den, daß nur das der Rechtsüberzeugung Entsprechende Recht sei, z. B. den, daß Gleichheit Recht sei, so ist es falsch, daß nur das der Rechtsüberzeugung Entsprechende Recht sei. Es folgt also die Unabhängigkeit des Rechts davon, daß es einer Rechtsüberzeugung entspricht.

Der Satz: „Nur die Rechtsüberzeugung vermag Recht zu schaffen" (V. 12) entbehrt jeden Sinnes. Er besteht in der Leugnung eines objektiven, d. h. von der Rechtsüberzeugung unabhängigen Rechts und behauptet doch zugleich, daß etwas Bestimmtes, nämlich das der Rechtsüberzeugung Entsprechende Recht sei. Diese Behauptung will ihrerseits richtig sein; d. h. das der Rechtsüberzeugung Entsprechende soll Recht sein unabhängig von dem Bestehen der Überzeugung, es sei so. Daß etwas also nur Recht sei auf Grund der Überzeugung, es sei Recht, könnte nur mit der durch diesen Satz selbst ausgesprochenen Ausnahme gelten. Der die Ausnahme bildende Satz: „Recht ist nur das der Rechtsüberzeugung Entsprechende" wäre also seinerseits objektiv richtig, unabhängig von der Überzeugung, es sei so. Ist er aber richtig, so gilt er ausnahmslos; d. h. es gibt keine objektiv richtige Rechtsüberzeugung; also auch nicht die in diesem Satze ausgesprochene; er ist also falsch. (Oder soll etwa der schon mit der Ausnahme versehene Satz die unvermeidliche Ausnahme bilden? Dann erhielten wir die Behauptung: „Nur die Rechtsüberzeugung vermag Recht zu schaffen, mit Ausnahme der Rechtsüberzeugung, daß nur die Rechtsüberzeugung, mit Ausnahme der Rechtsüberzeugung, daß nur die Rechtsüberzeugung

Recht zu schaffen vermag, Recht zu schaffen vermag.“ Danach gälte denn wieder unabhängig von der Rechtsüberzeugung und also objektiv der Satz, daß nur die Rechtsüberzeugung Recht zu schaffen vermag; die durch diesen Satz ausgesprochene Überzeugung müßte also wieder ausgenommen werden und so fort in unendlicher Reihe; der auszunehmende Satz wäre stets wieder von sich selbst auszunehmen, um den Widerspruch zu vermeiden.) Es ist also unmöglich, zu einem Sinn des Satzes zu gelangen, daß nur die Rechtsüberzeugung Recht zu schaffen vermag, wenn damit mehr gesagt sein soll als die Tautologie, daß das zu einer Zeit geltende Recht das ist, was in ihr als Recht gilt.

Eine Rechtsüberzeugung ist entweder richtig oder falsch. Ist sie richtig, so ist das in ihr für Recht Gehaltene wirklich Recht. Ist es aber Recht, so wäre es dies nicht weniger, wenn es, irriger Weise, nicht dafür gehalten würde, wenn also die fragliche Überzeugung nicht bestünde. Ist sie falsch, so ist das in ihr für Recht Gehaltene objektiv nicht Recht. Ist es aber nicht Recht, so kann es auch nicht dadurch Recht werden, daß es, irriger Weise, dafür gehalten wird. In keinem Falle vermag die Rechtsüberzeugung Recht zu schaffen.

§ 6. Das genossenschaftliche Prinzip der Völkerrechtsgemeinschaft.

Die Folge der Leugnung des objektiven Charakters des Völkerrechts ist die Behauptung des „genossenschaftlichen Prinzips“, auf dem die „Völkerrechtsgemeinschaft ruht“ (V. 7). Sie ist nur ein anderer Ausdruck für das Dogma der Souveränität: Es gibt kein über dem Willen der Staaten stehendes Recht. Das Völkerrecht entsteht „durch die Selbstbindung des Staatenwillens“ (V. 3). Daß „die Völkerrechtsgemeinschaft durch unabhängige Staaten gebildet wird, die die Anerkennung eines über ihnen stehenden Herrscherwillens weit von sich ablehnen“ (V. 8), mag als Beschreibung des bestehenden Zustands richtig sein. Darüber hinaus ist es entweder eine willkürliche Nominaldefinition des „Völkerrechts“ — hätte also lediglich terminologische Bedeutung — oder, als Ausdruck für die genossenschaftliche Natur der Staatengemeinschaft, eine durch nichts begründete und tatsächlich falsche, sich selbst widersprechende Behauptung. Ein Schein der Begründung könnte vielleicht in einer Zurückführung der behaupteten Unabhängigkeit auf die Gleichberechtigung der Staaten gesucht werden. Sind die Staaten gleichberechtigt, so kann auch nicht der eine dem anderen untertan, d. h. seinem Herrscherwillen unterworfen sein. In der Tat: die Gleichberechtigung schließt ein Unterwerfungs- oder Herrschaftsverhältnis zwischen den Gliedern der Rechtsgemeinschaft aus. Folgt aber aus der Ablehnung des „herrschaftlichen Prinzips“ das „genossenschaftliche“? (V. 7.) D. h. folgt aus der Unabhängigkeit des einen Staates von der Willkür der anderen die rechtliche Unmöglichkeit einer „über dem einzelnen stehenden Gewalt“? (V. 7.) Folgt, daß das Völkerrecht „nur diejenigen Staaten bindet, die sich binden wollen“? (V. 8.) Daß „die völkerrechtlichen Normen die verbindende Kraft aus dem sich selbst bindenden Willen der Staaten schöpfen“? (V. 8.)

Herrschaft des Rechts und Herrschaft der Willkür schließen einander aus. Also ist auch in der Völkerrechtsgemeinschaft keine Unterwerfung eines Staates unter die Willkür eines anderen zulässig. Folgt nun aus dieser Unabhängigkeit des Staates von fremder Willkür, daß der einzelne Staat nur an seinen eigenen Willen gebunden ist? Dies hieße in Wahrheit, daß sein Wille überhaupt durch nichts gebunden, also in rechtlicher Hinsicht schlechthin unbeschränkt sei. Wer so schließt, setzt offenbar voraus, daß eine rechtliche Beschränkung des eigenen Willens nur durch einen fremden Willen möglich sei. Durch einen fremden Willen kann freilich der einzelne Staat nicht rechtlich beschränkt werden. Daraus schließt man dann folgerichtig, daß der einzelne Staat überhaupt keine rechtliche Beschränkung dulden kann.

Herrschaft der eigenen Willkür ist aber ebenso wenig Herrschaft des Rechts wie Herrschaft fremder Willkür. Entweder herrscht die Willkür oder das Recht; ein Drittes gibt es nicht. Herrschaft fremder Willkür ist Despotismus, Herrschaft eigener Willkür Anarchismus. Herrschaft des Völkerrechts im Verkehr der Staaten ist von der Staatenanarchie ebenso weit entfernt wie von der Staatendespotie. Sie verlangt die Unterwerfung des eigenen Willens der Staaten, nicht unter einen fremden Willen, sondern unter das Recht. Die Herrschaft des Rechts kann aber nur dadurch dem Zufall entzogen werden, daß es nicht der rechtlichen Einsicht und dem guten Willen überlassen bleibt, ob die einzelnen Staaten sich dem Recht fügen, daß sich also die einzelnen Staaten einer über ihnen stehenden Gewalt unterwerfen, die sie zur Befolgung der Völkerrechtsnormen nötigt.

Also ist der rechtliche Charakter der Völkerrechtsgemeinschaft nicht der genossenschaftliche einer bloßen Willensgemeinschaft, eines „Zweckverbandes“. Die Völkerrechtsgemeinschaft verlangt, um diesen Namen wirklich zu verdienen, gerade so „eine über dem einzelnen stehende Gewalt“ wie der Staat; so wenig wie in diesem soll in jener die bloße „Summe der Einzelwillen“ herrschen, sondern „eine Herrschermacht, die den einzelnen auch gegen seinen Willen festhält“. Hier so wenig wie dort gilt, daß nur die Gesamtheit der Rechtsgenossen selbst Recht zu schaffen vermag.

Wäre damit die Unterwerfung des Staates unter einen fremden Willen gefordert, so würde auch die Möglichkeit des Staates selbst die Unterwerfung seiner Bürger unter die Willkür des Regenten erfordern; d. h. ein Staat wäre rechtlich ebenso unmöglich wie nach LISZT eine völkerrechtliche Zentralgewalt; auch der Staat müßte einem bloßen „Zweckverband" auf genossenschaftlicher Grundlage weichen. Denn hier so gut wie dort schließen sich Recht und Willkürherrschaft aus.

Allerdings ist es falsch, daß „der Rechtssatz nur von einer übergeordneten Herrschermacht geschaffen werden kann"; denn durch Macht kann nie Recht geschaffen werden. Wohl aber kann und muß, wenn das Recht herrschend werden soll, die Macht umgekehrt in den Dienst des Rechts gezogen werden. So wenig im Staate durch Einsetzung einer Regierung der einzelne Untertan des Regenten wird, so wenig mit anderen Worten die Gleichberechtigung der Bürger die Möglichkeit einer Staatsgewalt ausschließt, so wenig ist dies in der Völkerrechtsgemeinschaft der Fall.[1]

---

[1] Es ist bemerkenswert, daß dies die Lehren desselben Autors sind, der in der vielumstrittenen Frage nach dem rechtlichen Charakter des internationalen Prisengerichtshofes bestimmter als irgend ein anderer für die Ansicht eingetreten ist, „daß die Einsetzung des internationalen Prisenhofes etwas völlig Neues ist, daß sich mit der genossenschaftlichen Organisation des Staatenverbandes nicht verträgt". (W. 34.) Mit diesem Urteil behauptet er nicht nur die prinzipielle Möglichkeit, sondern sogar das wirkliche Vorhandensein einer von der genossenschaftlichen abweichenden Organisation des Staatenverbandes. Es ist hier nicht der Ort, die Richtigkeit dieser Ansicht über die Natur des Prisenhofes zu prüfen. Aber es gilt, festzustellen, daß sie jedenfalls eine deutliche Absage an die Lehre vom genossenschaftlichen Charakter des Völkerrechts darstellt. Es verdient auch hervorgehoben zu werden, daß der Versuch, diesen Widerspruch durch den Gedanken zu überbrücken, „daß dieser Fortschritt durch die Selbstbindung der souveränen Staatsgewalt herbeigeführt, an der Natur des Völkerrechts also nichts geändert sei" (W. 42), von LISZT abgelehnt wird: „Denn", so erklärt er ausdrücklich, „wenn dieses Schlagwort einen Sinn haben soll, dann darf es nicht ausgedehnt werden auf die Fälle, wo in autonomer Satzung der Wille eines Staates einem anderen Willen untergeordnet wird" (W. 42). Auch bleibt es unter allen Umständen

§ 7. Die Rechtsnatur des Völkerrechts.

Der Schluß auf den genossenschaftlichen Charakter des Völkerrechts ist in der Tat nur eine Inkonsequenz. Wäre wirklich mit der Verwerfung des „herrschaftlichen Prinzips" (Unterwerfung unter einen fremden Willen) schon das Souveränitätsprinzip (Unbeschränktheit des eigenen Willens) gegeben, so würde folgerichtig nicht sowohl auf den genossenschaftlichen Charakter der Völkerrechtsgemeinschaft, als vielmehr auf die Nichtigkeit des angeblichen Völkerrechts, nämlich auf die Unmöglichkeit einer rechtlichen Bindung der Staaten zu schließen sein.

Diese Schwierigkeit ist denn auch LISZT nicht ganz entgangen. Um sie aufzulösen, scheint es ihm aber genug, sich von der Voraussetzung frei zu machen, „daß nur im Staate Recht begrifflich möglich ist, daß der Rechtssatz nur von einer übergeordneten Herrschermacht geschaffen werden kann". (V. 8.) Die Beseitigung dieser Voraussetzung ist aber keineswegs hinreichend, um „die Rechtsnatur des Völkerrechts" anzuerkennen, solange man an die Stelle der

---

zu begrüßen, wenn LISZT über die rechtliche Charakterisierung des völkerrechtlichen Staatenverbandes in diesem Zusammenhange die beherzigenswerten Worte spricht: „Für diese Betrachtung kann uns die Deduktion aus gegebenen Begriffen nichts helfen; wohl aber kann sie uns schaden, indem sie uns den freien Ausblick trübt. Daß der souveräne Staat niemals einer höheren Organisation eingegliedert werden kann, ist eine Behauptung, deren Richtigkeit oder Unrichtigkeit uns niemals die Logik . . . . . beweisen kann. Und all die anderen Schlagworte, wie das vom autonomen Charakter des Völkerrechts, das nur durch freie Selbstbeschränkung des souveränen Staatswillens erzeugt werden kann, — sie öffnen uns nicht, sie verschließen uns den Weg zur richtigen Erkenntnis." (W. 29.) Wenn er freilich (an der im eben Zitierten ausgelassenen Stelle) sagt, daß die hier der Logik abgesprochene Kompetenz „ausschließlich" der „Geschichte" zukomme, so verkennt er, daß Tatsachen ebenso wenig über Rechtsprinzipien entscheiden können wie bloße Begriffe.

„übergeordneten Herrschermacht“ kein anderes Prinzip zu setzen vermag, das dem Willen der Staaten Schranken setzt.

Eine tiefergehende Betrachtung soll zu dem Ergebnis führen, daß dennoch die Normen des Völkerrechts wirkliche Rechtsregeln sind, daß sie die Staaten der Völkerrechtsgemeinschaft „binden“. Und zwar soll sich der „verpflichtende“ Charakter der Sätze des Völkerrechts dadurch erweisen, „daß sie als verpflichtend gemeint sind von denen, die sie aufstellen, und daß sie als verpflichtend anerkannt und empfunden werden von denen, an die sie sich richten“. (V. 9.) Aber eben die Berechtigung der Meinung vom verpflichtenden Charakter der Völkerrechtssätze steht ja in Frage! Spricht für sie wirklich nichts weiter als das Vorhandensein dieser Meinung, so dürfte die Rechtsnatur des Völkerrechts auf schwachen Füßen stehen. Wir stehen hier wiederum vor dem Rätsel, wie die Rechtsüberzeugung Recht zu schaffen vermag.

> „Auch wenn die Völkerrechtsgemeinschaft nichts anderes wäre als ein Staatenverein, in den jeder Staat eintreten kann, wenn er mag, aus dem er austreten kann, wenn es ihm gefällt, würde doch jedes Mitglied während der Dauer der Mitgliedschaft unzweifelhaft an die Satzungen dieses Vereins gebunden und für deren Verletzung verantwortlich sein. Mag auch der Eintritt wie der Austritt im freien Belieben des Einzelstaates stehen: an die Regeln, denen er durch seinen freien Willen sich unterworfen hat, bleibt er gebunden von dem Augenblick des Eintritts bis zum Augenblick des Austritts.“

So las man noch in den früheren Auflagen des LISZTschen Buches. (V. 6. Aufl. 9 f.). Und in der Tat, so würde wohl jeder sprechen, der von der Anerkennung eines objektiven, über den Staaten stehenden, d. h. von ihrem Willen und ihrer Überzeugung unabhängigen Rechts ausgeht. Aber für LISZT war es freilich ein

Gebot der Konsequenz, diese Konzession an den Rechtsbegriff wieder zurückzunehmen. Denn was sollte nach ihm den Staat an die Satzungen des Vereins binden? Doch nicht die Überzeugung, er sei daran gebunden? Vielleicht hat er diese Überzeugung gar nicht mehr, und wenn er sie hat, so folgt daraus nicht, daß sie auch richtig sein müßte. Doch nicht sein „freier Wille, sich ihnen zu unterwerfen"? Eben diesen Willen hat er ja faktisch nicht mehr, wenn er die Satzungen des Vereins verletzt; also kann er durch ihn auch nicht mehr an sie gebunden sein. Etwa sein früherer Wille, sie zu befolgen, den er, wir wollen es voraussetzen, zur Zeit seines freiwilligen Eintritts in den Verein hatte? Aber wie kann sein früherer Wille zur Befolgung der Satzungen ihn binden, auch jetzt noch das gleiche zu wollen? Vielleicht der Wille, den er — wir wollen auch dies voraussetzen — beim Eintritt hatte, nicht nur die Satzungen zu befolgen, sondern auch in diesem Willen zur Befolgung der Satzungen zu beharren? Aber wodurch ist dieser Wille vor jenem rechtlich ausgezeichnet? Wenn jener ihn nicht zu binden vermag, wodurch vermag es dieser?

Indessen, die Voraussetzung der Freiheit der Mitgliedschaft im Staatenverein soll gar nicht einmal zutreffen, die Bindung an seine Satzungen also in Wahrheit gar nicht vom Willen der Mitglieder abhängen: „Die Zugehörigkeit zu dem Staatenverein der Völkerrechtsgemeinschaft steht nicht im freien Belieben der einzelnen Staaten." (V. 10.) Die Verweigerung des Eingehens und Haltens von Verträgen käme auch für den mächtigsten Staat der Selbstvernichtung gleich. Die mit dem zunehmenden Verkehr wachsende Interessengemeinschaft zeichnet dem souveränen Willen des einzelnen Staates die Wege vor, die er gehen muß, wenn er nicht untergehen will. „Darin, daß der Austritt aus der Völkerrechtsgemeinschaft dem einzelnen Staat eben nicht freisteht, daß er auch gegen seinen Willen in der Genossenschaft festgehalten wird, liegt der durchschlagende Beweisgrund für die Rechtsnatur des Völkerrechts." (V. 10.)

Was ist das aber für eine Notwendigkeit, die den einzelnen Staat in der Völkerrechtsgemeinschaft festhält, die es ihm unmöglich macht, sich ihr zu entziehen? Wenn sie einen durchschlagenden Beweisgrund für die Rechtsnatur des Völkerrechts enthalten soll, muß sie offenbar eine rechtliche Notwendigkeit sein; denn niemand wird behaupten, daß etwa die bloß politische Unmöglichkeit, sich einer Gemeinschaft zu entziehen, den rechtlichen Charakter der in ihr geltenden Satzungen beweist. (Vgl. LISZT selbst V. 12 f. § 2, II, 3.) Ist aber die Zugehörigkeit zur Völkerrechtsgemeinschaft rechtlich notwendig, so ist eben damit gesagt, daß diese kein bloßer Zweckverband ist und daß die Normen des Völkerrechts nicht nur diejenigen Staaten binden, die sich binden wollen.

Daß die Verweigerung der Abschließung und Einhaltung von Verträgen auch für den mächtigsten Staat der Selbstvernichtung gleichkäme, daß der einzelne Staat die durch das Völkerrecht vorgezeichneten Wege gehen muß, wenn er nicht untergehen will, bedeutet nun aber tatsächlich eine politische Notwendigkeit, es begründet ein Gebot der Klugheit für die einzelnen Staaten, keineswegs aber eine Rechtsnorm. Es kann also auch keinen Beweisgrund für die Rechtsnatur des Völkerrechts abgeben.

So ist dies ganze System der völkerrechtlichen „Grundrechte" ein nur durch Wortkünste zu verdeckender leerer Scholastizismus. Die praktische Realität des Begriffs der Völkerrechtsgemeinschaft wird in ihm überhaupt nicht berührt; die aus diesem Begriff abgeleiteten Rechtsnormen sind daher allemal nur erschlichen. Sind dies nicht „naturrechtliche Truggebilde"? (V. 65.)

Viertes Kapitel.

Die Lehre von der Gleichheit der Staaten

bei

MAX HUBER.

§ 1. Rechtliche und repräsentative Gleichheit.

Während im allgemeinen das Prinzip der Gleichheit der Staaten von den Völkerrechtslehrern ohne nähere Prüfung seiner Bedeutung angewandt wird, finden wir bei MAX HUBER eine eingehende Untersuchung dieses wichtigen Begriffs. In seiner Abhandlung „Die Gleichheit der Staaten“[1] macht er es sich zur Aufgabe, „aus Praxis und Theorie nachzuweisen, daß die Gleichheit der Staaten ein positiver Völkerrechtssatz ist“, „und die Bedeutung des völkerrechtlichen Gleichheitsbegriffs und dessen Stellung im System des Völkerrechts zu erörtern“ (106). Hier möchte man daher hoffen, über diesen, für Theorie und Praxis des Völkerrechts in der Tat gleich bedeutungsvollen Grundsatz Aufschluß zu erlangen. In dieser Hoffnung wird man bestärkt, wenn man sieht, wie klar HUBER zwischen tatsächlicher und rechtlicher Gleichheit unterscheidet. (106.) Indessen finden wir uns alsbald enttäuscht, wenn wir sehen, wie auch bei

[1] Rechtswissenschaftliche Beiträge. Juristische Festgabe des Auslandes für KOHLER. Stuttgart 1909. S. 88 ff.

HUBER die eigentlichen Rechtsfragen ganz außerhalb der Betrachtung bleiben, wie vielmehr seine Gedanken völlig im Bann organisatorisch technischer Probleme der Geschäftsführung bleiben, und daß, indem diese zu den angeblich fundamentalsten Rechtsfragen aufgebauscht werden, im Grunde alles auf Etikettenfragen hinausläuft.

Nach HUBER verlangt die Gleichheit der Staaten eine Gleichheit ihrer Vertretung bei allen Recht setzenden völkerrechtlichen Institutionen. Eine Klassifikation der Staaten, wie sie einer ungleichen Vertretung zu Grunde gelegt werden müßte, gilt ihm für unvereinbar mit der grundsätzlichen Gleichheit der Staaten. (106 ff.) Es ist nach ihm nicht allein erforderlich (109), „daß bei den internationalen Organisationen alle Staaten beteiligt seien, und daß jede Maßregel nur mit Zustimmung aller Beteiligten rechtsgültig werde, sondern daß die Teilnahme der Staaten eine grundsätzlich gleiche, und zwar im Prinzip absolut gleiche sei, d. h. daß keine Klassifikation der Staaten, keine Abstufung ihrer Rechtspersönlichkeit erfolge“ (112). Welchen rechtlichen Grund die Staaten aber eigentlich haben, eine solche gleiche Vertretung zu verlangen, untersucht HUBER nicht. Und in der Tat ist ein solcher Grund auch nicht zu finden. Offenbar können es nur politische Erwägungen sein, die dazu führen, daß man für diejenigen Staaten eine Benachteiligung befürchtet, die bei der Klassifikation der Mächte einen Rang einnehmen, der sie nur in geringerem Maße oder gar nicht an der Vertretung teilnehmen läßt. Jede solche Erwägung muß daher davon ausgehen, daß die einzelnen Staaten gewisse Rechte auf die Befriedigung ihrer Interessen haben, und daß sie, um diese Rechte zur Geltung zu bringen, einen angemessenen Rang in der Vertretung beanspruchen. Der Anspruch auf eine angemessene Vertretung ist folglich nur abgeleitet aus einem anderen, schon zu Grunde liegenden Rechte, das seinerseits von jenem Anspruch auf Vertretung völlig unabhängig ist. Der

Grundsatz der rechtlichen Gleichheit der Staaten kann sich daher auch unmittelbar nur auf dieses primäre Recht auf die Befriedigung von Interessen beziehen, und wie eine zur Sicherung dieser Gleichheit geeignete Staatenkonferenz zusammengesetzt sein muß, ist an und für sich gar keine rechtliche, sondern lediglich eine politische Frage. Während also die Vertretung der Staaten in den völkerrechtlichen Organisationen ihren rechtlichen Sinn nur darin finden kann, daß sie der Sicherung der rechtlichen Gleichheit der Staaten dient, wird sie ihrer rechtlichen Bestimmung gerade entfremdet, wenn man das Prinzip der Gleichheit der Staaten zu einem bloßen Repräsentationsprinzip macht; denn eine solche Deutung der Gleichheit zieht die Auffassung nach sich, daß mit der Durchführung der gleichen Vertretung den Anforderungen der rechtlichen Gleichheit Genüge getan sei, während diese doch in Wahrheit dadurch überhaupt noch nicht berührt ist. Daß hiermit die wirkliche Rechtsgleichheit zu Gunsten einer bloß formalen Gleichheit preisgegeben wird, kann man insofern freilich nicht HUBER zur Last legen, als seine Darlegungen nur eine Exposition der Prinzipien der tatsächlich heute herrschenden Rechtslehre geben; aber sie beleuchten darum um so greller den trostlosen Zustand, in dem diese sich gegenwärtig befindet.

Wenn HUBER erklärt, daß es zwecklos sei, einen Staat auf irgend eine Weise majorisieren zu wollen, solange er, in Ermangelung der erforderlichen Zwangsmittel, nicht zur Annahme eines Beschlusses angehalten werden könne (109), so ist dies zweifellos richtig. Aber um so näher — so sollte man meinen — liegt die Frage, welche rechtliche Bedeutung unter solchen Umständen den Beschlüssen einer Staatenkonferenz überhaupt noch zukomme. Denn für den Fall der Einstimmigkeit aller Beteiligten bedarf es keiner rechtlichen Regelung, im Falle eines Konfliktes aber, wo es einer solchen Regelung bedürfte, ist sie unter Wahrung des Prinzips der Einstimmigkeit unmöglich. Käme es nur darauf an, die Staaten vor der Gefahr der Überstimmung zu schützen, so ließe sich freilich ein so verstandenes Recht der Gleichheit unter allen Umständen garantieren, da es hierfür eine Methode gibt, die nicht nur ohne allen Aufwand an künstlichen und kostspieligen Einrichtungen, sondern auch mit unfehlbarer Sicherheit zum Ziele führt: Denn wenn wirklich die rechtliche Gleichheit der Staaten nur die Ausschließung einer Majorisierung verlangt, so wäre, um die Gleichheit zu sichern, nichts weiter nötig, als überhaupt keine Abstimmungen stattfinden zu lassen. Die Abschaffung aller völkerrechtlichen Institutionen wäre dann hinreichend, um das Ideal des Völkerrechts zu verwirklichen.

Wie fatal der von HUBER eingenommene Standpunkt für das Völkerrecht ist, geht übrigens schon daraus hervor, daß aus dem von HUBER angegebenen Grunde der Unmöglichkeit der Majorisierung auch die Unmöglichkeit der Bindung der Staaten an einstimmig gefaßte Beschlüsse folgen würde. Denn ebenso wenig, wie in Ermangelung der erforderlichen Zwangsmittel ein Staat zur Annahme eines von anderen gefaßten Beschlusses angehalten werden kann, so wenig kann er dazu angehalten werden, einem Beschluß, an dem er selbst beteiligt war, treu zu bleiben. Die Folge aber davon würde sein, daß sich auch einstimmige Beschlüsse als zwecklos erweisen.

Lehnt man aber diese Konsequenz ab, so ist nicht einzusehen, warum es nicht wenigstens zweckmäßig sein könnte, daß sich die Staaten durch einstimmigen Beschluß dahin einigten, Majoritätsbeschlüsse als für alle bindend anzuerkennen. Auf dem Gebiete der Rechtsprechung findet es HUBER selbst unbedenklich, wenn die Staaten einen Richterspruch als verbindlich anerkennen, an dessen Bildung sie nicht selbst beteiligt sind. Es liegt, wie er sagt, im

Wesen der richterlichen Entscheidung, „daß sie eine Beugung eines Parteiwillens involviert. Eine solche ist mit der Unabhängigkeit der Staaten nur vereinbar, wenn sich ein Staat freiwillig der Gerichtsbarkeit unterworfen hat; dies trifft bei allen internationalen Gerichten zu." (110.) Es bleibt unerfindlich, weshalb das Prinzip, das hier für die Rechtsprechung anerkannt wird, nicht auch auf das Gebiet der Rechtssetzung Anwendung finden soll.

§ 2. Gemeinschaft und Gemeinwesen.

Es ist sicher eine zutreffende Beschreibung der historisch vorliegenden Situation, wenn HUBER sagt: „Sowohl die internationalen Konferenzen als die internationalen Gerichte sind bloße Gemeinschaftsorganisationen, deren Beschlüsse, beziehungsweise Urteile der freiwilligen Annahme, beziehungsweise der autonomen Vollstreckung der beteiligten Staaten unterliegen. Mit einem Gemeinwesen haben sie, von gewissen äußerlichen Formen abgesehen, nichts, gar nichts gemein." (116.) Er versteht nämlich unter einer Gemeinschaft eine Verbindung, die „keinen von dem Willen aller Verbundenen verschiedenen Willen hat" (112), unter einem Gemeinwesen dagegen eine solche, wo „der Gemeinwille in Gegensatz zu der Summe der Einzelwillen tritt, oder wenigstens in Gegensatz treten kann". (112.)

Um so klarer geht aber hervor, daß, bei einer solchen Lage der Dinge, das Zustandekommen einer rechtlichen Regelung insofern dem bloßen Zufall überlassen bleibt, als es nur davon abhängt, ob die Staaten im besonderen Fall zu einer einhelligen Beschlußfassung gelangen können, und also gerade für den eigentlichen Anwendungsfall eines wirklichen Völkerrechts alle rechtlichen Mittel versagen müssen. Um so klarer tritt daher auch zu Tage, daß eine Staatenverbindung, die eine „bloße Gemeinschaft“ darstellt, gerade diejenigen Bedingungen unerfüllt läßt, ohne die eine Völkerrechtsgemeinschaft unmöglich ist. HUBER indessen ist so sehr in der formal-organisatorischen Umdeutung des Gleichheitsprinzips befangen, daß er sich verleiten läßt, den entgegengesetzten Schluß zu ziehen. „Eine solche politische Entwicklung“, — „daß der Gemeinwille nach einer solchen Gestaltung drängt, die ihn in den Stand setzt, sich gegenüber dem Einzelnen zu behaupten“, — „liegt gänzlich jenseits der Entwicklungsmöglichkeit der universellen Staatengemeinschaft“. (116.) So wie HUBER den Begriff der Staatengemeinschaft definiert hat, ist gewiß unbestreitbar, daß die universelle Staatengemeinschaft nie ein Gemeinwesen sein kann. Denn eine Staatenverbindung, die gerade dadurch definiert ist, daß es in ihr an einem Gemeinwillen fehlt, der im Stande wäre, sich gegenüber dem Einzelwillen zu behaupten, kann freilich als solche nicht eine Gestalt annehmen, die den Gemeinwillen in den Stand setzt, sich gegenüber dem Einzelwillen zu behaupten. Hiermit ist aber nur die Trivialität ausgesprochen, daß eine Staatenverbindung, die sich die Form eines Gemeinwesens gibt, nicht mehr eine „Staatengemeinschaft“ genannt werden darf. Daß jedoch dieselben Staaten, die gegenwärtig unter der bloßen Form einer Gemeinschaft mit einander verbunden sind, nicht im Laufe der Entwicklung dahin gelangen könnten, sich unter der Form eines Gemeinwesens zu vereinigen, folgt daraus in keiner Weise. Gerade dies ist aber offenbar HUBERs Meinung. Ja er sagt ausdrücklich: „Für die Fortschritte des internationalen Rechts ist nicht eine Herrschaftsorganisation nötig, sondern eine politische Situation, in welcher sich die Staaten, große und kleine, mit Vertrauen begegnen können.“ (118.)

Es einem bloßen Vertrauensverhältnis überlassen, wie die Staaten ihre gegenseitigen Beziehungen ordnen, heißt geradezu auf eine Sicherung des Rechts verzichten und die Anarchie zum Prinzip erheben.

§ 3. Vormacht und Vorrecht.

Es ist nicht schwer, zu sehen, was der Grund ist, daß HUBER diese an sich so einfache Wahrheit verkennt. Er bemerkt nämlich durchaus zutreffend, „daß eine Staatenverbindung, welche befehlend auftreten oder gar mit Zwangsmitteln eingreifen will, eine den Machtverhältnissen entsprechende Organisation besitzen muß“ (116). Dies bedeutet aber nichts anderes, als daß sich in einer solchen Herrschaftsorganisation bei der Vertretung der einzelnen Staaten eine Abstufung nach dem zwischen ihnen obwaltenden Machtverhältnis herausbilden würde. Da nun aber für HUBER das Recht der einzelnen Staaten sich unmittelbar nach dem Einfluß bemißt, den sie als Mitglieder der Staatenkonferenzen auf deren Beschlußfassungen ausüben können, so ist für ihn das Maß des den einzelnen Staaten zu teil werdenden Rechtes identisch mit dem Maße, wie sie in der Organisation vertreten sind. Daraus aber würde folgen, daß mit einer Abstufung in der Vertretung der einzelnen Staaten zu Gunsten der Großmächte unmittelbar eine entsprechende Beeinträchtigung des Rechtes der anderen Staaten auf Gleichheit verbunden sein würde.

Er sieht daher, hierin ganz konsequent, in einer solchen Vormachtstellung der Großmächte eine rechtliche Bevorzugung: „Sollte bei diesen Organisationen den Großmächten eine bevorrechtete Stellung eingeräumt werden durch Konzession seitens der Nichtgroßmächte, so würde diesen letzteren zugemutet, auf ein Recht zu verzichten, ohne auch nur das geringste Äquivalent zu empfangen.“ (116.)

Wer aber nicht durch die formalistische Mißdeutung des Rechtsbegriffs derartig geblendet ist, daß er meint, die Völker hätten kein dringlicheres Interesse, als sich auf Staatenkongressen vertreten zu lassen, wer also nicht die wirklichen Interessen übersieht, zu deren Befriedigung völkerrechtliche Institutionen nur als Mittel dienen können, dem wird auch klar sein, daß der Maßstab, wonach die Güte der Zusammensetzung eines Staatenkongresses zu beurteilen ist, nicht von einem angeblichen Recht der Gleichheit in der Vertretung hergenommen werden kann, sondern einzig von der Frage, welche Verteilung der Vertretungskompetenzen die größte Gewähr für die Sicherung des Rechts der einzelnen Völker bietet. Es verdient Beachtung, daß HUBER kein Bedenken trägt, wo es sich um Fragen der Rechtsprechung handelt, ausdrücklich zu erklären: „Das einzige wirklich berechtigte Interesse aber, das bei der Bildung von ständigen Gerichten ausschlaggebend sein kann, betrifft die Güte des Richterpersonals.“ (111.) Es ist aber wiederum unerfindlich, wie, was dem Richter recht ist, nicht für den Gesetzgeber billig sein sollte, und warum, wenn es für die Rechtlichkeit richterlicher Entscheidungen nicht sowohl darauf ankommt, wer als Richter auftritt, als vielmehr einzig darauf, wie Recht gesprochen wird, warum sich dann die Rechtlichkeit der Gesetzgebung nach der quantitativen Zusammensetzung, statt nach der Güte des Recht setzenden Personals bestimmen soll.

Im Grunde finden wir auch bei HUBER alles zugestanden, worauf es hier ankommt, wenn wir an einer Stelle, die von einer Staatenverbindung handelt, „welche befehlend auftreten oder gar mit Zwangsmitteln eingreifen will“, den Satz lesen: „In einem solchen Fall aber wird für die schwächeren Glieder der Gemeinschaft der Verlust der Gleichheit des Einflusses ausgeglichen sein durch die wirksameren Garantien ihrer eigenen Rechtssphäre.“ (116.) Ist denn aber Rechtssicherheit nicht das erste Erfordernis eines rechtlichen Zustandes, da doch die ausgedehntesten Rechte imaginär bleiben, solange noch nicht einmal die geringsten Rechte vor gewaltsamer Annullierung geschützt sind? Das Naturgesetz, daß der mit der größten Macht verbundene Wille den Ausschlag gibt, läßt sich auf keine Weise umgehen. Es herrscht in der Staaten-Gemeinschaft so gut wie im Staaten-Gemeinwesen. Wo nicht schon in der friedlichen Organisation dem Stärkeren die seinem Übergewicht entsprechende Vormacht eingeräumt wird, da steht es doch nur bei ihm, wie weit er sich der Überlegenheit seiner Macht bedienen und sich mit Gewalt aneignen will, was ihm nicht freiwillig zugestanden wird. Somit bleibt nur die Frage, ob es nicht im Interesse der Rechtssicherheit vorzuziehen ist, demjenigen auch in der Organisation die Vormacht einzuräumen, der sie faktisch ohnehin besitzt, und sich durch ihn gewisse Rechte garantieren zu lassen, statt alles Recht überhaupt dem Zufall preiszugeben.

Wenn HUBER anerkennt, die in der heiligen Allianz zu Tage getretene Tendenz zur Bildung einer Herrschaftsorganisation erscheine als „ganz natürlich", „wenn man einerseits das damalige Ruhebedürfnis Europas und andererseits die ohnmächtige Kleinstaaterei außerhalb der fünf Großmächte berücksichtigt" (102), so sollte man meinen, daß aus demselben Grunde auch heute noch das Bedürfnis nach einer Herrschaftsorganisation als „ganz natürlich" erscheinen müßte. Diesen einfachen Gedanken aber läßt HUBER, hypnotisiert durch das Dogma von der repräsentativen Gleichheit, nicht aufkommen. In der Besorgnis, daß diese repräsentative Gleichheit zu Gunsten der Großmächte gefährdet werden könnte, und in der imaginären Hoffnung, daß „auf dem Boden der bloßen Gemeinschaft" „dem Völkerrecht noch eine große Entwicklung möglich" sei (118), erklärt er es für wohl begründet, „daß sich angesichts solcher Perspektiven die Nichtgroßmächte auf die dem Gemeinschaftsprinzip zu Grunde liegende Gleichheit, die das Palladium ihrer Unabhängigkeit ist, berufen.“ (118.)

Unbestreitbar besteht, politisch betrachtet, die Möglichkeit, daß die Vormacht zur Usurpation von Vorrechten mißbraucht wird. So viel steht aber fest, daß es keinen schlechteren Rat für die kleineren Staaten gibt, um sich vor einer solchen Gefahr zu schützen, als er in der Proklamierung des Prinzips der repräsentativen Gleichheit der Staaten liegt; denn ein Prinzip, dessen Anwendbarkeit sich auf den Fall beschränkt, daß die interessierten Mächte sich auf eine Abstimmung einlassen, und das auch in diesem Falle nur zum Ziel führt, wenn ein einhelliger Beschluß zustande kommt, ein Prinzip also, das allemal dann versagen muß, wenn die Großmächte es vorziehen, von ihrer Überlegenheit Gebrauch zu machen, läuft nur darauf hinaus, die kleinen Staaten um so schutzloser der Willkür der Großmächte auszuliefern, je verführerischer für sie der Anschein ist, darin ein Palladium ihrer Freiheit zu besitzen.

Der einzig wirksame Schutz der kleineren Staaten, um sich im Staatengemeinwesen der Vergewaltigung seitens der die Vorherrschaft führenden Großmächte zu erwehren, ist die moralische Macht der öffentlichen Meinung. Denn auch in dieser Hinsicht gilt für das Staatengemeinwesen dasselbe, was für das Verhältnis der Bürger zum Regenten im einzelnen Staate gilt. Hier wie dort gibt es nicht wieder politische, sondern nur moralische Garantien für die Respektierung der Rechte der Einzelnen seitens des Machthabers.

Einzig ein hinreichend entwickeltes und einen angemessenen öffentlichen Ausdruck findendes Rechtsbewußtsein ist es also, was, über die bloße Stabilität der Organisation hinaus, die Herrschaft des Rechts im Völkerleben gewährleisten kann. Der Entwicklung dieses Rechtsbewußtseins zu dienen und ihm Ausdruck zu verleihen, dies ist eine Aufgabe, zu der vor allen anderen die Rechtslehrer berufen sind. Rechtslehrer aber, die, unter Ignorierung des wirklichen Rechtes der Völker auf die gleiche Befriedigung ihrer Interessen, diesem ein nur formales Recht der gleichen Repräsentation unterschieben und so dem Zustandekommen einer wirklich rechtlichen Organisation vielmehr entgegenwirken, mißbrauchen die Autorität ihrer Wissenschaft, um den Zustand der Rechtlosigkeit durch ein angebliches Rechtsprinzip zu sanktionieren und so gerade den Mächten zu dienen, die an der Erhaltung dieses unrechtlichen Zustandes ihren Vorteil finden.

Fünftes Kapitel.

Die Lehre von der Verfassung der Staatengemeinschaft

bei

L. OPPENHEIM.

§ 1. Das Problem der Exekutivgewalt im Staat und in der Staatengemeinschaft.

Einen interessanten Beitrag zu der Danaïdenarbeit, eine auf der Basis der Souveränität und der repräsentativen Gleichheit der Staaten aufgebaute Verfassung der Völkerrechtsgemeinschaft zu konstruieren, liefert die viel beachtete Schrift OPPENHEIMs über „die Zukunft des Völkerrechts".[1]

Man muß OPPENHEIM von Anfang an darin beistimmen, wenn er auf die Unabhängigkeit des Rechtsbegriffs vom Begriff des Zwanges Gewicht legt. (178, 181.) Daß aber darum, wie er meint, die Forderung einer das Recht sichernden Zwangsgewalt abzulehnen sei, läßt sich durch die logische Unterscheidung jener beiden Begriffe keineswegs begründen. Gesteht er doch selbst, daß „dasjenige Recht ein vollkommeneres ist, hinter welchem eine es zwingend durch-

[1] Festschrift für KARL BINDING. Leipzig 1911. Erster Band S. 141 ff.

setzende Zentralgewalt steht". (181.) Es gilt für dies Verhältnis von Recht und Zwang dasselbe, was OPPENHEIM über das Verhältnis von Recht und Rechtsprechung sagt. Auch vom Begriff der Rechtsprechung ist der Begriff des Rechts unabhängig, und doch schließt das nicht aus, „daß erst die Rechtsprechung dem Recht die Sicherheit gibt, daß es auch in jedem Fall seine Autorität zum Ausdruck bringen kann". „Da, wo es bestritten ist, bedarf das Recht der Rechtsprechung, und darum kann auf die Dauer keine höher entwickelte Rechtsgemeinschaft der Rechtsprechung entbehren." (178.)

Um so mehr muß es Wunder nehmen, daß OPPENHEIM, obgleich alle seine Bestrebungen darauf gerichtet sind, seinen Lesern die Dringlichkeit einer die Zukunft des Völkerrechts sichernden Organisation der Staatengemeinschaft vor Augen zu führen, die Ausübung eines „exekutorischen Zwanges von seiten einer Zentralgewalt" in der Staatengemeinschaft „in alle Ewigkeit" ausgeschlossen wissen will (162).

Fragt man, was OPPENHEIM zu dieser apodiktischen Behauptung veranlaßt, mit der er so offenbar den durch die klare Logik vorgezeichneten Weg verläßt, so braucht man nicht lange zu suchen, um den Grund dafür in der magischen Kraft des Souveränitätsbegriffs zu finden. Wir finden ihn ausdrücklich als Axiom formuliert:

> „Jede Organisation der Staatengemeinschaft muß ausgehen von der vollen Souveränität und der absoluten Gleichheit der Staaten und muß diese charakteristischen Eigenschaften intakt erhalten. Darum kann keine Rede sein von einer politischen Zentralgewalt, welche über den einzelnen Staaten stünde." (156.)

Wie aber auf dieser Basis eine haltbare Staatenorganisation möglich sein soll, darüber gibt OPPENHEIM trotz seines im übrigen bis ins Einzelne gehenden Verfassungsentwurfs für eine solche Organisation keinen Aufschluß. Er hilft sich über dies für die Anwendbarkeit seines sonst doch in der Luft schwebenden Verfassungsentwurfs zuletzt entscheidende Problem mit dem aller Erfahrung und Geschichte Hohn sprechenden Satz hinweg, daß, während zwar „im innerstaatlichen Leben die Exekutionsgewalt eine Notwendigkeit“ sei, weil „es immer Individuen geben wird, die nur dem Zwang weichen“, die „Staaten anders geartete Personen seien als menschliche Individuen“: „Ihre heutzutage allgemeine konstitutionelle Verfassung hat sie sozusagen moralischer gemacht, als sie zu Zeiten des Absolutismus waren.“ „Machiavellistische Prinzipien sind nicht länger überall maßgebend. Die Staaten verkehren mit einander im Vertrauen auf die Heiligkeit der Verträge.“ (190.) Dies sagt derselbe Autor, der andere Vorschläge zur Organisation der Staaten „Spielereien der Phantasie“ nennt, die „zu Staub zerfallen, sobald sie mit nüchternem Blick betrachtet werden“ (156).

Daß machiavellistische und also unrechtliche Prinzipien unter den Staaten nicht länger „überall“ maßgebend sind, das genügt nicht, um einen Unterschied zwischen dem gegenseitigen Verhältnis der Staaten einerseits und dem gegenseitigen Verhältnis der Individuen im Staate andererseits festzustellen, und gar einen Unterschied, der einen Rückschluß auf eine verschiedene „Natur und Bestimmung“ der einen und anderen Gemeinschaft rechtfertigen könnte. Denn auch für das Verhalten der Individuen sind nicht überall unrechtliche Prinzipien maßgebend. Auch gesteht OPPENHEIM ausdrücklich zu: „Es mag sein, daß ein Staat sich weigert, eine Sache den internationalen Gerichten zu unterbreiten, weil er der Meinung ist, seine vitalen Interessen erlauben es nicht.“ Für einen solchen Fall, meint er, „können und werden die unbeteiligten Mächte das Recht der Intervention ausüben“ (190). Worauf gründet aber OPPENHEIM diese Zuversicht in die idealistische Bereitwilligkeit der Staaten, das bedrohte Recht zu schützen? Zerfällt nicht auch sie „zu Staub, sobald sie mit nüchternem Blick betrachtet“ wird? So müssen wir uns denn mit dem dürftigen Trost bescheiden, der in der Prophezeiung Ausdruck findet: „Freilich, der Krieg steht auch dann noch immer als ultima ratio im Hintergrund, aber er steht doch nur im Hintergrund, während er ohne die Einrichtung der internationalen Gerichte im Vordergrund steht“ (191).

Der Gipfelpunkt der Sophistik aber ist es, wenn OPPENHEIM sich zu der Argumentation versteigt:

„Alle Vorschläge, welche eine internationale Exekutionsgewalt beabsichtigen, widerstreiten dem Begriff der Souveränität nicht nur, sondern auch dem Ideal des internationalen Friedens und des Völkerrechts. Das Ziel der Entwicklung ist nicht die zwangsweise Unterwerfung renitenter Staaten, sondern ein Zustand, in welchem es keine renitenten Staaten gibt, weil jeder Staat sich freiwillig der Verpflichtung unterwirft, Streitfragen den internationalen Gerichten zu unterbreiten und deren Rechtsspruch anzunehmen.“ (162.)

Ist nicht auch im Innern des Staates das Ziel der Entwicklung ein Zustand, in dem es keine renitenten Bürger gibt, weil jeder Bürger sich freiwillig der Verpflichtung unterwirft, Streitfragen den nationalen Gerichten zu unterbreiten und deren Rechtsspruch anzunehmen? Müßte man nicht also nach derselben Logik schließen, daß alle Vorschläge einer nationalen Exekutionsgewalt dem Ideal des nationalen Friedens und des Landesrechts widerstreiten? Daraus allein, daß es ein Ideal ist, daß keine Verbrechen geschehen, würde das Gebot folgen, den Verbrecher ungehemmt wüten zu lassen.

§ 2. Das Problem des Staatenbundes.

Wenn ein Völkerrechtslehrer sich zu dem Ideal einer Organisation der Staatengemeinschaft zur friedlichen Entscheidung aller

Konflikte bekennt, so sollte man erwarten, daß er höchstens darum Bedenken tragen könnte, für die Schaffung einer Exekutionsgewalt einzutreten, weil er die Schwierigkeiten der Verwirklichung einer solchen Idee für unüberwindlich hält. Niemandem aber liegt ein solcher Pessimismus ferner als gerade OPPENHEIM. „Was immer man auch gegen den Welt-Bundesstaat oder Staatenbund sagen mag, eine physische Unmöglichkeit ist er heutzutage nicht mehr.“ (153.) Er häuft selbst Argument auf Argument, um die „theoretische und praktische Möglichkeit“ eines solchen Gebildes zu beweisen. Wenn er dennoch, nach einem so deutlichen Bekenntnis seines Glaubens an das Ideal sowohl wie an dessen Durchführbarkeit, die auf Grund solcher Voraussetzungen selbstverständliche Konsequenz ablehnt, so kann man kein krasseres Beispiel dafür finden, wie an der Unüberwindlichkeit eines in bloßem Wortfetischismus wurzelnden Dogmas die klarste Logik zerschellt.

„Aber seine theoretische und physische Möglichkeit“, sagt OPPENHEIM vom Staatenbund oder Weltstaat, wie er ihn abwechselnd nennt, „beweist noch nichts für seine praktische Brauchbarkeit und seine Erwünschtheit.“ Es ist seine „feste Überzeugung, daß der Weltstaat in keiner Form praktisch brauchbar und erwünscht ist, weil er Tod anstatt Leben bringen würde“. (153.)

Den äußersten Fall vorausgesetzt, daß wirklich, wie es OPPENHEIM meint, die Ausschließung des Unrechts (das auch der vom Vordergrund in den Hintergrund gerückte Krieg noch darstellt) das Opfer des Lebens und der Entwicklung der Staaten fordert, so bliebe doch zu fragen, weshalb wir die Wahl zwischen einem unrechtlichen Leben und einem ehrenhaften Tod zu Gunsten des Unrechts entscheiden sollten. Mag es bei einem Politiker allenfalls verständlich sein, wenn er sich vor einem solchen Opfer scheut; was soll man aber von Rechtslehrern denken, denen es da, wo es eine solche Wahl gilt, nicht einmal in den Sinn kommt, die Möglichkeit einer anderen Entscheidung als zu Gunsten des Unrechts auch nur in Erwägung zu ziehen.

In Wahrheit verhält es sich aber gar nicht einmal so, daß uns das Problem der Sicherung des Völkerrechts vor eine so fatale Alternative stellt. Wer den Mut hat (und sollte der dazu erforderliche Mut für einen Mann der Wissenschaft eine zu große Zumutung sein?), dem Sinn der Worte auf den Grund zu gehen, den wird das Schreckgespenst des Todes der Staaten nicht erzittern machen. Mögen sich Kinder und alte Weiber durch das Geschwätz vom Leben und Sterben der Staaten erschrecken lassen, ein denkender Mann dürfte sich über die Grenzen der Bedeutung solcher bildlichen Ausdrücke klar sein und wohl wissen, daß das friedliche Aufgeben der staatlichen Souveränität kein einziges Menschenleben kostet, und daß also, wer im Ernst um die Erhaltung des Lebens besorgt ist, nicht den frivolen Mißbrauch dieses Wortes begünstigen sollte, der nur darauf abzielt, solche Maßnahmen zu hintertreiben, die uns allein gegen die mutwillige Aufopferung wirklichen Lebens schützen können.

Aber noch mehr. Nicht einmal die Existenz und also die Vielheit der Staaten steht in Wirklichkeit auf dem Spiel. Die Errichtung eines mit Exekutionsgewalt versehenen Weltstaatenbundes braucht nicht nur keinem einzigen Menschen das Leben zu kosten, sondern ist auch mit dem ungeschmälerten Fortbestehen der inneren Selbständigkeit der einzelnen Staaten vereinbar, und er ist nicht nur mit ihr vereinbar, sondern er setzt sie sogar zu seiner eigenen Möglichkeit voraus. Denn was sollte man sich unter einem Staatenbund vorstellen, wenn es keine Mehrheit von Staaten gäbe? Gerade der Staatenbund und nur der Staatenbund bietet ja die Gewähr für die Erhaltung der in ihm vereinigten Staaten, die ohne einen solchen schutzlos den Angriffen auf ihre Selbständigkeit von Seiten ihrer Rivalen ausgesetzt bleiben. Kein ungereimteres Argument also kann es geben als die Behauptung, daß der Gründung des Staatenbundes die Existenz der Staaten und die Integrität der nationalen Eigenart zum Opfer fallen müßte.

Wenn ein solches Argument bei unkritischen Geistern überhaupt verfangen kann, so beruht dies darauf, daß sie sich durch die Zweideutigkeit der Worte verführen lassen. Die Täuschung entsteht nämlich dadurch, daß man schon stillschweigend voraussetzt, daß die staatliche Selbständigkeit mit dem Verlust der Souveränität, d. h. der Unabhängigkeit von einem übergeordneten Gemeinwesen, unvereinbar sei. In der Tat würde aus dieser Voraussetzung folgen, daß ein die Völker umfassendes Gemeinwesen nur in der Form eines Weltstaates möglich wäre und also nur unter Preisgabe der Vielheit der Staaten. Es blieben dann nur die beiden Möglichkeiten: entweder die Selbständigkeit der Staaten zu wahren und damit dann auf eine über ihnen stehende Zentralgewalt zu verzichten, oder eine solche Zentralgewalt einzuführen und damit zugleich die Selbständigkeit der einzelnen Staaten aufzuopfern.

Wenn also OPPENHEIM sagt, „daß es für den gesunden Fortschritt der Menschheit, wie der Freiheit und des Wettstreits der Individuen, so der Unabhängigkeit und der Rivalität der verschiedenen Nationen bedarf“ (154), so wollen wir ihm dies gern zugestehen. Aber um so mehr gilt es festzuhalten, daß diese Bedingung für den Fortschritt der Menschheit im Weltstaatenbund nicht nur nicht gefährdet, sondern vielmehr durch ihn allein garantiert werden kann. Läge also nicht schon eine unmittelbar rechtliche Notwendigkeit für den Weltstaatenbund vor, so würde das Erfordernis eines solchen bereits aus dem Grunde unabweisbar sein, aus dem OPPENHEIM auf seine Unbrauchbarkeit und Verwerflichkeit schließen zu müssen glaubt.

§ 3. Das Problem des Stimmrechts.

Neben dem Axiom von der Souveränität steht bei OPPENHEIM das der absoluten Gleichheit der Staaten.[1]

„Diese Gleichheit ist“ nach ihm „der notwendige Grundpfeiler der internationalen Gemeinschaft“. Aber auch bei ihm spielt diese Gleichheit die Rolle eines bloßen Repräsentationsprinzips. Er läßt hierüber nichts an Klarheit zu wünschen übrig:

> „In dem Begriff der Gleichheit kommt nur zum Ausdruck, daß bei allen Beschlüssen der internationalen Gemeinschaft jedem Staat, was immer seine Größe und politische Bedeutung sein mag, eine Stimme und nicht mehr zukommt, daß jeder Staat nur durch Zustimmung zu einem Beschluß gebunden werden kann, und daß kein Staat über einen anderen Jurisdiktion ausüben kann. Mehr besagt er nicht und kann er nicht besagen.“ (160 f.)

> „Die Gleichheit der Staaten bedingt es, daß kein Staat an ein internationales Gesetz gebunden werden kann, zu dem er nicht seine Zustimmung gegeben hat.“ (169.)[2]

---

[1] In seiner Schrift „International Law“ stellt er das Prinzip der Gleichheit der Staaten als eine logische Konsequenz des Souveränitätsprinzips hin: „Since the law of nations is based on the common consent of states as sovereign communities, the member states of the family of nations are equals to each other as subjects of international law. States are by their nature certainly not equal as regards power, extent, constitution, and the like. But as members of the community of nations they are equals, whatever differences between them may otherwise exist. This is a consequence of their sovereignty and of the fact that the law of nations is a law between, not above, the states.“ (Bd. 1. 1905. S. 19 f.)

[2] Wenn OPPENHEIM in seinem Werke „International Law“ die Lehre von der Gleichheit der Staaten gegen die von LAWRENCE und anderen mit Rücksicht auf die politische Ungleichheit der Staaten erhobenen Bedenken verteidigt, so muß man ihm in der Zurückweisung dieser Kritik durchaus recht geben. Sehr zutreffend sagt er: „This doctrine, which professedly seeks to abolish the universally recognized rule of the equality of states, has no sound

Nirgends findet sich bei ihm auch nur der Anflug eines Verständnisses dafür, daß das Problem einer rechtlichen Regelung von Konflikten zwischen den Staaten, die, ihrem Begriff zufolge, nicht im Einklang mit dem Willen aller am Konflikt Beteiligten erfolgen kann, seiner Lösung jedenfalls nicht durch Einrichtungen näher gebracht wird, die einzig auf den Fall anwendbar sind, daß die Staaten sich zu einem einstimmigen Beschluß vereinigen, und wo also gerade k e i n Konflikt zwischen ihnen vorliegt.

Man könnte zwar geneigt sein, ein Zugeständnis an diese so handgreifliche Tatsache zu finden, wenn man weiterhin von dem Begriff der Gleichheit liest:

> „Unter keinen Umständen sollte behauptet werden, daß er Einstimmigkeit bei allen Beschlüssen der Konferenzen bedinge, und daß alle Beschlüsse nichtig seien, dem ein oder mehrere Staaten ihre Zustimmung verweigern.“ (161.)

> „Hat man sich von dem Vorurteil einmal befreit, die Gleichheit der Staaten bedinge es, daß gesetzgeberische Konferenzen keine Beschlüsse fassen dürften, welche nicht auf Einstimmigkeit beruhen, so steht nichts im Wege, auch ohne Einstimmigkeit Gedeihliches zu leisten.“ (169.)

---

basis, and confounds political with legal inequality.“ (164.) Es beruht nur auf demselben, Tatsachenfragen mit Rechtsfragen verwechselnden Einwand, wenn HICKS die Lehre OPPENHEIMS von der Gleichheit der Staaten mit den Worten entkräften zu können glaubt: „The contention of Mr. OPPENHEIM that the primacy of the great powers can not be a l e g a l doctrine can have little weight if we admit that international law is based on practice; for practice certainly supports the contention of Professor LAWRENCE.“ (FREDERICK CHARLES HICKS. The equality of States and the Hague conferences. American Journal of International Law. Bd. 2. 1908. S. 549.)

Desto mehr ist aber zu bedauern, daß OPPENHEIM durch Verwechslung der rechtlichen mit repräsentativer Gleichheit auch das richtig verstandene Gleichheitsprinzip allen den Einwänden mit aussetzt, von denen das Dogma von der repräsentativen Gleichheit in der Tat getroffen wird.

Aber es wäre weit gefehlt, wollte man[1] in diesen Sätzen einen Ausdruck dafür suchen, daß OPPENHEIM, in einem gewissen Gefühl für die Unhaltbarkeit des Prinzips der Einstimmigkeit, sich hier zu einer Konzession an die Anforderungen der Wirklichkeit entschließt. Der tiefere Sinn, den man bei unbefangener Betrachtung in diesen Sätzen vermutet, löst sich alsbald auf, wenn man die Erklärung beachtet:

> „Majoritätsbeschlüsse binden nur die Mitglieder der Majorität.“ (159.) „Gewiß binden solche Beschlüsse nur die Zustimmenden, und gewiß können nur einstimmig gefaßte Beschlüsse als solche der internationalen Gemeinschaft gelten.“ (161.) „Gewiß, ein universelles internationales Gesetz muß auf Einstimmigkeit beruhen.“ (169.)

Das Prinzip der Einstimmigkeit wird also hier in keiner Weise durchbrochen, sondern wir haben ein bloßes Spiel mit dem Worte „Majoritätsbeschluß“ vor uns, da ja diese sogenannten Majoritätsbeschlüsse nur innerhalb der Majorität Geltung haben sollen und tatsächlich einstimmige Beschlüsse darstellen. An der Bedeutungslosigkeit dieses Wortspiels vermag auch die pomphafte Einführung des Unterschieds von „allgemeinem und universellem Völkerrecht“ (160) nichts zu ändern.

Der müßte also gar naiv sein, der in der Zulassung solcher Majoritätsbeschlüsse ein Auskunftsmittel für den Fall sehen wollte, wo das Prinzip der Einstimmigkeit versagt. Denn im Fall eines Konflikts, wo sich also eine Mehrheit einer Minderheit gegenüber befindet und mit dieser zu keiner Einigung gelangt, der Majorität vorzuschlagen, sie möge unter sich einen einstimmigen Beschluß fassen, ist denn doch wohl nicht geeignet, den Beteiligten einen

---

[1] Wie dies z. B. SCHÜCKING passiert ist. (Der Staatenverband der Haager Konferenzen. München und Leipzig 1911. S. 210 f.)

Ausweg aus ihrem Konflikt zu eröffnen. Entweder, der vorgeschlagene einstimmige Beschluß der Majorität hat auf die Streitfrage überhaupt keinen Bezug, dann kann er auch nicht zu ihrer Auflösung dienen. Oder er bezieht sich auf diese Frage, dann führt uns das Prinzip des einstimmigen Majoritätsbeschlusses unmittelbar auf einen Widerspruch. Denn wenn der einstimmige Wille der Majorität (etwa der einstimmige Beschluß gewisser Mächte, einen anderen Staat unter sich aufzuteilen) für die Mitglieder der Majorität bindend sein soll, so ist das nur insofern möglich, als ihm der Wille der Minorität unterworfen wird, womit dann das durch die Gleichheit angeblich bedingte Prinzip der Einstimmigkeit gerade aufgehoben wäre. Daß *A* und *B* (z. B. England und Rußland) ein Recht haben sollen, etwas über ihr Verhältnis zu *C* (z. B. Persien) zu beschließen, *C* aber nicht verpflichtet sein soll, sich ihrem Beschluß zu fügen, widerspricht sich selbst. —

Von dieser Art sind die Resultate, mit denen sich ein Völkerrechtslehrer begnügt, der selbst die Parole ausgibt, „die Völkerrechtswissenschaft müsse sich auf sich selbst besinnen“ (149). Fragt man, wie eine solche Blindheit gegenüber den greifbarsten und dringendsten Problemen des Rechts im Völkerleben möglich ist, so erklärt sich dies wohl am ehesten durch den phantastischen Optimismus, von dem sich OPPENHEIM über die ernstesten Schwierigkeiten für die wirkliche Schaffung einer internationalen Rechtsorganisation sorglos hinwegheben läßt. Wenn aber sein Optimismus diese Sorglosigkeit erklärt, so entschuldigt er sie doch nicht.

Die Wege, welche die „Macht des Guten“ einschlägt, um die Menschheit im Laufe der Geschichte „gnädig zu immer höherer Vervollkommnung“ (201) zu führen, erscheinen oft wunderbar. Die Abirrungen von dem geraden Wege zum Rechtsideal, an denen die Geschichte so reich ist, passen schlecht zu der Vorstellung von der

Allmacht und Güte der Vorsehung. Alle diese Umwege und Abwege sind Folgen menschlicher Torheit und Schwäche, und den Menschen selbst ist es aufgegeben, durch eigene Kraft und Besonnenheit solcher Torheit und Schwäche Herr zu werden. Wer, in leichtgläubigem Vertrauen auf die Vorsehung, das Recht im Kampf mit dem Unrecht schutzlos läßt, den wird die Vorsehung strafen, wenn einmal auch die wirklich vorhandenen Grundmauern des von ihm erträumten Baues unter dem Anprall des im Schutze seiner Passivität zur Übermacht gelangten Unrechts zusammenbrechen und ihn mit all seinen Hoffnungen unter ihren Trümmern begraben.

Sechstes Kapitel.

Die geschichtliche Begründung des Relativismus

bei

JOSEF KOHLER.

Daß wir in den besprochenen Lehren nicht etwa einseitig ausgesuchte Einzelerscheinungen vor uns haben, deren alles Rechtsbewußtsein untergrabender Tendenz keine allgemeine Bedeutung beigemessen zu werden brauchte, bestätigt sich durch die Beobachtung, daß auch in der rechtsphilosophischen Literatur, obwohl in ihr noch viel weniger als in der eigentlich juristischen von einer einheitlichen Schule gesprochen werden kann, an nichts so eifrig gearbeitet wird wie an der Zerstörung des Rechtsbegriffs, — gewiß ein Umstand, der in einer Zeit, die sich mit besonderem Stolz der Abkehr von der bloß historischen Rechtsbetrachtung rühmt, einige Beachtung verdient. Die folgenden Beispiele werden genügen, um in voller Deutlichkeit zu zeigen, wie aller sonst vorhandenen Meinungsverschiedenheit zum Trotz diese Rechtsverachtung heute bereits als eine zum Range axiomatischer Selbstverständlichkeit erhobene Errungenschaft gilt.

„Die früheren Rechtsphilosophen“, sagt JOSEF KOHLER,

gleichsam um diese Errungenschaft der Gegenwart zu feiern, „glaubten mehr oder minder Grundsätze aufstellen zu können, welche unbedingt Geltung haben müßten. ... Sie betrachteten das Recht als ein ius aeternum.“[1]

„Manche glaubten“, so fährt er fort, um zu zeigen, „wie irrig es ist, ein richtiges Recht anzunehmen“, — „manche glaubten, daß sogar nur gewisse äußere Funktionen des Rechts sich nach den wechselnden menschlichen Verhältnissen gestalten müßten, während die ganze Grundlage des Rechts unveränderlich und ewig sei. Das letztere ist nun absolut unrichtig, denn nicht nur leere Äußerlichkeiten, sondern fundamentale innere Rechtsgebote sind in verschiedenen Zeiten verschieden. ... Es gibt keinen Rechtssatz, der in allen und jeden Zeiten fundamental gleichheitliche Geltung hätte. Auch grundsätzlich ist das Recht relativ.“

Offenbar wird hier von KOHLER aus der zweifellos bestehenden Tatsache fundamentaler Verschiedenheiten zwischen den positiven Rechtsordnungen der einen und anderen Zeit auf die Unmöglichkeit eines richtigen, von der Zeit unabhängigen Rechts geschlossen. Daraus aber, daß zu verschiedenen Zeiten Verschiedenes den Anspruch erhebt, Recht zu sein, zu schließen, daß es kein objektiv gültiges Recht geben könne, ist nur möglich, wenn man schon im Voraus von der erst zu beweisenden Annahme ausgeht, daß es einen begründeten Anspruch auf Gültigkeit für keine Rechtsordnung geben könnte. Dieser Trugschluß wäre nicht möglich, wenn man sich, wie billig, die Mühe nehmen wollte, die beiden Bedeutungen des Wortes „Geltung“ zu unterscheiden, das einmal im Sinne des dem positiven Recht innewohnenden Anspruchs auf Verbindlichkeit, sodann aber auch im Sinne der Verbindlichkeit selber

---

[1] Archiv für Rechts- und Wirtschaftsphilosophie, VIII. Band, Heft 1, Oktober 1914.

gebraucht wird. Einer so groben Verwechslung haben sich „die früheren Rechtsphilosophen“ freilich nicht schuldig gemacht, und darum konnten sie mit Fug und Recht der auch ihnen bekannten Verschiedenheit der positiven Rechtsordnungen ungeachtet an die Unveränderlichkeit und Ewigkeit des Rechts glauben. Ein veränderliches und nicht ewiges Recht wäre ja ein Recht, das zu Unrecht den Anspruch erhebt, Recht zu sein. Kann es einen handgreiflicheren Widersinn geben?

Doch hat hier KOHLER wohl noch etwas anderes im Auge gehabt. Die zwischen den einzelnen positiven Rechtsordnungen bestehende Abweichung in der Beurteilung des Rechts braucht ja nicht notwendig auf einem Irrtum des einen oder anderen Gesetzgebers zu beruhen; sie könnte vielmehr sehr wohl auch darin ihren Grund haben, daß die Verschiedenheit der geschichtlichen Situation eine Verschiedenheit in der Anwendung derselben Rechtsgrundsätze bedingt. Doch auch diese Erklärung weist KOHLER als unzulänglich zurück: Auch grundsätzlich sei das Recht relativ. Zur Begründung führt er ein Beispiel an:

> „Ich will nur z. B. an das Zinsverbot erinnern. Das Zinsverbot galt als eine göttliche Ordnung und wurde Jahrhunderte lang von der Kirche mit der größten Strenge durchgeführt; das Zinsennehmen galt als Wucher und wurde als eine hohe Unsittlichkeit und zu gleicher Zeit als ein grobes Unrecht betrachtet. Wir denken heutzutage anders: gerade diese Frage bietet so recht ein Beispiel wandelnder Rechtsgrundsätze.“

Um aber wirklich diese Verschiedenheit in der rechtlichen Beurteilung des Zinsennehmens zum Beweise für die grundsätzliche Relativität des Rechts ins Feld führen zu können, käme es offenbar erst darauf an, nachzuweisen, daß der Übergang vom Verbot zur Erlaubnis des Zinsennehmens nicht etwa die bloße Folge eines Wandels der gesellschaftlichen Verhältnisse und einer dadurch bedingten Verschiedenheit im Ergebnis der Anwendung eines höheren, sich selbst gleich bleibenden Rechtsgrundsatzes ist. KOHLER aber unterläßt nicht etwa nur, diese Nachweisung zu führen, sondern er führt allen Ernstes den strikten und ausdrücklichen Beweis des Gegenteils, den ich denn, um mich der Mühe aller weiteren Widerlegung zu überheben, wörtlich folgen lasse:

„Es war richtig, als die Kirche in der junggermanischen Entwicklung das Zinsennehmen verbot: in einer Zeit mangelnden wirtschaftlichen Strebens hätte das Zinsennehmen dahin geführt, daß der Kapitalist sich dem unwirtschaftlichen Nichtstun hingegeben hätte; das sollte nicht sein: er mußte selbst arbeiten, wenn er aus seinem Kapital Früchte herausschlagen wollte. Als das Wirtschaftsleben sich so weit entwickelt hatte, daß auch der reiche Kapitalist schon an sich weiter und weiter strebte, da fand das Zinsennehmen im Kulturleben seine richtige Stätte: jene Befürchtung war gewichen. Jedoch, solange die richtige Kapitalorganisation fehlte, war es völlig angemessen, bestimmte Maximaltaxen festzusetzen, denn diese sind überall innerlich begründet, wo das mangelhaft organisierte wirtschaftliche Leben es nicht von sich aus vermag, in den konkreten Fällen eine entsprechende Preisbildung zu schaffen. Ist diese Organisation entwickelt, dann ist prinzipiell die Zinsfreiheit das richtigste und kulturförderlichste. An diesem Beispiel zeigt sich die Relativität des Rechts . . . klar und deutlich.“

Weiter kann man wohl den Spott an dem, was diese Sophisten „klar und deutlich“ nennen, nicht treiben, als es hier von KOHLER selbst geschehen ist.

Siebentes Kapitel.

Die philosophische Begründung des Relativismus

bei

GUSTAV RADBRUCH.[1]

§ 1. Naturrecht und richtiges Recht.

Die Rechtsphilosophie handelt nach RADBRUCH von dem Rechte, „welches gelten sollte, nicht vom positiven, sondern vom richtigen Rechte, vom Wert, vom Sinn, vom Zweck des Rechts — von der Gerechtigkeit". (2.) Dabei geht er aber von dem „im weiteren Verlaufe zu befestigenden Grundgedanken" aus, daß „Werturteile nicht der Erkenntnis, sondern nur des Bekenntnisses fähig sind". Auf eine wissenschaftliche Erkenntnis des richtigen Rechts und folglich auch auf eine wissenschaftliche Rechtsphilosophie ist damit von vornherein verzichtet. Die einzige Frage, die hiernach der RADBRUCHschen Lehre gegenüber noch von wissenschaftlichem Interesse sein kann, geht dahin, ob auch dieser Grundgedanke von der Unmöglichkeit einer Erkenntnis des richtigen Rechts ein bloßes Bekenntnis darstellen soll oder seinerseits auf den Charakter einer wissenschaftlichen Erkenntnis Anspruch macht. Daß der weitere

---

[1] Grundzüge der Rechtsphilosophie. Leipzig 1914.

Verlauf der Erörterungen ihn „zu befestigen“ bestimmt ist, scheint für die zweite Ansicht zu sprechen. Fassen wir daraufhin diesen weiteren Verlauf der Erörterungen ins Auge.

Da finden wir denn, wie zu erwarten, zunächst den Versuch, die Unmöglichkeit einer allgemeingültigen Rechtserkenntnis durch den Hinweis auf die Unmöglichkeit des Naturrechts zu beweisen. Zwar lehnt RADBRUCH es ab, „die Behauptung eines immer und überall gleichen Naturrechts“ schon durch den üblichen Hinweis auf die Mannigfaltigkeit der Rechtsanschauungen verschiedener Epochen und Nationen für widerlegt zu halten, da der Naturrechtslehrer einen solchen Schluß von dem, was ist, auf das, was sein soll, zurückweisen und in der Vielfältigkeit der Rechtsanschauungen nur die Vielfältigkeit des Irrtums gegenüber der einen, naturrechtlichen Wahrheit finden würde. Nicht die Rechtsgeschichte, sondern die KANTische Philosophie „hat die entscheidenden Argumente gegen das Naturrecht geliefert“. (4.)

Versteht man, nach RADBRUCHs ausdrücklicher Erklärung, das Naturrecht als das Unternehmen, „in der menschlichen Vernunft gebrauchsfertige Rechtssätze auffinden zu wollen“ (3), so läßt sich einem solchen Unternehmen mit Recht der KANTische Nachweis entgegenhalten, „daß die Vernunft nicht ein Arsenal fertiger theoretischer Erkenntnisse, anwendungsreifer ethischer und ästhetischer Normen sei, vielmehr nur das Vermögen, zu solchen Erkenntnissen und Normen zu gelangen“. (4.) Wenn er aber damit bewiesen zu haben glaubt, daß es keine allgemeingültige Erkenntnis des Rechts geben könne, so hat er sich seine Aufgabe zu leicht gemacht. Vielmehr steht diese Behauptung geradezu im Widerspruch zu dem Satze, die Vernunft sei „das Vermögen, zu solchen Erkenntnissen und Normen zu gelangen“. Entweder wir haben das Vermögen, zu einer Erkenntnis zu gelangen; dann kann uns die Erlangung dieser Erkenntnis doch wohl nicht unmöglich sein. Oder die Erlangung dieser Erkenntnis ist uns unmöglich; dann haben wir eben nicht das Vermögen, zu ihr zu gelangen. Zum Beweis der Unmöglichkeit einer Erkenntnis des richtigen Rechts ist der Satz von der Möglichkeit dieser Erkenntnis doch am Ende nicht das geeignete Hilfsmittel.

Wenn RADBRUCH — anscheinend nur, um demselben Gedanken eine andere Wendung zu geben — fortfährt, die Vernunft sei nur ein Inbegriff „von Kategorien, die erst durch die Anwendung auf ein gegebenes Material Urteile oder Beurteilungen bestimmten Inhalts zu liefern vermögen — z. B. der Kategorien der Kausalität, der Pflicht, nicht aber inhaltlich bestimmter Natur- oder Pflichtgesetze“, so verfällt er nur in einen neuen Widerspruch. Es mag in einem gewissen Sinne richtig sein, daß wir durch bloße Vernunft keine „inhaltlich bestimmten“ Natur- oder Pflichtgesetze zu erkennen vermögen. Besäßen wir aber durch unsere Vernunft nur den Begriff der Kausalität oder der Pflicht, so könnten wir auch durch „Anwendung auf ein gegebenes Material“ solche Gesetze nicht erkennen. Wir mögen das uns „gegebene Material“ noch so gründlich durchforschen und wir mögen daneben den Begriff der Kausalität oder der Pflicht noch so erschöpfend zergliedern, wir würden dadurch allein niemals zu der Erkenntnis gelangen, ob das gegebene Material unter diese Begriffe fällt. Denn woran vermöchten wir zu erkennen, daß irgend welche Erscheinungen im Verhältnis der Kausalität stehen oder daß eine bestimmte Art zu handeln Pflicht ist? Dazu genügt es nicht, einerseits jene Erscheinungen und jene Handlung, andererseits die Begriffe der Kausalität und der Pflicht zu kennen: man muß ein Kriterium dafür besitzen, welcher Art das Verhältnis der Erscheinungen sein muß, um unter den Begriff der Kausalität zu fallen, und welche

Beschaffenheit eine Handlung haben muß, um Pflicht zu sein. — Dies Kriterium kann nicht etwa seinerseits der Erforschung des „gegebenen Materials“ entnommen werden, da wir, um es als ein solches zu erkennen, das Kriterium schon selbst anwenden müßten. Entweder also wir finden in unserer Vernunft nur jene Begriffe: dann vermögen wir überhaupt zu keinen bestimmten Urteilen über Kausalverhältnisse und über Pflichten zu gelangen. Oder wir gelangen zu solchen Urteilen: dann finden sich in unserer Vernunft nicht allein jene Begriffe, sondern darüber hinaus Kriterien zur Beurteilung, ob gegebene Gegenstände unter jene Begriffe fallen oder nicht.

So mag denn also zugegeben werden, daß die Erkenntnis bestimmter Kausalverhältnisse und bestimmter Pflichten „niemals das Produkt reiner Vernunft“ ist, „sondern immer nur ihrer Anwendung auf bestimmte Gegebenheiten“, — begründet hat RADBRUCH diesen Satz nicht, — und es mag demgemäß auch zugegeben werden, — was er ebensowenig begründet hat, — daß die Frage nach dem richtigen Recht „nur für einen gegebenen Gesellschaftszustand“ und insofern nicht mit Allgemeinheit beantwortet werden kann: dies und nichts anderes besagt die Unmöglichkeit des Naturrechts. Wenn RADBRUCH aber den Schluß zieht: „Es läßt sich also kein Rechtssatz ausdenken, der unter allen Umständen richtig oder unrichtig sein müßte“, so ist dies teils geradezu falsch, teils zweideutig und irreführend. Falsch ist es, weil auch für bestimmte Umstände ein Rechtssatz nur insofern als richtig gelten kann, als er dem Kriterium des richtigen Rechts genügt, so daß jedenfalls dies Kriterium selbst einen hinsichtlich seiner Richtigkeit an keine bestimmten Umstände gebundenen Rechtssatz darstellt. Zweideutig und irreführend aber ist es, weil ja auch jene besonderen, „nur für einen gegebenen Gesellschaftszustand“ gültigen Rechtssätze insofern allgemein gelten, als ihre Gültigkeit nicht von Ort und Zeit abhängt, sondern für jeden mit dem gegebenen gleichartigen Gesellschaftszustand erhalten bleibt. RADBRUCH verwechselt hier die Gültigkeit eines Satzes mit seiner Anwendbarkeit. Ein Satz ist allgemeingültig, wenn er für alle Fälle einer gewissen Art gilt, d. h. wenn sich sein Gültigkeitsbereich durch einen allgemeinen Begriff bestimmen läßt. Er ist dagegen anwendbar nur dann, wenn einer der Fälle, für die er gilt, wirklich eintritt, d. h. wenn sich ein Gegenstand findet, der unter jenen allgemeinen Begriff fällt. Allgemeine Anwendbarkeit kann unter allen Rechtssätzen nur dem Kriterium des richtigen Rechts zugeschrieben werden; allgemeine Gültigkeit aber hat jeder Rechtssatz als solcher. Es ist der Fehler des Naturrechts (wie es wenigstens von RADBRUCH definiert wird), aus der Allgemeingültigkeit eines Rechtssatzes auf seine allgemeine Anwendbarkeit zu schließen und darum zu meinen, es müsse sich durch reine Vernunft nicht nur ein Kriterium des richtigen Rechts, sondern dieses selber erkennen lassen. Von diesem Fehler des Naturrechts ist RADBRUCH (als Relativist) so wenig frei, daß er ihn vielmehr vollständig übernimmt und, nur gleichsam mit Umkehrung des Vorzeichens, schließt, ein Rechtssatz könne, wenn er nicht allgemein anwendbar sei, auch nicht allgemeingültig sein, und da also durch reine Vernunft nicht das richtige Recht selbst erkennbar sei, so lasse sich aus ihr auch kein Kriterium des richtigen Rechts schöpfen, sondern allein der Begriff des Rechts. Ein Schluß, der in der Tat, wenn er richtig wäre, die Unmöglichkeit einer Erkenntnis des richtigen Rechts (und also des Rechts überhaupt, denn ein „Recht“, das unrichtiger Weise für Recht gilt, ist kein Recht) zur Folge haben würde.

Wenn er es daher der historischen Schule zum Vorwurf macht, daß sie, in das dem Naturrecht entgegengesetzte „Extrem“ verfallend, sich weigerte, „nicht nur, an jenem angeblich unwandelbaren Maßstab, sondern überhaupt an irgend einem Maßstab das Recht wertend zu messen“ (5), so ist dies von seinem Standpunkt aus bloße Inkonsequenz. Was mag sich RADBRUCH unter einem wandelbaren Maßstab vorstellen?

Nennen wir einen Rechtssatz „material“, wenn er für sich hinreicht, um zu entscheiden, was in bestimmten Fällen richtiges Recht ist, „formal“ dagegen, wenn er nur ein Kriterium liefert, an Hand dessen sich für die empirisch gegebene Situation entscheiden läßt, was in ihr richtiges Recht ist, so können wir den Fehler in RADBRUCHs Begründung des Relativismus dahin zusammenfassen, daß er den formalen Charakter des Rechtsgesetzes mit gänzlicher Leerheit des Rechtsgesetzes verwechselt.

§ 2. Die Rechtslehre als relativistische Wissenschaft.

„Aber eben Wissenschaft soll die Rechtsphilosophie trotzdem bleiben, das will auch der Relativismus, Erkenntnis, nicht bloßes Bekenntnis.“ (25.) Man fragt sich, wie dies möglich sein soll, wenn doch „in Rechtswerturteilen nur der leeren Form der Rechtsrichtigkeit, aber nicht irgend einem ihrer Inhalte allgemeine Geltung gebühre“. Wir erhalten die Antwort, „daß diese Lehre die Möglichkeit wissenschaftlich begründbarer Rechtswerturteile von bloß relativer Geltung unberührt lasse“. Was soll man sich aber unter einem Rechtswerturteil von relativer Geltung vorstellen? Man sollte meinen, daß ein Rechtswerturteil nur entweder gültig oder ungültig sein kann, daß es, mit anderen Worten, entweder richtig oder falsch sein muß. Es bleibt das Geheimnis des Relativismus, welche dritte Möglichkeit hierneben noch besteht.

Das geheimnisvoll angekündigte Programm der neuen Rechtsphilosophie bleibt denn auch ein Programm ohne alle Ausführung. Wenn auch „die wissenschaftliche Feststellung letzter Zwecke unmöglich" sei, so sei doch die wissenschaftliche Ermittlung der zur Erreichung eines einmal gewählten Zwecks dienlichen Mittel „durchaus denkbar". Das war freilich auch schon vor der Entdeckung des Relativismus bekannt. Was folgt aber daraus für die Möglichkeit wissenschaftlich begründbarer Rechtswerturteile? Die Feststellung der geeigneten Mittel zur Erreichung eines „Rechtszwecks" oder „Rechtswerts" ist offenbar etwas anderes als die Feststellung dieses Rechtswerts selbst und also jedenfalls kein Rechtswerturteil. Sie gehört in die theoretische Wissenschaft der Politik und nicht in die Rechtsphilosophie, die ja als ein „Zweig der praktischen Philosophie" (17), nämlich als das System der Rechtswerturteile definiert war. Daraus aber, daß eine Wissenschaft möglich ist, die nicht Rechtswerturteile enthält, auf die Möglichkeit einer Wissenschaft zu schließen, die aus Rechtswerturteilen besteht, dies blieb dem Relativismus vorbehalten und ist eine Probe juristischen Scharfsinns, die zu dem Beweis der Unmöglichkeit wissenschaftlicher Rechtswerturteile aus ihrer Möglichkeit eine interessante Ergänzung bildet.

Ist also die Rechtsphilosophie eine Wissenschaft oder ist sie keine Wissenschaft, sondern eine Deklamation von Bekenntnissen? Eine einfältige Frage, die nur jemand stellen kann, der sich nicht zur Höhe relativistischen Denkens zu erheben vermag, weil er in dem Vorurteil befangen ist, der Satz vom ausgeschlossenen Dritten sei absolut richtig. Auch die Möglichkeit der Rechtsphilosophie als Wissenschaft ist nur relativ wahr. Wie sollte sie auch nicht? Die Rechtsphilosophie war ja als ein Inbegriff von Rechtswerturteilen definiert, und als solcher kann sie, dem Axiom zufolge, daß wissenschaftliche Werturteile unmöglich sind, offenbar nicht Wissenschaft sein. Aber zu welcher Ärmlichkeit der Gedanken würde es führen, wollte man darauf bestehen, mit einem Wort immer nur einen einzigen und noch dazu gerade den durch Definition festgesetzten Sinn zu verbinden! „Rechtsphilosophie“ bedeutet dem gedankenreichen Relativisten zugleich eine Lehre, die nicht aus Rechtswerturteilen besteht; eine solche ist aber zweifellos als Wissenschaft möglich. Wer vermöchte dem gegenüber noch in Frage zu ziehen, daß die Rechtsphilosophie als Wissenschaft sowohl möglich als auch unmöglich ist?

Man hätte aber den Relativismus noch immer nicht richtig verstanden, wollte man in ihm „den resignierten Zynismus des Pilatus finden: Was ist Wahrheit?, die dekadente Blasiertheit, die alle Wertungen für gleich richtig und gleich falsch erklärte“. (28.) Eine so unfreundliche Beurteilung des Relativismus wäre ja nur durch das Mißverständnis möglich, als hielte der Relativismus die Unmöglichkeit einer absoluten Wahrheit von Werturteilen für absolut wahr. Ist aber dem Relativismus zufolge solche absolute Wahrheit nur relativ unmöglich, so darf man ihm auch nicht absoluten Zynismus und absolute Blasiertheit vorwerfen. Er findet sich nicht in die absolute Resignation, auf Werturteile — um der behaupteten Unmöglichkeit ihrer absoluten Wahrheit willen — zu verzichten, sondern er besitzt den relativen Zynismus und die relative Blasiertheit, solche Werturteile dennoch aufzustellen.

§ 3. Vom Wert des Rechts.

Folgen wir dem weiteren Verlauf von RADBRUCHs Erörterungen, so treffen wir in der Tat alsbald wirkliche Rechtswerturteile an und zwar keineswegs nur solche, die sich mit dem Anspruch auf relative Gültigkeit begnügen. Ein solches liegt schon in seiner ersten Behauptung, daß die Rechtsphilosophie den „Zweck des Rechtes“ zu erforschen habe. (29.) Dieser Satz könnte zwar dem ersten Anschein nach als eine bloße Nominal-Definition der Rechtsphilosophie verstanden werden, so daß durch ihn der Frage, ob es überhaupt etwas wie einen Zweck des Rechtes gibt, nicht vorgegriffen zu sein brauchte. Tatsächlich jedoch zeigen die Folgerungen, die aus ihm gezogen werden, daß er die Behauptung, es gebe einen solchen Zweck, bereits einschließt. Dabei wird von RADBRUCH zwischen dem Zweck des Rechtes und seinem Wert kein Unterschied gemacht. Daß es aber so etwas wie einen Wert des Rechtes gibt, ist für ihn eine einfache Folge des Begriffs des richtigen Rechtes. „Recht ist dasjenige, was gerechtes Recht sein sollte.“ (39.) In der Tat unterliegt dasjenige, was richtiges (oder, was für RADBRUCH wieder einerlei ist, gerechtes) Recht sein sollte, einer Wertung danach, ob es das, was es sein sollte, ist oder nicht ist. Der Schluß aber hieraus auf das Bestehen eines Rechtswertes ist ein Trugschluß.

Alles Recht ist, wie RADBRUCH ausführt, „Gemeinschaftsregelung“. (42.) Gibt es nun ein Ideal des Rechts, so folgt allerdings, daß die Gemeinschaftsregelung, die dem Ideal entspricht, jeder von ihm abweichenden vorzuziehen ist. Damit ist aber noch keineswegs gesagt, daß die dem richtigen Recht entsprechende Gemeinschaftsregelung einen Wert besitzt. Vielmehr wird die Vorzugswürdigkeit einer solchen Gemeinschaftsregelung vollkommen hinreichend dadurch erklärt, daß der vom richtigen Recht abweichenden Gemeinschaftsregelung ein Unwert zukommt. So macht z. B. der KANTische Satz: „Wenn die Gerechtigkeit untergeht, hat es keinen Wert mehr, daß Menschen auf Erden leben“ keineswegs, wie RADBRUCH meint, die Rechtsordnung zum Träger eines Wertes oder gar eines „Eigenwertes“, in dessen Dienst auch die einzelnen Menschen erst den Zweck ihres Daseins finden (102); vielmehr besagt er nur, daß die Gerechtigkeit eine notwendige Bedingung des

Wertes des Gemeinschaftslebens ist. Daraus, daß ohne die Gerechtigkeit das Gemeinschaftsleben keinen Wert haben kann, folgt nicht, daß die Gerechtigkeit hinreicht, dem Gemeinschaftsleben einen Wert zu geben. RADBRUCH hat hier also fälschlich die notwendige mit der hinreichenden Bedingung des Wertes verwechselt.

Diese Unterscheidung ist nicht etwa eine überflüssige Subtilität. Ihre Unterlassung hat zur unmittelbaren Folge, daß das RADBRUCHsche Unternehmen, „die sämtlichen möglichen Zweckbestimmungen des Rechts“ systematisch festzustellen (95), „alle überhaupt denkbaren Ausgangspunkte verschiedenen politischen Denkens erschöpfend zu ermitteln“ (27), mißlingen muß. Da er den negativen Charakter der rechtlichen Wertung verkennt, stellt er sich die Aufgabe von vornherein nur so, daß er von einer Übersicht über die „Arten höchster Werte“ (95) ausgeht. Indem er diese nach ihren „Substraten“ einteilt, unterscheidet er: die „Persönlichkeitswerte der Sittlichkeit“, die „Werkwerte der objektiven Kultur“ (Wissenschaft und Kunst), die „Gemeinschaftswerte der Gerechtigkeit“ (95). Je nachdem, welchem dieser Werte man den Vorrang gibt, erhält man drei verschiedene Auffassungen, deren eine die Persönlichkeits- und Werkwerte als Mittel im Dienste der Rechtsordnung wertet, während die anderen die Rechtsordnung als Mittel im Dienste entweder der Persönlichkeitswerte oder der Werkwerte beurteilen. So erscheint die Rechtsordnung entweder als der Endzweck, dem die anderen Werte als Mittel untergeordnet sind, oder umgekehrt als Mittel im Dienste der durch die anderen Werte bestimmten Zwecke. Diese Einteilung gibt aber in Wahrheit gar keine vollständige Übersicht, und zwar rächt sich das Dogmatische des von RADBRUCH eingeschlagenen Verfahrens dadurch, daß gerade die richtige Ansicht vom Wesen der rechtlichen Wertung in seinem Schema fehlt und notwendig fehlen muß. Eine gründlichere Erörterung des Rechtsbegriffs hätte ihn vor seiner übereilten Systematisierung geschützt; denn es hätte ihm dann nicht entgehen können, daß neben jenen Auffassungen vom Recht eine ganz andere möglich ist, wonach das Recht weder als Mittel zu anderen Zwecken, noch als eigener, den anderen Werten übergeordneter Zweck zu beurteilen ist, sondern vielmehr die Bedeutung einer negativen, den Wert möglicher positiver Zwecke einschränkenden Bedingung hat.

§ 4. Die absoluten Dogmen des Relativismus.

Wäre aber auch sonst nichts gegen die Behauptung vom Wert des Rechts einzuwenden, so würde sie doch jedenfalls nicht aus dem Begriff des richtigen oder „sein sollenden“ Rechts folgen, sondern erst aus der Annahme eines richtigen oder sein sollenden Rechtes selbst. Es muß ein Ideal des Rechts und nicht nur den bloßen problematischen Begriff eines solchen geben, wenn eine nicht nur fiktive Wertung des Rechts möglich sein soll. Dieser Satz von der Existenz eines Rechtsideals wird denn auch in allen weiteren Erörterungen RADBRUCHs als unausgesprochene Voraussetzung gebraucht. Ein „Bekenntnis“ zu ihm findet sich nicht. Soll er aber als „Erkenntnis“ möglich sein, so würde der Besitz dieser Erkenntnis bereits eine hinreichende faktische Widerlegung der Behauptung sein, daß unsere Vernunft uns zwar befähige, den Begriff des richtigen Rechts zu bilden, nicht aber, über ihn hinaus zu einer Erkenntnis seines Gegenstandes zu gelangen. Und hier läßt sich der Relativismus auch nicht etwa auf die Behauptung einschränken, daß sich zwar das Bestehen eines Rechtsideals überhaupt als allgemeingültige Wahrheit erkennen lasse, daß es aber keinen allgemeingültigen Inhalt dieses Ideals gebe. Eine solche Behauptung würde unmittelbar einen Widerspruch einschließen. Gibt es kein irgend wie inhaltlich bestimmtes Rechtsideal, so gibt es überhaupt kein Rechtsideal. Denn daß es ein Rechtsideal gibt, heißt, daß etwas Bestimmtes als objektiv richtiges Recht ausgezeichnet ist. Findet also keine solche Auszeichnung statt, so gibt es zwar einen Begriff des Rechtsideals, aber kein Rechtsideal selbst. Ein seinem Inhalt nach objektiv unbestimmtes Rechtsideal ist ein sich selbst widersprechender Gedanke, und die Annahme des Bestehens eines Rechtsideals überhaupt genügt daher bereits, um „die relativistische Vieldeutigkeit der Rechtsidee“ (40) auszuschließen.

Dies ist so selbstverständlich, daß man es nur übersehen kann, wenn man, wie dies RADBRUCH hier wieder tut, den formalen Charakter der Rechtsidee mit ihrer Leerheit verwechselt.

In Wahrheit schließt gerade die Feststellung des formalen Charakters der Rechtsidee so wenig die Annahme eines allgemeingültigen Inhalts derselben aus, daß sie vielmehr selbst gar nichts anderes ist als eine Charakteristik dieses Inhalts. Sie setzt also nicht allein das Vorhandensein eines solchen Inhalts bereits voraus, sondern geht noch viel weiter als durch diese bloße Existenzbehauptung über den Begriff des Rechtsideals hinaus, indem sie die Behauptung einer hinsichtlich dieses Begriffs ganz zufälligen Beschaffenheit seines Inhalts hinzufügt.

Aber RADBRUCH geht in der faktischen Verleugnung des Relativismus noch sehr viel weiter. Er begnügt sich nicht damit, über den ursprünglich allein zugelassenen Begriff des richtigen Rechts durch die Annahme eines richtigen Rechtes selbst hinauszugehen und darüber noch hinaus das Dogma vom Rechtswert aufzustellen; er bleibt auch nicht dabei stehen, im Widerspruch zu der weiteren Behauptung von der Leerheit des allgemeinen Rechtsideals ihm einen bestimmten, nämlich formalen Inhalt zuzuschreiben, sondern er beweist in der nur relativen Leugnung der Möglichkeit absoluter Rechtswahrheiten solche Konsequenz, daß er sich sogar zu dem Satz vom formalen Charakter des allgemeinen Rechtsideals in Widerspruch setzt und die Relativität seines nur relativen Zynismus bis zu dem Maximum eines uneingeschränkten Absolutismus steigert, indem er z. B. unternimmt, a priori und mit absoluter Allgemeingültigkeit die Widerrechtlichkeit der Todesstrafe zu beweisen.

Dieser Beweis verdient als ein Dokument relativistischer Methodik festgehalten zu werden. Nach der Vertragstheorie, von deren Voraussetzungen der Beweis zunächst ausgeht, müßte die Todesstrafe, um rechtlich zulässig zu sein, mit dem eigenen Interesse des Verbrechers vereinbar sein, in dem Sinne, daß er bei vernünftiger Überlegung in sie einwilligen könnte. Dies vorausgesetzt lautet nun der Beweis:

„Aber das Individuum kann auch dann, wenn man es nicht in seiner empirischen Tatsächlichkeit, sondern als Konkretion der Vernunft ins Auge faßt, als der Todesstrafe zustimmend nicht gedacht werden. Für jede Strafe, die dem Bestraften nur das Leben, sei es auch in noch so elender Gestalt, beläßt, könnte der Nachweis der Zustimmung der eigenen Vernunft, des Interesses auch des Straffälligen selbst an seiner Bestrafung grundsätzlich geführt werden. Die Todesstrafe aber kann als auch den eigenen Interessen des Verbrechers dienlich in keiner Weise erwiesen werden, da sie ja das Subjekt dieser Interessen vernichtet." (112 f.)

Eine außerordentlich fruchtbare und weittragende Beweismethode! Läßt sich doch z. B. durch ihre Anwendung unmittelbar die Unmöglichkeit des Selbstmords beweisen.

„Die freiwillige Aufopferung des Lebens", so wird der Beweis weiterhin erläutert, kann als die „höchste sittliche Tat"

„eben deshalb nicht zum Gegenstande des Rechtes werden, das ja Sittlichkeit zwar ermöglichen, aber nicht erzwingen kann. Gerade um dem Höchsten, was wir kennen: dem freiwilligen Tod für eine gute Sache, seinen sittlichen Wert zu bewahren, müssen wir — Transpersonalisten wie Personalisten — jeden Rechtszwang von ihm fern halten und in diesem Sinne dem Staate also das Recht über Leben und Tod allerdings versagen.“ (113 f.)

Hiernach darf also die Todesstrafe nicht angewandt werden, weil man die freiwillige Aufopferung des Lebens nicht erzwingen kann. Ein Beweisprinzip, dessen Fruchtbarkeit für das Strafrecht gar nicht überschätzt werden kann. Denn offenbar folgt aus demselben Prinzip die Widerrechtlichkeit jeder Strafe überhaupt; wie für die Tötung, so gilt ja für die Zufügung jedes Schadens, daß man das freiwillige Übernehmen des Schadens nicht erzwingen kann. Dem mit der relativistischen Logik nicht Vertrauten wird es freilich schwer werden, einzusehen, wieso die Handlung desjenigen, der freiwillig einen Schaden leidet, ihren sittlichen Wert dadurch verliert, daß der Verbrecher denselben Schaden unfreiwillig erleidet. Weshalb denn auch sehr zu fürchten ist, daß durch Argumente solcher Art den Gegnern der Todesstrafe nur ein relativer Dienst erwiesen wird.

§ 5. Die Rechtfertigung des positiven Rechts.

RADBRUCH rühmt es als einen Vorzug des Relativismus, daß er und er allein mit der Möglichkeit einer positiven Gesetzgebung vereinbar sei; ja er unternimmt es, die Notwendigkeit des positiven Rechts aus der „relativistischen Vieldeutigkeit der Rechtsidee“ zu beweisen. Hier kommt offenbar alles darauf an, was man unter „positivem Recht“ verstehen will. Bei dieser Frage hält sich RADBRUCH jedoch nicht erst auf. Er argumentiert folgendermaßen:

> „Wenn der Zweck des Rechts und die zu seiner Erreichung notwendigen Mittel wissenschaftlich erkennbar wären, wäre die Folgerung unabweislich, daß vor diesem von der Wissenschaft einmal erkannten Naturrecht die Geltung abweichenden positiven Rechts erlöschen müßte wie der entlarvte Irrtum vor der enthüllten Wahrheit; für die Geltung erweislich unrichtigen Rechts läßt sich keine Rechtfertigung erdenken." (171.)

Soweit ist kein Zweifel möglich, denn damit ist nur eine Tautologie ausgesprochen. Aus dieser Tautologie aber soll nun geschlossen werden, daß ein wissenschaftlich erkennbarer Rechtsinhalt mit der Möglichkeit eines positiven Rechts unvereinbar sei. Das Wort „positiv" ist aber in jener tautologischen Prämisse gänzlich überflüssig; gibt es ein objektiv richtiges Recht, so kann kein von ihm abweichendes Recht richtig sein und begründeten Anspruch auf Geltung machen, mag es positiv sein oder nicht. Wie will man aber aus der Ungültigkeit eines vom gültigen abweichenden Rechts auf die Ungültigkeit eines positiven Rechts schließen? Man höre! RADBRUCH fährt wörtlich fort:

> „Ob aber ein Rechtssatz als unrichtig erwiesen sei, darüber müßte, da im Gebiet des Erkennens keine Autorität gelten kann, der wissenschaftlichen Überzeugung jedes einzelnen Rechtsgenossen die Entscheidung überlassen werden, die Anerkennung des Naturrechts also folgerichtig in der Leugnung jeder autoritären Rechtssetzung, im Anarchismus enden."

Versteht man unter einer „autoritären" Festsetzung eine solche, die schlechthin willkürlich und an kein Gesetz gebunden ist, so schließt in der Tat die Anerkennung eines als richtig erweislichen Rechtes die „Leugnung jeder autoritären Rechtssetzung" ein. Aber damit wäre ja nur nochmals jene Tautologie wiederholt: Vom richtigen Recht abweichendes Recht kann nicht richtiges Recht sein. Die beabsichtigte Tragweite des Satzes geht offenbar weiter. Dies zeigt sich schon an der Gleichsetzung der „Leugnung jeder autoritären Rechtssetzung“ mit dem „Anarchismus“. Denn „Anarchismus“ bedeutet die Ablehnung nicht nur autoritärer Rechtssetzungen im eben betrachteten Sinne, sondern jeglicher *festgesetzter*, d. h. der bloßen Einsicht und der freiwilligen Anerkennung seitens der einzelnen nicht überlassener Regelungen des Gemeinschaftslebens. Dies heißt nicht, daß eine festgesetzte Regel der Einsicht und der freiwilligen Anerkennung seitens der einzelnen entzogen ist, sondern nur, daß sie auch unabhängig von der eigenen Einsicht und der freiwilligen Anerkennung des einzelnen ihre Ansprüche ihm gegenüber geltend macht. Hierzu gehört, daß die fragliche Regel äußerlich bekannt oder auch — je nachdem, wie weit man den Begriff des Autoritären faßt, — daß ihre Erfüllung durch äußeren Zwang gesichert ist. Wir können eine autoritäre oder positive Gesetzgebung in dieser Bedeutung kurz als eine „öffentliche“ bezeichnen. Es ist aber klar, daß, so verstanden, die Anerkennung eines als richtig erweislichen Rechtes *keineswegs* die „Leugnung jeder autoritären Rechtssetzung“ einschließt. Man müßte denn erst den Beweis führen, daß nur ein vom richtigen Recht *abweichendes* Gesetz autoritärer Festsetzung, d. h. äußerer Bekanntmachung und Erzwingung fähig ist. Ein wenig Überlegung reicht indessen hin, um im Gegenteil einzusehen, daß gerade das richtige Recht — wenn die Annahme eines solchen überhaupt gemacht wird —, sofern es mit Notwendigkeit zu gelten beansprucht, unmittelbar den Anspruch in sich schließt, selbst als öffentliches Recht zu gelten, und daß also in der Behauptung, die Annahme eines als richtig erweislichen Rechtes müsse folgerichtig im Anarchismus enden, durch das Wort „folgerichtig“

einander gerade Widersprechendes vereinigt wird. Die Erschleichung beruht hier auf dem Doppelsinn des Wortes „autoritär“. Der wahre Sachverhalt wird dabei gerade auf den Kopf gestellt. Jedem, der sich nicht durch Wortspiele verwirren läßt, muß ja klar sein, daß dann und nur dann, wenn es kein als richtig erweisliches Recht gäbe, der Überzeugung jedes einzelnen die Entscheidung überlassen bleiben müßte, daß also vielmehr die Leugnung des als richtig erweislichen Rechts folgerichtig im Anarchismus enden muß. Denn welcher denkende Mensch wird sich einem Gesetz verbunden halten, für dessen Geltung „sich keine Rechtfertigung erdenken läßt“! Der Zynismus der Relativisten aber geht so weit, uns dieses gerade darum zuzumuten, weil sich keine Rechtfertigung dafür erdenken läßt.

So heißt es denn ausdrücklich:

> „Nun hat es sich uns aber als unmöglich erwiesen, die Frage nach dem Zwecke des Rechts anders als durch die Aufzählung der mannigfaltigen Parteimeinungen darüber zu beantworten — und gerade nur aus dieser Unmöglichkeit eines Naturrechts kann die Geltung des positiven Rechts begründet werden; der Relativismus, bisher nur die Methode unserer Betrachtungen, geht an dieser Stelle selbst als Bauglied in unser System ein.“ (171.)

Die Unmöglichkeit, die Frage nach dem richtigen Recht „anders als durch die Aufzählung der mannigfaltigen Parteimeinungen darüber zu beantworten“, ist doch wohl nur eine gewundene Umschreibung für die Unmöglichkeit, die Frage überhaupt zu beantworten; denn die psychologische Berichterstattung darüber, was dieser oder jener für richtiges Recht hält, beantwortet eine andere Frage als die, was richtiges Recht ist. Aus dieser Unmöglichkeit, die Frage nach dem richtigen Recht zu beantworten, wird nun von RADBRUCH „die Geltung des positiven Rechts begründet“, d. h.

darauf geschlossen, daß der Anspruch des positiven Rechts auf Verbindlichkeit gerechtfertigt ist, kurz auf die Positivität des richtigen Rechtes. So wird hier aus der Unmöglichkeit einer Erkenntnis des richtigen Rechts nicht allein ihre Möglichkeit erschlossen, — ein logisches Virtuosenstück, auf das wir nach dem früheren Schluß aus der Möglichkeit einer Erkenntnis des richtigen Rechts auf ihre Unmöglichkeit immerhin gefaßt sein durften, — nein, noch viel mehr leistet die relativistische Methode, indem sie es fertig bringt, aus der Unmöglichkeit einer Erkenntnis des richtigen Rechts diese Erkenntnis wirklich herzuleiten.

Dies geschieht folgendermaßen:

„Die Ordnung des Zusammenlebens kann den Rechtsanschauungen der zusammenlebenden Einzelnen nicht überlassen bleiben, da diese verschiedenen Menschen möglicher Weise entgegengesetzte Weisungen erteilen, muß vielmehr durch eine überindividuelle Instanz geregelt werden.“ (171.)

Hier wird von Anfang an stillschweigend vorausgesetzt, daß überhaupt eine „Ordnung des Zusammenlebens“ stattfinden solle, in dem bestimmten Sinne, daß sich das Recht auf das „Zusammenleben“ bezieht und daß es für dieses „Ordnung“ d. h. eine friedliche Regelung des Verkehrs fordert. Diese Voraussetzung ist aber keineswegs logisch selbstverständlich; sie enthält eine bestimmte rechtliche Behauptung und stellt daher bereits eine Durchbrechung des relativistischen Prinzips dar. Aber hören wir weiter:

„Da nun aber Vernunft und Wissenschaft diese Aufgabe nicht erfüllen können, so muß der Wille und die Macht sie übernehmen; vermag niemand festzustellen, was gerecht ist, so muß jemand festsetzen, was rechtens sein soll.“

Dieser Satz bringt den Widerspruch auf seinen kürzesten Ausdruck. Da wir nicht wissen, was das Recht fordert, so wissen wir, daß es eine willkürliche Festsetzung dessen, was rechtens sein soll, fordert! — RADBRUCH fährt fort:

„Das Recht ist Gemeinschaftsregelung im Dienste der Gerechtigkeit, es hat zum entfernteren Zweck die Gerechtigkeit, aber eben als Gemeinschaftsregelung, zum näheren Zweck die Rechtssicherheit, die Aufgabe, eine überindividuelle Ordnung irgend welcher Art zu schaffen, und so den Streit der individuellen Gerechtigkeitsanschauungen durch eine authentische Entscheidung praktisch zu erledigen. Jene entferntere Aufgabe erfüllt zwar das positive Recht nur im Falle seiner inhaltlichen Richtigkeit, diese nähere dagegen immer, eben durch seine Positivität."

Wie ist es aber möglich, daß der Streit der individuellen Gerechtigkeitsanschauungen durch eine willkürliche Festsetzung entschieden wird? Entweder gibt es eine Gerechtigkeit, oder es gibt keine. Gibt es keine, so kann der Streit der individuellen Gerechtigkeitsanschauungen überhaupt nicht entschieden werden, es sei denn durch das Urteil, daß notwendiger Weise alle mit einander nichtig sind; er kann also auch gewiß nicht durch einen willkürlichen Machtspruch entschieden werden, denn sonst wäre dieser ja der Spruch der Gerechtigkeit. Gibt es aber eine Gerechtigkeit, so kann der Streit der individuellen Gerechtigkeitsanschauungen nur durch das richtige, d. h. der Gerechtigkeit entsprechende Urteil entschieden werden, und jede davon abweichende Entscheidung ist notwendiger Weise falsch, mag sie auch durch eine noch so mächtige Autorität festgesetzt sein. Der Streit, ob etwas richtiges Recht ist oder nicht, betrifft die Frage, ob ein praktisches Gesetz (sei es für das Zusammenleben der Menschen oder wofür immer) besteht. Ein praktisches Gesetz besteht aber entweder oder es besteht nicht, ohne daß ein Wille daran etwas zu ändern vermöchte. Eine Autorität kann also auch nichts zu Recht machen, was es nicht an und für sich schon ist. Die „Aufgabe, den Widerstreit entgegengesetzter Rechtsanschauungen durch einen autoritativen Machtspruch zu beenden“ (173), ist daher unmittelbar in sich widersprechend.

In diesen Widerspruch hätte sich RADBRUCH nicht verwickelt, wenn ihm nicht noch ein ganz anderer Begriff des „positiven“ Rechts vorgeschwebt hätte, ohne daß es ihm gelungen wäre, die Vieldeutigkeit dieses Ausdrucks zu erkennen.

> „Es gibt“, sagt er, „eine ganze Reihe von Rechtssätzen, welche durch ihre Positivität, durch ihr bloßes Dasein ihren Zweck bereits voll erfüllen, ohne ihrem Inhalte, ihrem Sosein nach überhaupt unter der Herrschaft eines Zweckes zu stehen, Rechtssätze, deren Gegenteil genau so gerecht wäre, die nur eine einheitliche, gleichviel welche, Regelung, die nur Rechtssicherheit, nicht auch Gerechtigkeit bezwecken.“ (172.)

Hier handelt es sich offenbar um Rechtssätze, an denen die Willkür in ganz anderer Weise Teil hat, als daß durch sie eine Rechtsverbindlichkeit überhaupt erst geschaffen werden sollte. Die Behauptung, daß diese Rechtssätze „durch ihr bloßes Dasein ihren Zweck bereits voll erfüllen“, hätte ja gar keinen Sinn, wenn sie nicht einen von diesem „bloßen Dasein“ unabhängigen Zweck voraussetzte, der *durch* das bloße Dasein des positiven Rechtssatzes *erfüllt* werden könnte. Dieser Zweck wird ja auch genannt: er liegt in einer einheitlichen Regelung des Verkehrs. So dient „die Polizeiverordnung: Rechts fahren!“ dem „Zweck, Zusammenstöße zu vermeiden“. Der „Zweck“ ist also auch hier der Willkür des positiven Gesetzgebers entzogen. Da ihn aber die Verfügung „Rechts fahren!“ ebenso gut erfüllt wie die entgegengesetzte „Links fahren!“, so bleibt die Wahl zwischen beiden dem Gesetzgeber überlassen. Nur daß überhaupt eine solche Entscheidung getroffen wird, fordert das richtige Recht; welche dies aber sein soll, läßt es unbestimmt.

Die Verbindlichkeit des Gesetzes beruht also auch hier nur darauf, daß es richtiges Recht ausspricht, und hängt von keiner Autorität ab. Daß aber in diesem Sinne einer rechtlichen Zufälligkeit seines Inhaltes ein „positives Gesetz" rechtlich möglich und sogar notwendig ist, hat mit der Notwendigkeit, den Streit subjektiver Gerechtigkeitsanschauungen zu entscheiden, gar nichts zu tun und läßt sich keineswegs unabhängig von allen Voraussetzungen darüber, was richtiges Recht ist, beweisen. Auch die Voraussetzung des formalen Charakters der Rechtsidee (die Unmöglichkeit eines Naturrechts im Sinne eines a priori ableitbaren Kodex des richtigen Rechts) reicht für diesen Beweis nicht hin. Die Rechtsidee könnte formal sein, d. h. ein bloßes Kriterium zur empirischen Bestimmung des Rechts für eine gegebene Gesellschaft enthalten, und brauchte darum doch noch nicht den Spielraum für eine willkürliche Festsetzung der Materie des richtigen Rechts zu lassen, wie sie dies in der Tat tut. Aber, wie dem auch sei, schon der formale Charakter der Rechtsidee ist ein für den Begriff des richtigen Rechts zufälliges Moment; auch bei seiner Zuhilfenahme also würde die beabsichtigte Ableitung der Verbindlichkeit des positiven Rechts mit dem relativistischen Prinzip im Widerspruch sein. RADBRUCH müßte denn den Beweis führen wollen, daß ein Rechtsideal, dessen Inhalt die Entscheidung darüber, ob rechts oder links zu fahren sei, dem positiven Gesetzgeber vorwegnimmt, logisch undenkbar, d. h. sich selbst widersprechend sei. Wie könnte aber die Vorschrift „Rechts fahren" als positives Gesetz widerspruchsfrei sein, wenn sie es nicht auch als ein von willkürlicher Festsetzung unabhängiges Gesetz wäre?

Achtes Kapitel.

Die Begründung der Machttheorie

bei

ERICH KAUFMANN.

§ 1. Das Recht als Mittel zur Macht.

Der rechtsphilosophische Relativismus ist nicht eine bloße Folge erkenntnistheoretischer Verirrungen. Auch unabhängig von diesen muß er sich im Gefolge der heut allgemein herrschenden Lehre vom „Zweck des Rechts“ einstellen. Die objektive Richtigkeit einer Rechtsordnung durch ihre Zweckmäßigkeit zu bestimmen wäre nur möglich, wenn sich ein absoluter, d. h. bedingungslos gültiger Zweck feststellen ließe, der als Maßstab für die Beurteilung der Richtigkeit einer Rechtsordnung dienen könnte. Es liegt aber im Begriff des Zweckes, daß er durch ein den Zweck setzendes Individuum bedingt ist und daß daher der Zweck, den der eine sich setzt, mit dem des anderen kollidieren kann. Eben dies ist der Umstand, der eine Rechtsordnung nötig macht: eine solche enthält die Bedingungen, unter denen die sonst mit einander kollidierenden Zwecke verträglich werden. Eine von Rechtsprinzipien unabhängige Regel der objektiven Vorzugswürdigkeit der Zwecke ist daher unmöglich, und dies ist der Grund, weshalb jeder Versuch, das richtige Recht durch seine Zweckmäßigkeit zu bestimmen, das Recht derselben Vieldeutigkeit preisgeben muß, der die durch Rechtsprinzipien noch nicht eingeschränkten Zwecke ausgesetzt sind. Alle Bemühungen, diesen Relativismus überwinden zu wollen, sind daher so lange vergeblich, als man sich nicht entschließt, die Lehre vom Zweck des Rechtes aufzugeben, — es müßte denn gelingen, einen überindividuellen und als solchen absoluten Zweck aufzuweisen.

Ein Versuch dieser Art ist jüngst von ERICH KAUFMANN unternommen worden.[1] Auf ihn einzugehen, hat im vorliegenden Zusammenhang auch darum Interesse, weil ihm das Verdienst zukommt, die moderne, den Begriff des Staatsinteresses zum Angelpunkt machende Lehre vom Völkerrecht mit großer Konsequenz ausgebildet und von allen aus dem Naturrecht überkommenen Vorstellungen eines über den Staaten stehenden Rechts gereinigt zu haben. Sehr mit Recht weist KAUFMANN darauf hin, daß, solange solche Vorstellungen nicht beseitigt waren, Theorie und Praxis des Völkerrechts sich feindlich gegenüber stehen mußten und daß daher nur durch die von ihm eingeschlagene Richtung die Systematik des Völkerrechts den von der Praxis erreichten Vorsprung einholen und sich mit ihr in grundsätzliches Einvernehmen setzen könne. (VI.)

Die Grundgedanken KAUFMANNs sind im wesentlichen folgende. Alles Recht ist, als Ordnung von Willensverhältnissen, entweder Subordinationsrecht (Sozialrecht) oder Koordinationsrecht (Individualrecht), je nachdem ob ein übergeordneter Wille oder der eigene Wille der Rechtsgenossen für die zwischen ihnen obwaltenden Beziehungen maßgebend ist. (128.) Um die Voraussetzungen zu ermitteln, auf denen eine Rechtsordnung der einen oder anderen Art beruht, muß man zuerst den spezifischen Wert des Rechts untersuchen. Tut man dies, so zeigt sich der formale Charakter des

[1] Das Wesen des Völkerrechts und die clausula rebus sic stantibus. Tübingen 1911.

Rechtswerts, der darin besteht, daß das Recht ein Verhältniswert oder Verteilungswert ist. (129 f.) Die Richtigkeit der Verteilung, die den Rechtswert ausmacht, hängt dabei von der Eigenart des Ganzen ab, das es zu ordnen, dessen Glieder es in das richtige Verhältnis zu setzen gilt. Nur eine solche Rechtsordnung kann richtig sein, die von den Genossen, gemäß dem Zweck ihrer Gemeinschaft, als notwendig anerkannt werden kann. (131 ff.) Hiernach könnte es aber noch so viele Rechtsordnungen geben, als es Gemeinschaften gibt. Diese Relativität der Rechtsbegriffe läßt sich dann und nur dann überwinden, wenn es gelingt, eine Rangordnung der Gemeinschaften zu entdecken, derart, daß sich eine unter ihnen als die zuletzt maßgebende auszeichnen läßt. Das durch ihren Zweck bestimmte Recht wäre Recht im absoluten Sinne. Dies kann nur eine Gemeinschaft sein, deren Prinzip die Sammlung aller Kräfte nach einem Gesamtplan des menschlichen Kulturlebens ist und deren Zweck daher jedem zugemutet werden kann. (133 f.) Eine solche ist der Staat. Die Machtentfaltung, die sein Wesen ausmacht, ist nur möglich durch die Sammlung und Weckung aller in ihm vorhandenen Kräfte. Es besteht eine „prästabilierte Harmonie“, vermöge deren der Machtzweck den Staat notwendig zu einem sittlichen Institut macht und die die Machtentfaltung des Staates als absoluten Zweck und höchstes Ziel der Weltgeschichte erweist. (135 ff.) Die staatliche, d. h. im Hinblick auf die höchste Machtentfaltung stattfindende Ordnung ist daher Rechtsordnung im absoluten Sinne und die größte mögliche Machtentfaltung nach außen das höchste und entscheidende Kriterium des richtigen Rechts auch im Innern des Staates.

Hiermit ist zunächst die Frage beantwortet, wie Sozialrecht möglich ist. Das soziale Ideal ist der siegreiche Krieg, denn in ihm offenbart sich der wahre Zweck des Staates, der als absoluter Zweck der einzige ist, der allen zugemutet werden kann und der daher auch allein die absolute Subjektion, die das Sozialrecht vom Individuum fordert, sittlich möglich macht. (145ff.)

Aber auch die Frage, wie Individualrecht möglich ist, wird hierdurch beantwortet. Es ist nur möglich zwischen souveränen, keinem höheren Willen untergeordneten Subjekten. Solche sind die Staaten. Das Völkerrecht ist daher Individualrecht. Alles Recht geht vom Willen der Staaten aus, im innerstaatlichen Recht wie im Völkerrecht. Es gibt kein dem Individuum unabhängig von staatlicher Ermächtigung zukommendes Grundrecht; das einzige Grundrecht ist das Recht des Staates auf Selbstbehauptung. — Das Recht des Staates reicht daher so weit wie die Macht, seinen Willen durchzusetzen. (150ff.) Beim Konflikt der Staatswillen muß deshalb, wenn die Drohung nicht ausreicht, die Gewalt entscheiden, auf welcher Seite das Recht ist. Der Krieg ist also nicht etwa ein Aufhören des Rechtszustandes, sondern der einzige, im Völkerrecht denkbare letzte Rechtsnachweis. (179.)

Hieraus ergibt sich ohne weiteres auch die richtige Ansicht vom Wesen der völkerrechtlichen Verträge. Da die Macht der Staaten das einzige Kriterium des Rechts ist, so kann sie auch allein über die Ausdehnung oder Begrenzung der Gültigkeit der Verträge entscheiden. Erzwungene Verträge sind darum im Völkerrecht ebenso verbindlich wie freiwillig abgeschlossene. Sie verlieren aber aus demselben Grunde ihre Verbindlichkeit, sobald der an ihrer Aufhebung interessierte Staat die Macht hat, sich von ihnen zu befreien. Hierauf beruht die Rechtmäßigkeit der in jedem völkerrechtlichen Vertrage enthaltenen „clausula rebus sic stantibus“; denn der einzige Grund seiner Gültigkeit ist das Interesse der Staaten an seiner Aufrechterhaltung. (178ff., 204f.) —

Man muß es dieser Theorie zugestehen, daß sie ihre Aufgabe, die Völkerrechtslehre mit der politischen Praxis in grundsätzliche

Übereinstimmung zu bringen, mit der denkbar größten Vollkommenheit löst. Konsequenter und raffinierter und zugleich rücksichtsloser und brutaler als hier ist gewiß noch niemals das Recht des Stärkeren in ein juristisches System gebracht worden. Sollte diese Lehre sich durchsetzen, so würde in der Tat die rechtliche Theorie zu um so vollendeterer Harmonie mit der Praxis der Staaten gelangen, je mehr in dieser die staatliche Machtgier alle moralischen Rücksichten verdrängt und je mehr Gewalttätigkeit und Tücke der Starken über die Schwachen triumphiert. Keine Niederträchtigkeit, wie ungeheuerlich man sie sich denken mag, wäre ja möglich, die sich nicht, wenn sie nur der staatlichen Machtentfaltung dient, nach dieser Theorie als rechtlich erlaubt, ja sogar geboten aus dem höchsten Prinzip des Rechts ableiten ließe. In dieser Hinsicht ist also die KAUFMANNsche Lehre gewiß keinem Zweifel ausgesetzt.

Ob aber die wissenschaftlichen Vorzüge dieser Lehre ebenso groß sind wie die praktischen, wollen wir jetzt untersuchen.

§ 2. Subordinationsrecht und Koordinationsrecht.

An der Spitze der systematischen Darlegungen KAUFMANNs steht die Einteilung in Subordinationsrecht und Koordinationsrecht. Ihre Notwendigkeit soll sich daraus ergeben, daß das Recht „Ordnung von Willensverhältnissen“ ist:

> „Da es sich beim Recht, wie man seinen Begriff auch im einzelnen fassen mag, jedenfalls um eine Ordnung von Willensverhältnissen, um die Bestimmung, welcher Wille jeweils der durchgreifende und maßgebliche sein soll, handelt, haben wir als oberste und allgemeinste Grundkategorien die der Subordination oder Koordination: für die vorzunehmenden Normierungen kann entweder ein Wille der durchgreifende sein, oder es können

mehrere maßgeblich bleiben. Darum ist alles Recht entweder Subordinationsrecht oder Koordinationsrecht, Sozialrecht oder Individualrecht.“ (128.)

Obwohl diese Einteilung zur Grundlage aller weiteren Ausführungen gemacht wird, läßt sie doch an Klarheit und Eindeutigkeit viel zu wünschen übrig. Handelt es sich bei ihr darum, ob von den Willen, deren Verhältnis rechtlich zu ordnen ist, einer allein oder beide maßgebend sein sollen? Oder darum, ob ein über den beteiligten stehender Wille entscheidet oder nicht? Oder darum, ob überhaupt ein der Zahl nach einziger Wille oder eine Mehrzahl von solchen an der Entscheidung beteiligt ist? Kommt es darauf an, ob der eine oder andere Wille für die rechtliche Norm maßgebend ist, der gemäß das Willensverhältnis geordnet werden soll? Oder umgekehrt darauf, ob er durch diese Norm als der für die Gestaltung des Willensverhältnisses maßgebende bestimmt ist? Handelt es sich, mit anderen Worten, um eine Einteilung der möglichen Geltungsgründe von Rechtsnormen oder aber um eine solche der verschiedenen Anwendungsfälle von Rechtsnormen? Die aufgestellte Einteilung ist ebenso vieldeutig, als Antworten auf alle diese Fragen möglich sind. Nur das eine ist deutlich, daß sich die behauptete Notwendigkeit und Vollständigkeit dieser Einteilung, wie man ihren Sinn auch auffassen mag, nicht daraus ableiten läßt, daß es sich beim Recht um eine Ordnung von Willensverhältnissen handelt. Aus dem Begriff der Ordnung von Willensverhältnissen läßt sich nämlich nicht schließen, daß für diese Ordnung überhaupt ein Wille (oder eine Mehrzahl von Willen) maßgebend sein muß. Es müßte sonst auch aus dem Begriff der Ordnung der Figuren auf einem Schachbrett folgen, daß für diese Ordnung nur eine Schachfigur (oder eine Mehrzahl von solchen) maßgebend sein kann, sowie aus dem Begriff der Ordnung der Soldaten eines Infanterie-Regiments, daß für sie nur ein Infanterist (oder eine Mehrzahl von solchen) maßgebend sein kann.

Wenn aber schon aus dem Begriff der Ordnung von Willensverhältnissen nicht folgt, daß für sie ein Wille (oder eine Mehrheit von Willen) maßgeblich ist, so folgt aus dem Begriff der Rechtsordnung geradezu das Gegenteil. Denn Rechtsordnung ist eine Ordnung, für die das Recht maßgeblich ist und die folglich auf einem praktischen Gesetz beruht. Der Geltungsgrund eines Gesetzes aber kann, wenn es überhaupt einen solchen gibt, nur wieder in einem Gesetz und nie in einem Willen liegen. Die Unabhängigkeit vom Willen liegt unmittelbar in der vom Begriff des Gesetzes nicht zu trennenden Allgemeingültigkeit. Aus dem Begriff des Rechts läßt sich also nicht schließen, daß alles Recht entweder Subordinationsrecht oder Koordinationsrecht sein muß, sondern es läßt sich im Gegenteil schließen, daß kein Recht Subordinationsrecht und daß kein Recht Koordinationsrecht sein kann.

Kann der Wille nicht Geltungsgrund des Rechtes sein, so könnte er immerhin auf Grund des Rechtsgesetzes in irgend einer Hinsicht rechtliche Bedeutung erlangen und in diesem Sinne auch für die Ordnung von Willensverhältnissen maßgeblich werden. Aus dem bloßen Begriff des Rechts jedoch oder gar aus dem einer Ordnung von Willensverhältnissen läßt sich darüber gar nichts entscheiden.

Alle Schlüsse, die aus der aufgestellten Disjunktion von Subordinationsrecht und Koordinationsrecht gezogen werden, entbehren daher jeder wissenschaftlichen Grundlage.

§ 3. Die Lehre vom Zweck des Rechts.

Die erörterte Einteilung ging nur davon aus, daß das Recht Ordnung von Willensverhältnissen ist. Der Begriff einer Ordnung von Willensverhältnissen erschöpft aber nicht schon den Begriff des Rechts. „Es muß sich daher die Frage erheben: unter welchen weiteren Voraussetzungen kann eine Ordnung von Willensverhältnissen den Anspruch erheben, gerade eine Rechtsordnung zu sein?" KAUFMANN legt großes Gewicht auf diese Frage, die „meist völlig übersehen wird, während doch offenbar für den Rechtsbegriff von ihr alles abhängt". Die Frage ist für ihn identisch mit der Aufgabe, „die Besonderheit dieser Ordnung als einer spezifischen Wertordnung" festzustellen, die Kriterien der „Besonderheiten dieses nur mit sich selbst vergleichbaren Wertes" aufzuzeigen. (128 f.) In dieser Stellung der Aufgabe liegt aber wieder eine Zweideutigkeit und damit die Quelle einer folgenreichen Verwechslung. Daß die Rechtsordnung eine „spezifische Wertordnung" genannt wird, könnte bedeuten, daß sie eine Ordnung von Werten sei; es läßt sich aber auch dahin verstehen, daß sie selbst einen Wert darstelle. So willkürlich diese letzte Behauptung ist, so unverkennbar tritt sie doch bereits in der Bezeichnung des Rechts als eines „nur mit sich selbst vergleichbaren Wertes" hervor. Durch diesen Fehler ist denn bereits der Einsicht in den negativen (Werte nur beschränkenden) Charakter des Rechts ein Riegel vorgeschoben und damit jedes tiefere Verständnis des Rechtsbegriffs unmöglich gemacht.

In der auf die gestellte Frage gegebenen Antwort, „der Rechtswert" sei „in einem besonderen Sinne ein formaler Wert", kommt freilich noch der richtige Gedanke zum Ausdruck, daß das Recht jedenfalls kein von anderen Werten unabhängiger Wert, sondern selbst eine Ordnung von Werten ist. Das Recht „ist ein Verhältniswert", ein „Verteilungswert". „Etwas ist ‚berechtigt', heißt: es ist im Verhältnis zu anderem richtig, es hat zwischen ihm und anderem eine richtige Verteilung stattgefunden, sein Umfang ist im Hinblick auf anderes richtig bemessen." „Es ist das Nebeneinanderbestehen von vielen um einander unbekümmerten Einseitigkeitswerten, welches den Rechtswert notwendig macht; er soll ihren Umfang jeweils richtig bemessen, sie in ein richtiges Verhältnis zu einander bringen." (130.) So zutreffend aber diese Sätze an sich sind, so verlieren sie doch alsbald wieder ihren guten Sinn durch die Deutung, die ihnen durch die Vorstellung vom „Rechtswert" zuteil wird. Diese Vorstellung führt notwendig dazu, die „Richtigkeit" der Verteilung, die das Wesen des Rechts ausmacht, in ihrem Wert zu suchen. Mit dieser Wendung der Aufgabe verlassen wir aber allen wissenschaftlichen Boden; denn für die sich nunmehr erhebende Frage, wonach sich der Wert der Verteilung bestimmt, kann die Erörterung des Rechtsbegriffs natürlich keinerlei Handhabe mehr bieten, und die Untersuchung muß sich in Willkür und Phantastik verlieren. Wenn dabei noch vom „Recht" die Rede ist, so hat dies mit dem sonst so genannten und den Ausgangspunkt der Untersuchung bildenden Recht nur den Namen gemein. Dies zeigt sich sofort daran, daß KAUFMANN kein Bedenken trägt, den Satz, daß die Rechtsordnung die Glieder eines Ganzen in das richtige Verhältnis zu einander setzt, ohne weiteres umzukehren: „Und es kann immer nur eine Rechtsordnung sein, die ein reales Ganzes im letzten Grunde zusammenhält; denn nur der Rechtswert, als richtiger Maß- und Verteilungswert, vermag jedem den ihm sub specie des Ganzen richtigen Platz einzuräumen." (132.) Zum Recht im Sinne des Sprachgebrauchs haben diese Sätze schon gar keine Beziehung mehr, und sie sind nur dann nicht offenbar falsch, wenn man sie im Sinne einer willkürlichen Nominaldefinition versteht. Die Richtigkeit der

Verteilung, die das Wesen des „Rechts“ ausmachen soll, wird dabei durch die Zweckmäßigkeit für das Ganze bestimmt. Etwas anderes bleibt in der Tat nicht übrig, wenn man sich einmal durch die Vorstellung vom Wert des Rechts der Möglichkeit beraubt hat, die Richtigkeit der Verteilung durch die Gerechtigkeit zu bestimmen.

Worin besteht nun aber die Bedeutung des Rechtswerts für das zu ordnende Ganze? Sie wird zunächst dahin charakterisiert, daß das „Recht in einem ganz besonderen Sinne“ ein „Geltungswert“ sei. (132.) Es ist nicht nur „abstrakte Norm“ und „idealer Beurteilungsmaßstab“, sondern „das Recht will realiter gelten, es will und muß seinem Wesen nach verwirklicht sein wollen“. Was soll es aber heißen, daß das Recht gelten „will“ und daß es gar verwirklicht sein „wollen will“? Wird hier dem Recht ein Wille zugeschrieben oder handelt es sich nur um einen bildlichen Ausdruck? Und wenn das letzte, soll damit gesagt sein, daß das Recht die Forderung der Geltung enthält oder daß die Geltung selbst zu seinem Wesen gehört, daß es, mit anderen Worten, nicht nur gelten soll, sondern gelten muß? So unklar dies alles ist, so scheint doch die Fortsetzung für die letzte Auffassung zu sprechen: „Recht ist nur, was in diesem Sinne wirklich gilt.“ „Das Recht muß in dem realen Ganzen, das es ordnen will, gelten, in ihm eine reale Macht, die es zusammenschweißen hilft, sein.“ Recht ist nur etwas, für dessen Verwirklichung „reale Garantien bestehen, was als Recht von den Rechtsgenossen anerkannt wird“. Diese Begriffsbestimmung enthält aber einen offenbaren Zirkel. Denn für wessen Verwirklichung sollen denn hier Garantien bestehen, und was soll hier eigentlich von den Rechtsgenossen anerkannt werden? Wenn es Sinn haben soll, von Garantie und Anerkennung des Rechts zu sprechen, so kann zum Begriff dessen, was hier garantiert und anerkannt werden soll, zum Begriff des Rechts also, nicht schon die

Garantie und die Anerkennung gehören. Wenn das Recht überhaupt garantiert und anerkannt werden kann, so muß das als Recht Garantierte und Anerkannte Recht sein ohne Rücksicht darauf, ob es garantiert und anerkannt wird. Wir kämen sonst auf den Widerspruch, daß das Recht schon garantiert sein müßte, um garantiert werden zu können, und daß es schon anerkannt sein müßte, um anerkannt werden zu können.

Übrigens beruht hier der Übergang von der Geltung zur Anerkennung nur auf einem Machtspruch. Denn daß eine Rechtsordnung nicht auch unabhängig von der Anerkennung seitens der Rechtsgenossen garantiert sein könne, ist eine durch nichts bewiesene Behauptung. Diese Behauptung liegt deutlich ausgesprochen in dem Satze, „nur eine Rechtsordnung“ könne „eine wirklich geltende Willensordnung sein, da nur sie von den Genossen als eine notwendige und nicht willkürliche anerkannt und empfunden werden kann“, — nur daß hier noch die weitere, durch nichts begründete Behauptung hinzukommt, die Rechtsordnung müsse und sie allein könne als „notwendig“ anerkannt werden. Welcher Art diese Notwendigkeit ist, bleibt dabei wieder ganz im Unklaren. Nach dem Zusammenhang möchte man vermuten, daß es sich um die Notwendigkeit für den Bestand des zu ordnenden Ganzen handelt. Inwiefern aber die Anerkennung dieser Notwendigkeit für die Anerkennung im Sinne der Verwirklichung erforderlich oder auch nur hinreichend sein sollte und also zu einer Garantie werden könnte, ist unerfindlich. Ein solcher Schluß wäre nur auf Grund der willkürlichen Voraussetzung möglich, daß der Wille der Rechtsgenossen auf den Bestand des zu ordnenden Ganzen gerichtet sein müßte.

Von der Rechtsordnung im Sinne des Sprachgebrauchs zu sagen, daß nur sie von den Genossen als eine notwendige und nicht willkürliche anerkannt werden kann, wäre freilich leicht verständlich. Nur hat hier das Wort „notwendig“ nicht die theoretische Bedeutung eines notwendigen Mittels zu einem Zweck, sondern die praktische eines durch keinen Zweck bedingten Sollens. Und auf die Erfüllung dieses Sollens muß in der Tat der Wille, zwar nicht im Sinne der durch subjektive Interessen bestimmten Willkür, wohl aber im Sinne der reinen, von solchen Interessen freien Vernunft und also der hinreichend gebildete Wille der Rechtsgenossen gerichtet sein.

Von dieser Unterscheidung praktischer und theoretischer Notwendigkeit und also kategorischer und hypothetischer Imperative ist aber KAUFMANN weit entfernt.[1] Es scheint sich für ihn von selbst zu verstehen, daß sich die Notwendigkeit des Rechts nur durch einen hypothetischen Imperativ aus dem Zweck des Rechts ableiten läßt. Daher bestimmt er sie durch „seine notwendige Beziehung auf ein überindividuelles Ganzes und seine Funktion für dieses“. (133.) Das hat dann natürlich „eine eigentümliche Relativität“ des Rechtsbegriffs zur Folge. „Es muß danach so viel Rechtsordnungen geben, als es überindividuelle Ganze gibt.“ Um über diese Relativität hinwegzukommen und ein „Recht im absoluten Sinne“ auszuzeichnen, bliebe hiernach nur die Möglichkeit, eine objektive Rangordnung unter den rechtlich zu normierenden Gesamtheiten festzustellen und also eine Gemeinschaft aufzuweisen, deren Zweck der höchste überhaupt denkbare Zweck und als solcher der Maßstab für den absoluten Wert jeder Gemeinschaftsordnung ist. (133 f., 148 f.)

Die Voraussetzung von alledem ist offenbar die Annahme ob-

---

[1] Man wird hiergegen hoffentlich nicht die Unterscheidung kategorischer und hypothetischer Rechtssätze anführen, durch die KAUFMANN (139) — in höchst unklarer Weise — das Verhältnis des Staatsrechts zum Privat- und Strafrecht zu charakterisieren sucht und bei der ihm etwas ganz anderes vorgeschwebt hat.

jektiver — von den durch die Rechtssubjekte verfolgten noch verschiedener — Zwecke der Gemeinschaft. So spricht denn auch KAUFMANN überall von dem den verschiedenen Gemeinschaften „innewohnenden τέλος“ oder „Wesenszweck“ (z. B. 78, 149, 174 f., 179, 199, 205 ff., 210 ff.), durch dessen Betrachtung allein die dem einzelnen Rechtsgenossen rechtlich zukommende Sphäre richtig begrenzt werden könne. Die Möglichkeit, solche den Gemeinschaften innewohnenden Wesenszwecke zu erkennen, gilt ihm anscheinend als selbstverständlich. Was bedarf es hier auch weiterer Begründung, da doch, wer durch die Schule FICHTEs, HEGELs und STAHLs gegangen ist, die Berechtigung und Notwendigkeit solcher Fragestellungen „nicht leugnen wird“ (210). Wer sich aber in Ermangelung von Gründen nicht mit dem Zeugnis berühmter Namen abfinden will und bei dem Reichtum der Worte auch etwas Bestimmtes zu denken verlangt, wird in der Lehre von den der Gemeinschaft innewohnenden Wesenszwecken nur ein gegenstandsloses Spiel mit Worten finden. „Zweck“ ist der Gegenstand einer Vorstellung, sofern diese die Ursache seiner Verwirklichung ist, oder kurz, Zweck ist eine gewollte Wirkung. Jeder Zweck setzt daher ein vorstellendes und wollendes Wesen voraus, das sich den Zweck setzt. In diesem Sinne gibt es nur subjektive Zwecke; ein objektiver, z. B. einer Gemeinschaft unabhängig von dem Willen ihrer Glieder innewohnender Zweck ist ein sich selbst widersprechender Begriff, es sei denn, daß man diesen Zweck auf ein höheres, über den Gliedern der Gemeinschaft stehendes Wesen bezieht und also entweder die Gemeinschaft selbst als ein geistiges Wesen hypostasiert oder aber ihr eine besondere Bestimmung im Plane des göttlichen Weltschöpfers anweist. Zu solchen Hypostasierungen ist denn auch KAUFMANN sehr geneigt; so z. B. wenn er die privatrechtliche Vorstellung subjektiver Rechte und Gegenrechte einen künstlichen, die „konkrete Lebendigkeit der objektiven Institute“ „zerfällenden“ Begriffsapparat nennt, der nicht darüber täuschen dürfe, daß das Individuum als Subjekt von Privatansprüchen in Wahrheit nur „Organ“ der objektiven Rechtsordnung sei (175, 177 f.).

Wer freilich einmal den kategorischen Charakter der rechtlichen Notwendigkeit verkennt, kann aus dem rechtsphilosophischen Relativismus keinen anderen Ausweg zu finden hoffen als vermittelst des Trugbildes einer objektiven Teleologie. Der erste Fehler zieht daher den letzten unvermeidlich nach sich. Wenn also KAUFMANN gegen die Leerheit des von STAMMLER und DOHNA behaupteten Kriteriums, richtiges Recht sei „rechtes Mittel zu rechtem Zweck“, sagt: „Um irgend eine Konkretisierung der Gemeinschaftszwecke kommt man bei der Fixierung des Rechtsbegriffes nicht herum; das liegt in dessen Verteilungsgedanken, der, ohne bestimmten Gesichtspunkt für die Verteilung, unvollziehbar ist: sie gehört zum Rechtsbegriff selber“ (209), so ist die Behauptung, daß ein bestimmtes Verteilungsprinzip zum Rechtsbegriff gehört, — wenn wir von der Verwechslung des Rechtsbegriffs mit dem Kriterium des Rechts absehen, — durchaus zuzugeben; der Schluß aber hieraus auf die Erforderlichkeit einer Bestimmung des Gemeinschaftszwecks für den Rechtsbegriff ist damit in keiner Weise begründet und würde gerade dasselbe Vorurteil voraussetzen, das STAMMLER bei der Aufstellung seiner Formel irregeführt hat: das Vorurteil vom Zweck des Rechts.

Wer sich allerdings an die Nominaldefinition halten wollte, richtiges Recht sei die für den Gemeinschaftszweck erforderliche Ordnung, würde sich damit diesem Einwand entziehen. Dafür aber würde ihn, auch abgesehen von dem fiktiven Charakter des angeblichen Gemeinschaftszwecks, der Einwand treffen, daß sich von einer solchen Definition aus zu keiner Antwort auf die Frage gelangen läßt, was im Sinne des Sprachgebrauchs richtiges Recht ist. Von dieser Frage war aber auch KAUFMANN ausgegangen und auf sie kommt er auch später, ohne sich der Unrechtmäßigkeit dieses Überganges bewußt zu sein, wieder zurück. Diese Frage nach der richtigen Rechtsordnung ist die Frage nach einer Ordnung, die begründeten Anspruch auf Verbindlichkeit macht und unter die sich zu unterwerfen daher nicht nur zur Erreichung irgend eines Zweckes, sondern schlechthin und ohne alle Rücksicht auf einen solchen notwendig ist. Dieser Begriff der Verbindlichkeit schwebt auch KAUFMANN vor, so undeutlich er sich auch ausdrückt, wenn er von der „Allgemeingültigkeit und allgemeinen Zumutbarkeit einer Rechtsordnung“ (149) spricht (denn sonst wäre der Satz, daß die Allgemeingültigkeit und allgemeine Zumutbarkeit einer Rechtsordnung auf der Allgemeingültigkeit des Gemeinschaftszwecks „beruhen muß“, eine leere Tautologie), und wenn er eine „Begründung des Rechtszwanges“ (145) zu geben sucht. Wie soll aber aus der Notwendigkeit einer Ordnung zur Erreichung irgend eines Zweckes die Verbindlichkeit folgen, sich dieser Ordnung zu unterwerfen? Mit anderen Worten, wie folgt daraus, daß etwas Recht im Sinne jener Nominaldefinition ist, daß es auch Recht im Sinne des Sprachgebrauchs ist? Ein solcher Schluß ist unmöglich. Daraus, daß eine Handlung die notwendige Bedingung für das Eintreten eines bestimmten Erfolges ist, läßt sich nur schließen, daß wir die Handlung tun müssen, wenn uns an diesem Erfolge gelegen ist. Macht man aber selbst die willkürliche Voraussetzung, daß dem einzelnen an dem fraglichen Erfolge für die Gemeinschaft gelegen, daß ihr Zweck auch sein eigener Zweck ist, so würde doch auch dann die Unterwerfung unter die Gemeinschaftsordnung für ihn nur ein Gebot der Klugheit, keineswegs aber darum eine rechtliche Notwendigkeit sein. Etwas anderes wäre es freilich, wenn unter der „allgemeinen Zumutbarkeit" des Gemeinschaftszwecks, die als Kriterium der Verbindlichkeit der Rechtsordnung dienen soll, verstanden wird, daß der einzelne sich selbst diesen Zweck setzen sollte. Dann aber würde es die Behauptung dieses Sollens sein, die, als ein kategorischer Imperativ, das Prinzip der Verbindlichkeit der Rechtsordnung enthielte, und nicht der hypothetische Imperativ, daß die Unterwerfung unter die Rechtsordnung zur Erreichung des Gemeinschaftszwecks notwendig ist. Die Verbindlichkeit der Rechtsordnung wäre auch dadurch nicht auf den Zweck der Gemeinschaft gegründet, sondern sie wäre nur auf eine andere Verbindlichkeit zurückgeführt.

Wäre also auch eine objektive Teleologie möglich, so wäre doch von ihr aus kein Übergang zur Begründung von Rechtssätzen möglich. Jeder Versuch, einen solchen ausfindig zu machen, scheitert an der Unmöglichkeit, kategorische Imperative aus bloß hypothetischen abzuleiten. Daraus, daß etwas ein Zweck oder ein Gut ist, folgt nicht, daß es ein rechtlicher Zweck oder ein Rechtsgut ist, mag es auch der höchste Zweck oder das höchste Gut sein.

§ 4. Die Lehre vom absoluten Zweck der staatlichen Machtentfaltung.

Wenn es sich nun um die Bestimmung der Rangordnung der möglichen Gemeinschaftszwecke handelt und also insbesondere um die Bestimmung des höchsten objektiven Zwecks überhaupt, so sollte man erwarten, daß derjenige, der im Besitze einer so außerordentlichen Erkenntnis ist, darüber Aufschluß gibt, durch welches Kennzeichen sich ihm der absolute Zweck als solcher offenbart. Nichts derart tut aber KAUFMANN: wenn er für sich im Besitze jener hohen Wissenschaft ist, so muß es für andere genügen, an die aus dem Schatze seines Wissens mitgeteilten Wahrheiten zu glauben.

Er beginnt seine Erklärungen über diesen Gegenstand folgendermaßen:

„Nur die Gemeinschaft — werden wir schon jetzt sagen können — kann und darf die letztlich maßgebende, und nur deren Rechtsordnung kann und darf Recht im wahrsten und eigentlichen Sinne sein, der es auf eine allumfassende Ordnung des gesamten menschlichen Kulturlebens ankommt, deren Prinzip die Einordnung der von ihr umfaßten Kräfte in einen Gesamtplan des menschlichen Kulturlebens ist, deren Zweck daher jedem zugemutet werden kann.“ (134.)

Hier ist wieder alles so unbestimmt, daß es nicht lohnt, sich dabei aufzuhalten. Nur so viel sehen wir, daß hier in der Tat aus dem Zweck der hypostasierten Gemeinschaft auf die Verbindlichkeit ihrer Rechtsordnung geschlossen werden soll. Da wir die Unmöglichkeit eines solchen Schlusses festgestellt haben, so sind wir nicht genötigt, auf die hier gegebene Charakteristik des Gemeinschaftszweckes einzugehen.

Für die geforderte „allumfassende Ordnung“ sind nach KAUFMANN zunächst zwei „verschiedene Wege möglich“. Sie ist möglich auf dem Wege der Papst-Kirche und auf dem des Staates. Wie wird nun aber zwischen diesen beiden entschieden? Die Antwort wird aus dem Satze entwickelt, daß das Wesen des Staates Machtentfaltung ist:

„Sein Wesen ist Machtentfaltung, ist der Wille, sich in der Geschichte zu behaupten und durchzusetzen.“ (135.)

Man sieht nicht, ob hierdurch der Begriff des Staates definiert werden soll, — eine andere Definition ist in der Tat von KAUFMANN noch nicht gegeben worden und wird auch in der Folge nicht gegeben, — oder ob dadurch nur eine dem Staat notwendig zukommende Eigenschaft behauptet wird. Im ersten Falle stellt der Satz eine Zirkelerklärung dar, denn Selbstbehauptung ist ein reflexiver Begriff und setzt etwas voraus, was behauptet werden will und was nicht wieder dadurch definiert werden kann, daß es sich behaupten will; der Satz müßte denn besagen wollen, daß alles, was sich behaupten will, ein „Staat“ sei, in welchem Falle aber der weitere Zusammenhang der Sätze absurd wäre. Soll aber der Satz keine Definition sein, so bedürfte er — auch wenn, was nicht der Fall ist, diese anderweit gegeben wäre und er also überhaupt einen Sinne hätte — der Begründung. Eine solche fehlt jedoch. Auch möchte man fragen, ob denn Machtentfaltung und Selbstbehauptung einerlei sind? Machtentfaltung muß zur Unterwerfung anderer führen, Selbstbehauptung braucht dies keineswegs zu tun. Aber auf alles das kommt es KAUFMANN so genau nicht an. Er bringt es alsbald zuwege, noch sehr viel weiter von einander abliegende Dinge in einander überzuführen. Er fährt unmittelbar fort:

„Aber Machtentfaltung ist nur möglich durch die Belebung und Entfaltung sämtlicher physischer und moralischer Energien. Von dem Machtgedanken aus wird der Staat zum Wohlfahrtsstaat und zu einem sittlichen Institut. Weil seine Organisation und seine Ordnung Machtorganisation und Machtordnung sein will, wird sie notwendig zur objektiven sittlichen Ordnung, d. h. zu einer Ordnung, in der jede sittliche Kraft, jede berechtigte Regung ihre Stätte, ihre Sphäre findet. Und nur, weil er Machtorganisation sein will, kann er zur obersten Gemeinschaft, zur Gemeinschaft κατ' ἐξοχὴν werden: denn nur weil er zu seinem Wesen und Bestande die höchste Kraftentfaltung braucht, weil er der „Racker“ ist, der oft genug dem Individuum lästig ist und es zur Eigentätigkeit reizt, weil eine eigentümliche dialektische, sozusagen prästabilierte Harmonie besteht zwischen Machtstreben und sittlicher Kraftanstrengung, kann er das eigentümliche Wesen werden, das überall die Macht will und eben dadurch das Höchste schafft.“ (135.)

Hier sind wir denn vollends in das Reich der Mythologie versetzt. Offenbar mit gutem Grunde rechnet KAUFMANN damit, daß, wer von seinen Schülern ihm bis hierher gefolgt ist, geduldig genug ist, seinen nur noch willkürlich aneinandergereihten Behauptungen weiter zu folgen. Ein solcher wird nicht auf die Frage verfallen, ob denn die Weckung und Sammlung aller im Staat vorhandenen Kräfte mit einer „Ordnung des gesamten menschlichen Kulturlebens“ (136) einerlei ist, wie eine solche doch gefordert war, damit der Staatszweck „jedem“ zugemutet werden kann (134). Ihm wird ebenso wenig fraglich sein, daß unter allen Kräften insbesondere die dem Machtstreben entgegenwirkenden dem Machtstreben förderlich sind, daß also beispielsweise die auf anarchistische und pazifistische Ziele gerichteten Kräfte zum Zweck der staatlichen Machtentfaltung geweckt und belebt werden müssen. Es wird ihm auch nicht einfallen, zu fragen, ob denn „alle“ Kräfte dasselbe sind wie alle „berechtigten“ Kräfte (135, 140, 145) und wie man beweisen kann, daß gerade die berechtigten Kräfte zur staatlichen Machtentfaltung dienen, ohne schon vorauszusetzen, was hier gerade erst begründet werden soll, daß nämlich nur diejenigen Kräfte berechtigt sind, die im Dienst der staatlichen Machtentfaltung stehen. Und nicht nur, daß alle Kräfte dasselbe wie alle berechtigten Kräfte sind, sondern auch daß die „Weckung und Belebung aller Kräfte“ dasselbe ist wie die „Weckung und Belebung aller Kräfte zu sittlicher Selbsttätigkeit“ (135), wird ihm einleuchtend erscheinen.

Er wird ferner keinen Widerspruch darin finden, daß der Satz vom staatlichen Machtzweck als höchstem Zweck und oberstem Ziel der Weltgeschichte (138, 146, 148, 189, 211) daraus abgeleitet werden soll, daß dieser Zweck die „Weckung und Sammlung aller individuellen Kräfte“ (145) notwendig macht, wodurch also gerade umgekehrt der staatliche Machtzweck dem höheren Zweck der Weckung und Sammlung aller individuellen Kräfte untergeordnet würde. Und auch das wird ihm kein Bedenken machen, daß, wenn der staatliche Machtzweck eine hinreichende Bedingung für die Weckung und Sammlung aller individuellen Kräfte ist, er darum noch nicht eine notwendige Bedingung für sie zu sein braucht, wie es doch sein müßte, wenn daraus geschlossen werden soll, daß der staatliche Zweck absoluter Zweck und die staatliche Rechtsordnung absolute Rechtsordnung ist.

Wie verhält es sich denn in dieser Hinsicht mit der Kirche?

„Da der Kirche der Machtzweck fehlt, war sie auf die Dauer zur souveränen kulturleitenden Gemeinschaft unfähig. Als sie, um ihre Stellung zu behaupten, durch eine weltliche Politik sich einen solchen setzte, verzichtete sie selbst darauf, auf Grund des Titels als Kirche den souveränen Platz zu beanspruchen. Und da sie endlich in dieser Stellung notwendig den Staat degradiert, indem sie seinem Machtbedürfnis das immanente Ethos raubt, ist uns die kurze Episode der päpstlichen Weltherrschaft eine pathologische Erscheinung.“ (136.)

Diese Argumentation ist wieder voller Widersprüche. Während sie im ersten Satz behauptet, daß die Kirche, um zur Souveränität fähig zu sein, den Machtzweck haben müßte, wird im zweiten gerade der Verzicht auf den Machtzweck zur Bedingung ihrer Souveränität gemacht. Warum soll aber, wenn beim Staat der bloße Machtzweck hinreicht, um ihn zur „souveränen kulturleitenden Gemeinschaft“ fähig zu machen, der Machtzweck bei der Kirche das Gegenteil bewirken? Daß sie bei Verfolgung des Machtzwecks nicht „auf Grund des Titels als Kirche“ den souveränen Platz beanspruchen kann, mag richtig oder falsch sein, — in Ermangelung einer Definition des Begriffs der Kirche läßt sich darüber gar nichts sagen, — so würde daraus doch nicht folgen, daß sie nicht auf Grund ihres Titels als Machtorganisation den souveränen Platz beanspruchen könnte. Ist dies aber nicht der Fall, so kann es auch nicht richtig sein, daß der Staat auf Grund seines Titels als Machtorganisation einen solchen Anspruch erheben kann.

Wenn aber weiterhin dieser Unterschied dadurch begründet wird, daß der Staat, weil er „seinem Wesen nach auf einen Gesamtplan des menschlichen Kulturlebens gerichtet ist", die gesellschaftliche und individuelle Selbsttätigkeit „durch ergänzende Eigentätigkeit abzurunden streben" müsse und daß er „nur" hierdurch zur „höchsten, souveränen Gemeinschaft" werde und daß eben hierauf seine „Überlegenheit über die Kirche als Rechtsgemeinschaft im absoluten Sinne" beruhe (137), so ist dies Argument nicht weniger widerspruchsvoll, da ja die Eigentümlichkeit, aus der hier der Vorrang des Staates abgeleitet wird, daß er nämlich „seinem Wesen nach auf einen Gesamtplan des menschlichen Kulturlebens gerichtet ist", sich bei der Kirche ebenso fand (134).

Auf derselben Stufe steht die Begründung, daß auch „mächtigen wirtschaftlichen Organisationen" und „mächtig und übermächtig gewordenen Parteien oder anderen gesellschaftlichen Elementen" nicht der Charakter souveräner Gemeinschaften zukommen kann, „weil ihnen jene Universalität und Zentralität der Zwecke fehlt, die allein die Zugeschnittenheit einer Organisation auf alle berechtigten Interessen und damit deren Sittlichkeit garantiert" (156). Hier haben wir zunächst wieder den logischen Zirkel der Erklärung der Rechtsgemeinschaft durch die berechtigten Interessen; sodann aber wird hier den fraglichen Gemeinschaften trotz ihres vorausgesetzten Machtstrebens die Fähigkeit zur Souveränität wieder mit Rücksicht auf das Fehlen derselben Eigenschaften abgesprochen, deren Vorhandensein beim Staat als notwendige Folge seines Machtstrebens behauptet worden war.

Am merkwürdigsten aber nimmt sich die Polemik aus, mit der sich KAUFMANN, nachdem er eben als letztlich maßgebende Gemeinschaft diejenige erklärt hat, „der es auf eine allumfassende Ordnung des gesamten menschlichen Kulturlebens ankommt“, gegen den „von vielen erträumten Weltstaat“ wendet. (136.) Je unbestimmter dieser Begriff, in Ermangelung jeglichen Versuchs einer Definition bleibt, desto freier kann man sich natürlich in willkürlichen Behauptungen über ihn ergehen. Es heißt hier:

> „Mit dem Bedürfnis nach Machtentfaltung, das für ihn keinen Sinn mehr hatte, fehlt ihm das wesentlichste Moment, fehlt ihm das notwendige Lebensprinzip, der Gesichtspunkt, nach dem seine Ordnung eingerichtet werden kann, das Moment, das seine Glieder vor Erstarrung behütet, und das eine Belebung und Weckung sittlicher Energien fordert; mangelt ihm doch sogar das ideale Ziel einer Christianisierung der Welt, mit dem die Kirche ihre Ansprüche legitimieren konnte. Der Friede ist kein Begriff mit positivem Inhalt, er ist ein bloßer Korrelatbegriff, der ohne sein Gegenstück, den Krieg, keinen Sinn hat. Universalistische Tendenzen . . . können immer nur bestehen in dem Herrschaftsstreben einer sich zur Propaganda berufen fühlenden Macht über andere, nie in einer auf Gleichberechtigung aufgebauten ‚Organisation der Welt‘.“ (136.)

Einzig den Zweck der Machtentfaltung nach außen also, das Herrschaftsstreben über andere kann sich KAUFMANN als das Lebensprinzip einer Gemeinschaft, oder wenigstens einer Rechtsgemeinschaft, vorstellen; die auf diesen Zweck gerichteten Energien und sie allein sind für ihn sittliche Energien. Die Wahrung des

Friedens ist für ihn kein ideales Ziel, ja sie hat für ihn überhaupt keinen „Sinn".

Allerdings ist der Begriff des Friedens ein negativer Begriff, insofern er durch die Ausschließung des Krieges definiert ist. Folgt aber daraus, daß der Friede ohne den Krieg keinen Sinn hat? Man könnte ebenso argumentieren, daß, da Gesundheit die Krankheit ausschließt und also ein bloßer Korrelatbegriff ist, es keinen Sinn hat, gesund sein zu wollen, oder daß auch die Christianisierung der Welt nicht, wie KAUFMANN behauptet, ein ideales Ziel sein könne, da das Christentum „ohne sein Gegenstück", das Heidentum, „keinen Sinn hat". Hätte KAUFMANN doch erklärt, was gerade der Macht den Vorzug verleiht, daß sie ohne ihr Gegenstück, die Ohnmacht, einen Sinn hat und ein ideales Ziel sein kann.

Leider aber hat KAUFMANN auch darüber keinen Aufschluß gegeben, wie dieses Urteil über das „von vielen erträumte" Ideal des Weltstaates mit dem von ihm vertretenen Ideal der staatlichen Machtentfaltung vereinbar ist und wie sich der Staat, wenn er im Fortschritt der Machtentfaltung schließlich zur Herrschaft über alle seine Nebenbuhler gelangt ist, verhalten soll, um sich vor dem Schicksal des Weltstaates zu retten. Der Weltstaat ist ja gar nichts anderes als die Verwirklichung des von KAUFMANN als höchstes Ideal hingestellten Machtzweckes. So wäre es also der Sinn des höchsten Zweckes und obersten Ziels der Weltgeschichte, nach einem Zustand zu streben, nach dem zu streben „keinen Sinn" hat. In der Tat, welchen Sinn könnte es für den Staat haben, nach der Herrschaft über andere Staaten zu streben, wenn deren selbständiges Fortbestehen die Bedingung der Möglichkeit seiner eigenen Machtentfaltung und damit der Erreichung seines eigenen höchsten Zweckes ist?

So willkommen demnach diese Lehre vom staatlichen Machtzweck allen denen sein mag, die nur darauf ausgehen, im Namen des Rechts der politischen Machtgier zu frönen, so unmöglich ist es, in ihr unter der Fülle der tönenden Worte einen wissenschaftlich haltbaren oder auch nur widerspruchsfreien Gedanken zu finden.

§ 5. Die Lehre von den Ermächtigungsgrundlagen des Privatrechts.

Nachdem so in der staatlichen Machtentfaltung der Inhalt des absoluten Zwecks gefunden ist, kommt es darauf an, dieses Kriterium auf die Fragen anzuwenden, wie Subordinationsrecht und wie Koordinationsrecht möglich ist. Es handelt sich also zunächst um die Frage, wie „die absolute Subjektion", die das Subordinationsrecht fordert, rechtlich möglich ist. (145.) Gemäß dem Satze, daß „der Rechtszwang seine letzte Berechtigung nur daraus schöpfen kann, daß die zwingende Gemeinschaft richtige Ziele verfolgt", ergibt sich die Lösung, daß die rechtliche Subjektion so weit und nur so weit gehen kann, als sie der staatlichen Machtentfaltung dienlich ist.

> „Damit haben wir auch den Maßstab gewonnen, an dem jede einzelne Rechtsordnung auf ihre ‚Richtigkeit' hin zu messen ist." „Nicht die ‚Gemeinschaft frei wollender Menschen', sondern der siegreiche Krieg ist das soziale Ideal: der siegreiche Krieg als das letzte Mittel zu jenem obersten Ziel. Im Kriege offenbart sich der Staat in seinem wahren Wesen, er ist seine höchste Leistung, in dem[1] seine Eigenart zur vollsten Entfaltung kommt." (146.)
>
> „Es kann in der Tat nur durch die Orientierung auf die auswärtige Politik der Gesichtspunkt gewonnen werden, der für die ‚Verteilung' der ‚Lebensgüter' notwendig ist; nur der Gedanke

[1] So wörtlich bei KAUFMANN.

der Machtentfaltung im Hinblick auf die Selbstbehauptung nach außen ist der allen zumutbare Zweck, der darüber entscheiden kann, wo im Inneren eine besondere Schutz- und Unterstützungsbedürftigkeit, wo eine zu beschneidende Hypertrophie vorliegt." (147 f.)

Man sieht, wie hiermit die Erschleichung vollzogen wird, ohne die, wie vorauszusehen war, kein Übergang von der hypothetischen Notwendigkeit (wie sie in dem durch den Zweck willkürlich definierten Rechtsbegriff liegt) zu der kategorischen Notwendigkeit (wie sie in dem ursprünglich gegebenen Rechtsbegriff liegt) möglich ist: Aus der Notwendigkeit einer Gemeinschaftsordnung zum Zweck der staatlichen Machtentfaltung wird auf ihre Verbindlichkeit geschlossen. Wie aber der Machtzweck einer Gemeinschaftsordnung diese Verbindlichkeit verleihen kann, bleibt dabei unaufgeklärt. Den Ursprung dieser Verbindlichkeit zu erklären, wäre gerade die Aufgabe gewesen, durch deren Lösung allein sich die Frage, wie Subordinationsrecht möglich sei, hätte beantworten lassen. Die allein entscheidende Frage wird aber überall umgangen.

KAUFMANN will das Privatrecht „ganz auf objektive, von einem übergeordneten Willen erlassene Rechtssätze" gründen:

„Diese sind es, die zunächst den Geschäftssubjekten die ‚Ermächtigung' zu einem gültigen Geschäftsabschluß erteilen." (171 f.)

„Es besteht überall auf dem Rechtsgebiet eine Hierarchie von in bestimmtem Umfange maßgebenden Willen, die immer zu dieser ihrer Maßgeblichkeit von dem ihnen übergeordneten Willen ermächtigt sind", wobei „der oberste ermächtigende Wille immer ein sich selbst ermächtigender Wille sein muß". (168.)

Soll aber diese „Ermächtigung" nicht nur physisch, sondern wirklich rechtlich verstanden werden, nämlich als Erteilung von

Rechten, so ist es ohne weitere Erklärung ebenso wenig verständlich, wie ein Wille einen anderen, als wie er sich selbst ermächtigen kann. Man müßte, um es verständlich zu machen, zum mindesten ein Recht des ermächtigenden Willens nachweisen, auf Grund dessen er zur Vornahme jener Ermächtigung ermächtigt ist. Wenn freilich alles Recht auf Ermächtigungen beruht („alle Rechtssätze sind im letzten Grunde nur Ermächtigungen an Willen", 152), so würde auch dieses Recht nur durch eine höhere Ermächtigung möglich sein, zu der wieder ein Recht aus einer nächst höheren Ermächtigung hergeleitet werden müßte, und so fort ins Unendliche, ohne daß wir je zu einer Lösung der Aufgabe gelangen könnten.

Und doch ist eine Lösung dieser Aufgabe unumgänglich nötig, wenn man davon ausgeht, daß „die Fähigkeit, Subjekt privater Rechte zu sein," „niemandem an sich oder auf Grund eigener Ermächtigung zukommt", sondern dem einzelnen „erst als Abschluß einer jahrhundertelangen Entwicklung vom staatlichen Gesetzgeber ‚zugesprochen' worden" ist (172). Was ermächtigt den staatlichen Gesetzgeber dazu, dem einzelnen ein diesem nicht an sich zukommendes Recht „zuzusprechen"? Wie kann der von ihm einseitig vorgenommene Akt des Zusprechens rechtliche Wirkungen für andere zur Folge haben? Woher stammt die Verbindlichkeit der von ihm „erlassenen Rechtssätze" (171) und der von ihm „geschaffenen Rechtspflichten" (127)?

> „Vom Standpunkt des Staatsrechts", sagt KAUFMANN, „ist die Privatrechtsgesetzgebung ein bestimmtes einseitiges staatliches Rechtsgeschäft des Staates." (167.) Und:
>
> „Aus dem Staatsrecht hat der Gedanke vorstaatlicher Urrechte der Individuen mit der Überwindung des Naturrechts schwinden müssen. Man hat eingesehen, daß alle Grundrechte auf positiver Verfassungsgesetzgebung beruhen, daß sie also nicht

dem Individuum an sich zukommende, vom positiven Recht unabhängige Rechte sind. Und die Bedeutung der nunmehr positiven grundrechtlichen Vorschriften liegt darin, daß sie staatsrechtliche Schranken, innerhalb deren sich die individuelle Freiheit betätigen soll, . . . errichten wollen, ..." (194.)

Wie sind diese „Ermächtigungsgrundlagen des Privatrechts" (172) möglich? Wie können die in irgend einer Urkunde niedergeschriebenen „Vorschriften" die geheimnisvolle Kraft erlangen, meiner individuellen Freiheit rechtliche Schranken zu errichten? Mit der „Organ"-Theorie ist hier gar nichts erklärt. Man mag dem Staat einen eigenen, überindividuellen Willen zuschreiben und in dem individuellen Willen ein „Organ" der staatlichen Ordnung sehen, so ist doch für das vorliegende rechtliche Problem nichts damit gewonnen, wenn man sagt:

„In einem solchen Organverhältnis des individuellen Willens liegt überhaupt das Wesen des Privatrechts begründet." (175.)

Um das Wesen des Privatrechts auf dem Wege der Organtheorie zu ergründen, wäre es darauf angekommen, zu erklären, wie der überindividuelle Wille des Staates für den Privatwillen des Individuums als Staatsorgans Verbindlichkeit erlangen könne. Diese Erklärung aber ist KAUFMANN schuldig geblieben.

Von einer Beantwortung der Frage, wie Subordinationsrecht möglich sei, kann also bei ihm gar keine Rede sein.

§ 6. Die Macht als Kriterium des Völkerrechts.

Aber auch das Problem, wie Koordinationsrecht möglich sei, findet nach KAUFMANN in der Lehre vom absoluten Zweck der staatlichen Machtentfaltung seine Lösung. Wir kommen damit auf die Frage nach dem „Wesen des Völkerrechts":

„Zwischen Staat und Staat . . . sind . . . die Voraussetzungen tatsächlich gegeben, die das Naturrecht irrtümlich zwischen Individuum und Individuum annahm. . . . Es ist also . . . die Natur der sich selbst verpflichtenden Subjekte als Staaten, die das Völkerrecht als Individualrecht ermöglicht. Die gerechte Verteilung der Lebensgüter, die in einer Subordinationsordnung die Gemeinschaft nach ihren Zwecken vornimmt, kann im Völkerrechte als einer Individualrechtsordnung nur von den koordinierten staatlichen Individuen selbst aus erfolgen.“ (151.)

Die Entscheidung darüber, ob die „Staatengemeinschaft“ im Gegensatz zur innerstaatlichen Gemeinschaft „eines positiven Zweckes entbehrt“, der seinerseits „den erforderlichen Gesichtspunkt für die gerechte Güterverteilung bietet“ (151), müssen wir natürlich denen überlassen, die im Besitz der mystischen Kunst sind, sich von dem Vorstellungs- und Willensleben der Gemeinschaften Kunde zu verschaffen. Die nächste Konsequenz dieser negativen Entscheidung werden freilich auch diejenigen billigen, die überhaupt keine Gemeinschaftszwecke kennen, sondern allein Zwecke von Einzelwesen. Diese Konsequenz geht nämlich dahin, daß das Völkerrecht (vorausgesetzt, daß es überhaupt ein solches gibt) jedenfalls nicht auf einen den Staaten übergeordneten Willen gegründet werden kann und also in diesem Sinne kein Subordinationsrecht ist.

Wenn aber KAUFMANN aus dieser Unabhängigkeit der Staaten von der Verpflichtung durch einen übergeordneten Willen schließt, daß die Staaten nur an ihren eigenen Willen gebunden sind, daß also das Völkerrecht, weil es nicht Subordinationsrecht sein könne, Koordinationsrecht sein müsse, so begeht er einen Trugschluß. Dieser Trugschluß ist die Folge der willkürlich an die Spitze seiner allgemeinen Ausführungen über den Rechtsbegriff gestellten Behauptung von der Maßgeblichkeit des Willens für jede Ordnung von

Willensverhältnissen. Seine Lehre vom Wesen des Völkerrechts entwickelt nur die Konsequenzen aus dieser einen Behauptung; eine wertlose Bemühung, solange diese Behauptung selbst als bloßer Machtspruch dasteht.

Hierbei entsteht freilich eine Schwierigkeit. Es war festgestellt worden, daß das Recht ein „Verteilungswert" ist und ein über dem Willen der einzelnen stehendes, die Sphäre des ihnen berechtigter Weise Zukommenden begrenzendes Prinzip erfordert. (130 ff.) Wie ist hiernach in Ermangelung eines über den Staaten stehenden Willens ein Völkerrecht überhaupt möglich? An dieser Frage waren die bisherigen Theorien des Völkerrechts gescheitert. KAUFMANN will die Lösung gefunden haben. Seine Antwort lautet:

> „Nur dann, wenn wir für diese koordinierten Subjekte die Gerechtigkeit des Satzes anerkennen können: nur der, der kann, darf auch. Das wäre im Gegensatz zu dem ‚Frieden' ein positives Prinzip, das eine Rechtsordnung als gerechte Verteilungsordnung von Lebensgütern konstituieren könnte.
>
> „Und in der Tat wird dieser Satz durch die Eigenart des Staates nicht nur gefordert, sondern auch ermöglicht. Gefordert: denn . . . der Staat . . . kann die Berechtigung seiner Besonderheit in der Weltgeschichte nicht anders erweisen als durch die dauernde Bewährung seiner Existenz als Macht. Und ermöglicht dadurch, daß diese Bewährung nur auf sittlicher Grundlage, nur durch Weckung, Befriedigung und Erhaltung aller moralischen Energien denkbar ist. Der Satz: nur der, der kann, darf — ist für Staaten berechtigt, weil der Staat seiner Idee nach nur das kann, was sittliche Energien behaupten wollen und können." (151 f.)
>
> „So stellt sich auch für das Koordinationsrecht der siegreiche Krieg als Bewährung des Rechtsgedankens, als die letzte

Norm heraus, die darüber entscheidet, welcher der Staaten Recht hat.“ (153.)

Diese „Antwort“ ist aber nur ein den Verzicht auf eine wirkliche Antwort verschleierndes Wortspiel. Denn zur Entscheidung der Frage, was im Verhältnis der Staaten Recht sei, enthält der Satz: „nur der, der kann, darf auch“ gar kein Kriterium. Ein Verteilungsprinzip, das zu bestimmen gestattet, was dem einen oder anderen Teil berechtigter oder unberechtigter Weise zukommt, ist dadurch nicht zu gewinnen. Weniger irreführend ausgedrückt besagt dieser Satz nämlich nichts anderes, als daß das Unmögliche nicht Recht sein kann. Ebensowenig aber, wie es Sinn hat, ein Gebot aufzustellen, das Unmögliche zu tun, hat es Sinn, ein solches aufzustellen, das das Unmögliche verbietet. Denn wenn ich, vor die Wahl gestellt, ob ich dies oder das tun soll, frage, was Recht ist, so erhalte ich keine Antwort, wenn man mir sagt, daß das nicht Recht ist, was nicht in meiner Wahl steht und was ich daher gar nicht tun kann. Wo vom Recht die Rede sein soll, muß der einzelne etwas nicht dürfen, was er kann, oder etwas können, was er nicht darf. Welchen Sinn hätte es sonst, das dem einzelnen „unberechtigter Weise Eigene, das ohne überindividuellen Maßstab doch auch zu ihm gehört,“ von dem „ihm berechtigter Weise Zukommenden“ zu unterscheiden? Welchen Sinn hat es, das Recht (nicht etwa nur das Subordinationsrecht!) zu dem einzelnen Rechtsgenossen sagen zu lassen: „er soll seine ihm zugemessene Sphäre nicht überschreiten und in keine fremde Sphäre eingreifen“ (133), wenn er die ihm zugemessene Sphäre gar nicht überschreiten kann?

Insofern also nur das Mögliche geboten oder verboten sein kann, ist der Satz: „nur der, der kann, darf auch“ freilich unangreifbar; denn wer etwas nicht kann, befindet sich gewiß nicht in

Verlegenheit darüber, ob er es auch darf. Eben darum aber läßt uns der Satz gerade da im Stich, wo die Frage nach dem Recht beginnt; denn diese erhebt sich da und nur da, wo ein Können vorliegt. Mit derselben Unumstößlichkeit und aus demselben Grunde wie der Satz, daß nur, wer kann, darf, gilt ja auch der Satz, daß nur, wer kann, nicht darf. Ein Kriterium des Rechts wäre erst mit einem Satze gegeben, der entscheidet, wie weit sich im Bereich des Könnens die Sphäre dessen erstreckt, was man darf.

Ein solches Kriterium könnte man in dem KAUFMANNschen Satze zu finden meinen, wenn man ihn so versteht, daß er über die negative Behauptung hinaus, daß wer nicht kann, nicht darf, auch die positive enthält: wer kann, darf. In der Tat, da die Grenze des Erlaubten nur durch ein Verbot bestimmt sein könnte, ein solches aber in dem aufgestellten Satze nicht enthalten ist, so würde er zur Folge haben, daß die Sphäre des Erlaubten sich so weit erstreckt wie die des Möglichen, so daß sich der Satz ergäbe: Wer die Macht hat, hat das Recht.

Dieser Auffassung entsprechen denn auch die Konsequenzen, die im weiteren Verlauf aus dem Prinzip gezogen werden. Daß aber damit wirklich eine Grundlage für den Aufbau des Völkerrechts gewonnen sei, wird niemand glauben, der sich nicht durch das Spiel mit dem Worte „Recht“ täuschen läßt. Wenn man in dieser Lehre überhaupt einen bestimmten Sinn finden kann, so ist es der einer grundsätzlichen Leugnung der Möglichkeit jeglichen Völkerrechts. Ein Recht besteht, wie von KAUFMANN zugestanden war, nur da, wo eine Beschränkung der Sphäre möglicher Handlungen des einen und anderen stattfindet. Das Recht ist nichts anderes als eine solche Regel der gegenseitigen Beschränkung der Machtsphären der einzelnen. Mag der Inhalt dieser Regel nun durch den Zweck ihrer Gemeinschaft oder wodurch immer bestimmt sein, so steht doch das eine auf Grund des bloßen Begriffs des Rechts fest, daß diese Regel ein von der Macht des einzelnen unabhängiges Kriterium für die Grenze des ihm rechtlich Zukommenden enthalten muß, denn nur dann kann sie die Machtsphäre beschränken. Es liegt freilich keinerlei Widerspruch darin, zu behaupten, daß es eine solche die Machtsphäre des einzelnen einschränkende Regel nicht gebe. Ein Widerspruch aber ist es, aus dieser Behauptung ein System von Rechtssätzen ableiten zu wollen. Dies geschieht aber, wenn man den Satz: „wer kann, darf" als Prinzip der Völkerrechtslehre aufstellt. Das Irreführende liegt hier im Gebrauch des Wortes „darf". Daß jemand etwas darf, bedeutet, daß es ihm nicht verboten ist. Die Aussage, daß jemand etwas darf oder nicht darf, beruht daher im allgemeinen auf der Voraussetzung, daß es ein Rechtsgesetz gibt, von dem die Frage ist, ob es die Handlung verbietet oder nicht. Die Aussage, daß eine Handlung geschehen darf, ist indessen nicht an die Voraussetzung gebunden, daß das Rechtsgesetz sie nicht verbietet, sondern wäre auch dann wahr, wenn es gar kein Rechtsgesetz gäbe. Denn wenn es kein Rechtsgesetz gibt, so ist auch nichts verboten. Unter dieser Voraussetzung aber von einem „Recht" zu der fraglichen Handlung zu sprechen, hat keinen Sinn mehr oder wäre doch jedenfalls nur zulässig, wenn man sich entschließen wollte, darunter, dem bisherigen Sinne des Wortes entgegen, das bloße Nicht-Verbotensein zu verstehen. Eine sophistische Sprachverdrehung, die statt zu sagen: Nichts ist Recht, sagt: Alles ist Recht. In diesem Sinne des Wortes aber wäre dann mit der Begründung der Möglichkeit des Völkerrechts zu viel bewiesen. Es gäbe danach ein Völkerrecht nur in dem Sinne, in dem es auch ein Recht des Magneten gibt, das Eisen anzuziehen, sowie ein Recht der Sonne, den Schnee zu schmelzen, oder ein Recht der Wolken, den Mond zu verfinstern. Die Rechtswissenschaft würde auf diese Weise mit der Völkerrechtslehre zugleich um eine Magnetenrechtslehre, eine Sonnenrechtslehre und eine Wolkenrechtslehre bereichert werden. Und so viel oder so wenig praktisches Interesse und wissenschaftliche Bedeutung diese und die unzähligen anderen hiernach noch möglichen Rechtsdisziplinen besitzen, würde auch eine solche Völkerrechtslehre zu beanspruchen haben.

Man braucht sich aber nur an die von KAUFMANN selbst für nötig befundenen Einschränkungen seines Prinzips zu halten, um dessen Widersinnigkeit einzusehen. Es muß schon auffallen, wenn er an der angeführten Stelle erklärt, daß der Staat „seiner Idee nach" nur das kann, was sittliche Energien behaupten wollen und können, wenn er den Krieg als soziales Ideal dadurch begründet, daß „der Staat seiner Idee nach auf der prästabilierten Harmonie von Recht und Macht beruht" (148), und wenn er vom Völkerrecht sagt, daß hier „der Gegensatz von Recht und Macht der Idee nach aufgehoben ist" (178). Entweder es besteht für den Staat eine prästabilierte Harmonie von Macht und Recht, oder sie besteht nicht. Was aber soll es heißen, daß sie für den Staat „der Idee nach" besteht? Was diese Worte auch bedeuten mögen, so wird durch ihre Hinzufügung doch, wenn sie überhaupt etwas bedeuten, die Behauptung von der prästabilierten Harmonie von Macht und Recht wieder zurückgenommen. Ja es wird sogar ausdrücklich gesagt:

> „Eine absolute Garantie . . ., daß immer nur das ‚Richtige' gekonnt wird, ist damit nicht gegeben. . . . Auch daß der Staat immer richtiges Recht schafft, ist trotz des reflexiven Charakters des Staates nicht mit absoluter und automatischer Gewißheit garantiert. . . . Es kann immer nur darauf ankommen, die Institute so zu gestalten, daß sie ihrer Idee nach auf die Dauer nur auf sittlichen Grundlagen beruhen können. . . . Macht und Recht . . . sind in der Weltordnung dazu bestimmt, sich zu suchen und zu finden." (152 f.)

Wir erfahren zwar nicht, was eigentlich der „reflexive Charakter" des Staates ist, noch auch, wie KAUFMANN zur Erkenntnis der Bestimmung von Recht und Macht in der Weltordnung gelangt ist, und wir können, da wir einer solchen Einweihung in die Pläne der Weltregierung nicht teilhaftig geworden sind, hierüber mit ihm nicht streiten. Das Zugeständnis jedoch geht aus diesen Sätzen mit Deutlichkeit hervor, daß Macht und Recht nicht notwendig zusammenfallen und daß es demgemäß eine den Menschen überlassene Aufgabe ist, die Machtverhältnisse so zu gestalten, daß das Recht zur Herrschaft gelangt. Daß für den Staat der Idee nach der Gegensatz von Macht und Recht aufgehoben ist, würde hiernach heißen, daß es die Aufgabe des Staates ist, seine Macht in den Dienst des Rechtes zu stellen, oder daß im Staat eine Harmonie von Macht und Recht bestehen sollte.

Wenn aber Macht und Recht zwar zusammenfallen sollten, in Wirklichkeit jedoch nicht notwendig zusammenfallen, so ist eben damit zugestanden, daß die Macht nicht das Kriterium des Rechts sein kann. Man mag mit RANKE der Meinung sein, daß nur in „wenigen wichtigen Kriegen . . . nicht . . . die wahre moralische Energie den Sieg behauptete“ (147), daß nur „Zufälligkeiten“ es verschulden, wenn „nicht immer der im letzten Grunde sittlich Stärkere siegt“ (153), so setzen doch diese Aussagen, um nur selbst Sinn zu haben, ein von der Macht verschiedenes Kriterium des Rechts voraus. Um zu behaupten, daß in der Mehrzahl der Fälle oder „auf die Dauer“ die Macht auf Seiten des Rechts sei, wäre es nötig gewesen, positiv zu erklären, worin eigentlich das Recht besteht. Denn wie kann man erkennen, daß die Macht für oder gegen das Recht entscheidet, wenn man noch gar nicht weiß, was Recht ist. Solange also die Frage nach dem Kriterium des Rechts selbst noch nicht entschieden ist, ist die Frage gegenstandslos, wie sich Recht und Macht zu einander verhalten. Wer eine Behauptung über dieses Verhältnis aufstellt, hat sie zu begründen, und um dies zu können, bedarf er eines von der Macht verschiedenen Kriteriums des Rechts. In Ermangelung nicht allein einer solchen Begründung, sondern auch einer Angabe dieses Kriteriums entbehren die von KAUFMANN über das Verhältnis von Macht und Recht aufgestellten Sätze jedes wissenschaftlichen Sinnes.

Und in diesen nichts als Widersprüche und leere Behauptungen enthaltenden Deklamationen soll die der Wissenschaft bisher entgangene Lösung des Problems liegen, wie Koordinationsrecht möglich ist.

§ 7. Das völkerrechtliche Vertragsrecht und die clausula rebus sic stantibus.

Aus der auf diese Weise bestimmten Natur des Koordinationsrechts werden nun die „juristischen Grundkategorien des Völkerrechts" entwickelt.

> „Die Grundkategorie, auf der alles Individualrecht ruht, ist die der Anerkennung der koordinierten Rechtsgenossen als solcher . . . . die Anerkennung eines nebengeordneten Willens als gleichberechtigten." (159 f.)

Hier müssen wir wieder fragen: wie soll es möglich sein, einen Rechtsgenossen als solchen anzuerkennen, wenn sein Recht nur darauf beruht, daß er als solcher anerkannt wird? Erkennen wir ihn als Rechtsgenossen an, so erkennen wir an, daß er Rechtsgenosse ist, und er muß schon Rechtsgenosse sein, um als solcher anerkannt zu werden; er wäre also auch Rechtsgenosse, wenn er nicht als solcher anerkannt würde. Ist er aber nicht Rechtsgenosse, so kann er vernünftiger Weise auch nicht als solcher anerkannt werden. Auf keinen Fall also kann er dadurch Rechtsgenosse werden, daß er als solcher anerkannt wird. Als was sollte er auch anerkannt werden? Wenn er nur Rechtsgenosse ist, sofern er als solcher anerkannt wird, so könnte er von uns als Rechtsgenosse nur anerkannt werden, wenn wir anerkennen, daß wir ihn als Rechtsgenossen anerkennen. Dies Anerkennen aber wäre seinerseits nur dadurch möglich, daß wir anerkennen, daß wir anerkennen, daß wir ihn als Rechtsgenossen anerkennen, und so fort ins Unendliche, ohne daß sich etwas fände, was wir eigentlich anerkennen könnten. Das Recht auf die Anerkennung zu gründen, widerspricht unmittelbar sich selbst.

Wenn daher KAUFMANN des weiteren das völkerrechtliche Vertragsrecht und damit „alles gesetzte Völkerrecht“ auf die Anerkennung als Grundkategorie des Völkerrechts zurückführt (160), so gründet er damit „alles gesetzte Völkerrecht“ auf einen groben Widerspruch.

Der Widerspruch muß sich denn auch in den Folgen geltend machen. Da KAUFMANN im Völkerrecht keinen über den Rechtsgenossen stehenden Zweck findet, alles Recht aber nach ihm doch auf einem Zweck beruhen muß, so kann er den rechtlichen Sinn der völkerrechtlichen Verträge nur in dem Zweck der „Interessenförderung der staatlichen Subjekte selbst“ finden: „ihr Wille“ ist „das einzig maßgebende Moment“, so daß also „der völkerrechtliche Vertrag seinen Geltungsgrund *nur* in dem sich selbst bindenden Willen der Vertragssubjekte finden kann“ (175). Aus dieser Voraussetzung ist es natürlich leicht, zu folgern, daß, „so weit inhaltlich auch die Bindung gehen mag, die ein Staat eingeht, zuletzt doch immer *sein* Wille, *sein* Interesse das maßgebende bleiben“ (179) und der Staat „über seinen Verträgen stehen bleiben muß“ (181):

> „Das völkerrechtliche Vertragsrecht, das auf den Interessen der kontrahierenden Staaten beruht, hat seine Grenze an den Interessen der Staaten, an dem Rechte der Staaten Staat zu sein und zu bleiben, solange sie es ‚können‘: an dem Selbsterhaltungsrecht der Staaten.“ (182.)

Und daraus folgt dann weiter, daß z. B. dem, „der einen Vertrag unter dem Drucke von Zwang eingegangen ist und trotzdem an ihn gebunden sein soll", das „Recht" zusteht, sich, sobald der Druck wegfällt, von dem Vertrage loszusagen. (200.) Und nicht nur dies, sondern es folgt, daß überhaupt kein Staatsvertrag länger bindet, als seine Geltung mit dem Staatsinteresse vereinbar ist. (204.)

KAUFMANN legt großen Wert darauf, durch diese Begründung die clausula rebus sic stantibus für das Völkerrecht als eine Rechtsnorm erwiesen zu haben. (44 ff.) Wie verhält es sich aber hiermit in Wahrheit? Der Satz, daß die Verbindlichkeit der Verträge nicht über die behauptete Grenze hinausgehe, gewinnt einen Anschein von rechtlicher Tragweite nur durch die dabei stillschweigend gemachte Voraussetzung von der innerhalb dieser Grenze bestehenden Verbindlichkeit der Verträge. Diese Voraussetzung ist aber nur erschlichen, und darüber kann uns auch das Wort von dem „sich selbst bindenden Willen der Vertragssubjekte" nicht hinwegtäuschen. Daß nach den aufgestellten Prinzipien des Koordinationsrechts „der völkerrechtliche Vertrag seinen Geltungsgrund nur in dem sich selbst bindenden Willen der Vertragssubjekte finden kann" (175), ist nur ein den wahren Sachverhalt verdunkelnder Ausdruck dafür, daß kein Geltungsgrund für ihn zu finden ist. Der Geltungsgrund eines Rechts kann nur in einer Rechtsnorm liegen; findet sich also kein Geltungsgrund außer dem Willen, so ist überhaupt kein Geltungsgrund vorhanden, und der „sich selbst bindende Wille" ist nichts als ein Wort. Daß das völkerrechtliche Vertragsrecht nur mit der fraglichen Klausel gilt, kann demgemäß auch nur bedeuten, daß es ohne diese Klausel nicht gilt, keineswegs aber, wie der Ausdruck bei oberflächlicher Betrachtung vermuten läßt, daß es mit dieser Klausel gilt. Denn in der Tat folgt aus dem Fehlen eines vom Willen der Vertragssubjekte unabhängigen Geltungsgrundes, daß Staatsverträge über die angegebene Grenze hinaus unverbindlich sind; aber es folgt nur vermöge derselben Konsequenz, nach der die Unverbindlichkeit der Staatsverträge überhaupt folgt. Wer also in der KAUFMANNschen Arbeit die Ermittelung eines Kriteriums für die Grenze des völkerrechtlichen Vertragsrechts zu finden glaubt, läßt sich durch den schon erörterten mit dem Worte „Recht“ getriebenen Mißbrauch irreführen. Ehe nicht — und sei es in noch so engen Grenzen — eine Verbindlichkeit der Verträge festgestellt ist, läßt sich von keinem Vertrags-Recht und also auch von keinem Recht auf Befreiung vom Vertrage reden. Daß die Befreiung vom Vertrage aber nicht verboten ist, wo das eigene Interesse sie fordert, ist freilich trivial, wenn man einmal davon ausgeht, daß es überhaupt kein die Sphäre des eigenen Interesses einschränkendes Verbot gibt. Welche Handlungen sollten auch wohl verboten sein, wenn es die durch das eigene Interesse geforderten nicht sein können? Ein Völkerrecht, das Handlungen verbietet, an denen niemand ein Interesse hat, dürfte selbst kein Gegenstand des Interesses sein.

Das völkerrechtliche Vertragsrecht kommt also bei KAUFMANN bloß dem Namen nach vor. Was unter dem Titel dieser „juristischen Grundkategorie“ vorgebracht wird, sind Wortkünste, die nur die Leerheit des geistlosen Satzes verdecken: Wo nichts verboten ist, da ist nichts verboten.

Hiergegen kann natürlich die willkürliche Inkonsequenz, mit der KAUFMANN die „grenzenlose Anwendung“ der Vertragsklausel nachträglich durch gewisse Bedingungen einzuschränken sucht (220), nichts beweisen. Daß die Wirkung der Klausel z. B. nicht so weit geht, daß Verträge, deren Aufrechterhaltung im Interesse beider Kontrahenten liegt, gebrochen werden, wird im Ernst niemand als einen Ersatz für das zerstörte Vertragsrecht anerkennen, wie denn auch KAUFMANN selbst gesteht, „daß diese Begrenzung der Anwendung der Klausel auf rein tatsächlichen Erwägungen beruht, die dem Rechtsprinzip selbst keinen Eintrag tun“. (220 f.) Wenn er aber als Einschränkung für die „Geltendmachung“ der Klausel hinzufügt, es werde „immer verlangt werden müssen, daß eine ausdrückliche Aufsagung unter Berufung auf die veränderten Verhältnisse und unter Darlegung derselben, eine ausdrückliche Kündigung des Vertrages stattfindet“ (221), und wenn er gar für den Fall der ohne Kündigung erfolgenden „Verletzung eines noch in Gültigkeit befindlichen Vertrages“ den Satz aufstellt: „der vertragverletzende Staat ist schadensersatzpflichtig“ (222), so fragt man sich vergebens, wie derartige Verpflichtungen in einem System Platz finden sollen, das für das Völkerrecht nur die „Konstruktion auf den egoistischen Interessen der Staaten“ (191) zulässt. In der Tat findet sich bei KAUFMANN auch nicht der mindeste Versuch einer Begründung dieser willkürlichen Behauptungen.

Die Beweisführung hätte daher mit geringerer Weitschweifigkeit und größerer Deutlichkeit gegeben werden können: Staatsverträge sind nicht ohne die clausula rebus sic stantibus verbindlich, denn sie sind überhaupt unverbindlich.

§ 8. Die völkerrechtlichen Grundrechte.

Ihren Höhepunkt aber erreicht die Spiegelfechterei mit dem Worte „Recht“ in der KAUFMANNschen Lehre von den völkerrechtlichen „Grundrechten“. (193 ff.)

> „Im Völkerrecht“, so erklärt er, „haben wir die Möglichkeit eines wirklichen, vor dem gesetzten Rechte stehenden individualrechtlichen Grundrechtes.“ (194.)

Wie ist dies möglich? wird vielleicht der Leser fragen, der soeben erfahren hat, daß im Verhältnis der Staaten einzig das egoistische Interesse maßgebend ist. Wie ist es hiermit vereinbar, daß es „im Völkerrecht ein Prinzip gibt, das über allem gesetzten Recht steht“ (204)?

Diese Schwierigkeit besteht indessen nur für den Laien, der sich nicht von der Gewohnheit losmachen kann, bei dem Worte „Recht“ an eine den Willen einschränkende Norm zu denken. Wer diesen Irrtum nicht begeht, wird leicht die Lösung des Widerspruchs finden. „Recht“ ist ja das, was man „darf“, d. h., was nicht verboten ist; gerade aus der Voraussetzung, daß es keine den Willen einschränkende Norm gibt, erklärt sich daher nicht allein das Bestehen eines völkerrechtlichen Grundrechts, sondern es ergibt sich aus ihr sogar unmittelbar, welches der Inhalt dieses Grundrechtes sein muß: Wenn nichts verboten ist, so ist alles Recht; der Staat kann also kein Unrecht tun, und wer die Macht hat, hat das Recht. Dies ist das vor dem gesetzten Rechte stehende völkerrechtliche Grundrecht.

Die von manchen anderen Völkerrechtslehrern den Staaten zuerkannten Grundrechte werden von KAUFMANN als unhaltbar zurückgewiesen. Es sind die Grundrechte auf Unabhängigkeit, Gleichheit, Achtung und Verkehr.

> „Das Recht auf Unabhängigkeit“, erklärt er, „kann nicht bestehen, da die Unabhängigkeit der Staaten eine Negation des Völkerrechts bedeuten würde: denn das Völkerrecht besteht gerade in gegenseitigen Abhängigkeiten der Staaten.“ (195.)

Diese Argumentation ist offenbar eine petitio principii. Es handelt sich ja hier gerade um die Frage, welches der Inhalt des Völkerrechts ist; man kann also die Annahme, er bestehe in der Unabhängigkeit, nicht durch die Behauptung widerlegen, er bestehe in der Abhängigkeit.

> „Das Recht auf Gleichheit würde, in dem Sinne einer inhaltlichen Gleichheit an Macht und Rechten, einen Unsinn, und in dem Sinne der formalen Gleichheit der Rechtsfähigkeit, nichts als eine Tautologie gegenüber dem Begriff der Völkerrechtssubjektivität bedeuten.“ (195.)

Warum aber das Recht auf „inhaltliche Gleichheit" einen Unsinn bedeuten würde, wird nicht gesagt. Einen inneren Widerspruch enthält die Annahme eines solchen Rechtes nicht. Dies ist zwar für ihre Richtigkeit keineswegs hinreichend; wohl aber reicht es hin, um für die Behauptung ihrer Falschheit eine Begründung erforderlich zu machen, wenn sie mehr als eine willkürliche Behauptung sein soll.

Was dagegen die „formale Gleichheit" betrifft, so ist es allerdings richtig, daß sie, als bloße Gleichheit vor dem Gesetz verstanden, nicht den Inhalt dieses Gesetzes bilden kann.

Daß aber das „Recht auf Gleichheit" nur entweder im Sinne jenes „Unsinns" oder dieser „Tautologie" verstanden werden kann, setzt KAUFMANN ohne nähere Untersuchung voraus. In der Tat ist darunter vernünftiger Weise weder das eine noch das andere zu verstehen, sondern das Recht des Behandelten, daß sein Interesse in gleicher Weise Berücksichtigung findet, wie wenn es das des Handelnden wäre. Daß aber die Gerechtigkeit der Inhalt des Rechts sein könnte, ist ein Gedanke, den KAUFMANN nicht einmal der Erwähnung für wert hält.

> „Das Recht auf Achtung ... wäre als das Recht auf entsprechende Beachtung der Lebensinteressen wieder identisch mit dem Recht auf Selbsterhaltung."

Was unter „entsprechender" Beachtung zu verstehen ist, wird zwar nicht erklärt, obgleich für den in rechtlicher Hinsicht gerade wesentlichen Fall einer Interessenkollision ohne eine Bestimmung des Maßes der zu beachtenden Interessen mit dem Recht auf Beachtung gar nichts gesagt ist. So viel ist aber klar, daß die hiermit versuchte Zurückführung des Rechts auf Achtung auf das von KAUFMANN zum Grundrecht erhobene Recht auf Selbsterhaltung wieder nur eine durch das Spiel mit dem Worte „Recht" herbeigeführte Erschleichung ist.

Aus dem „Recht der Selbsterhaltung“ ein „Recht auf entsprechende Beachtung der Lebensinteressen“ abzuleiten, ist nur möglich, wenn das Wort „Recht“ beide Male im selben Sinne gebraucht wird. Von einem „Recht auf entsprechende Beachtung der Lebensinteressen“ zu sprechen, hat nun offenbar aber nur Sinn, wenn darunter ein rechtlicher Anspruch des behandelten Staates gegenüber dem handelnden verstanden wird. Dieses Recht setzt also ein Gesetz voraus, das dem Handelnden eine Verbindlichkeit auferlegt und dadurch seinen Willen einschränkt. Aus der Leugnung eines solchen Gesetzes war aber gerade das Grundrecht auf Selbsterhaltung abgeleitet worden. Auch wird zum Überfluß von KAUFMANN ausdrücklich erklärt, es sei „nicht zutreffend, daß dem Selbsterhaltungsrecht die Pflicht aller Staaten, sich so zu verhalten, wie es die Selbsterhaltung der anderen fordert, gegenüberstehen müsse“, das Selbsterhaltungsrecht solle vielmehr „dem Staate als solchem, sozusagen dem Staate an sich, . . ., ohne Rücksicht auf seine Koordinationsgenossen“ zukommen, es gebe daher keine „dem Grundrecht korrespondierende Pflicht der anderen“ (197 f.), „eine völkerrechtliche Pflicht, auch ohne eigenes Interesse die erlaubten Lebenszwecke fremder Staaten . . . zu unterstützen,“ „würde vielmehr sogar als völkerrechtswidrige Einmischung abzulehnen und zu bekämpfen sein“ (187). Die versuchte Zurückführung des Rechts auf Achtung auf das der Selbsterhaltung beruht also nur darauf, daß der für die Ableitung des Rechts auf Selbsterhaltung dem Worte „Recht“ gegebene Sinn unvermerkt wieder unter Zuhilfenahme des sonst üblichen Sprachgebrauchs in sein Gegenteil verdreht wird.

„Das Recht auf gegenseitigen Verkehr ist kein Recht, sondern der gegenseitige Verkehr und das Verkehrsbedürfnis der Staaten sind vielmehr die Voraussetzung für das Vorhandensein eines Völkerrechts. Da es im übrigen bei einem eventuellen

Konflikt mit dem Recht auf Selbsterhaltung diesem weichen müßte, so könnte es auch kein Grundrecht sein.“ (196.)

Diese Argumentation beweist aber wieder zu viel, denn nach derselben Methode läßt sich die Unmöglichkeit des Rechts auf Selbsterhaltung beweisen: Das Recht auf Selbsterhaltung ist kein Recht. Sondern die Selbsterhaltung und das Selbsterhaltungsbedürfnis der Staaten sind vielmehr die Voraussetzung für das Vorhandensein eines Völkerrechts. Da es im übrigen bei einem eventuellen Konflikt mit dem Recht der Selbsterhaltung (anderer Staaten) diesem (bei einem verlorenen Kriege) weichen müßte, so könnte es auch kein Grundrecht sein. — Übrigens ist KAUFMANN die Erklärung dafür, wie „die Voraussetzung für das Vorhandensein eines Völkerrechts“ in Konflikt mit dem Völkerrecht geraten kann, schuldig geblieben.

Von einer Widerlegung auch nur eines dieser Grundrechte kann also bei KAUFMANN keine Rede sein.

Und was setzt er an ihre Stelle?

Er findet in dem Selbsterhaltungsrecht die „objektive Norm“, an der alles internationale Verhalten der Staaten gemessen werden kann und soll:

> „Die Selbsterhaltungshandlung ist nicht rechtswidrig. Dies Grundrecht gibt daher auch allein den Beurteilungsmaßstab dafür ab, wann ein Angriffskrieg ‚gerecht‘ ist, wann und wie weit eine Intervention in die inneren Angelegenheiten eines anderen Staates berechtigt ist, wann mit Zwang verbundene Präventivmaßregeln gegen andere Staaten zulässig sind, und für alles, was sonst noch an Fragen der großen Politik auftauchen kann.“ (199 f.)

Die Sophistik ist hier wieder dieselbe wie vorher beim „Vertragsrecht“. Wie dort, so wird auch hier der Satz, daß eine Handlung nicht rechtswidrig ist, als Kriterium des Rechts ausgegeben, während ein solches doch erst eine Bestimmung darüber erfordern würde, wann eine Handlung rechtswidrig ist. Daraus, daß eine den Willen einschränkende Verbindlichkeit nicht besteht, eine Grenzbestimmung ableiten zu wollen, „wie weit" z. B. eine „Intervention in die inneren Angelegenheiten eines anderen Staates" gehen darf, um „berechtigt" zu sein, ist barer Widerspruch. Ehe nicht erst eine solche Grenze der berechtigten Sphäre des einen und anderen festgestellt ist, kann von gar keinem Recht oder Unrecht die Rede sein. Der von KAUFMANN als höchste „objektive Norm" und „Beurteilungsmaßstab" des Rechts hingestellte Satz schließt jede Möglichkeit einer solchen Grenzbestimmung aus und kommt daher in Wahrheit vielmehr der Negation jeder rechtlichen Norm und jedes rechtlichen Beurteilungsmaßstabes gleich.

Gibt es überhaupt kein Recht, so kann freilich auch die Selbsterhaltungshandlung nicht rechtswidrig sein; denn wo kein Recht ist, kann ihm auch nichts widerstreiten. Wollte man aber unter dem „Recht" nur das Nicht-Verbotensein verstehen, so ließe sich allerdings unter Voraussetzung des Fehlens einer höheren Norm von einem „Recht der Selbsterhaltung" sprechen; nur dürfte man daraus nicht, wie KAUFMANN will, auf die Rechtswidrigkeit einer die Grenze dieses Rechts überschreitenden Handlung schließen. Denn wie sollte daraus, daß eine Handlung A nicht verboten ist, folgen, daß eine Handlung B verboten ist? Wie will man daraus, daß es keine den Willen der Staaten einschränkende Verbindlichkeit gibt, — denn aus dieser, der „koordinationsrechtlichen" Natur des Völkerrechts entspringenden Voraussetzung war das Recht auf Selbsterhaltung abgeleitet, — schließen, daß es eine den Willen der Staaten einschränkende Verbindlichkeit gibt? Kurz, — nach der gewöhnlichen Ausdrucksweise, — wie will man aus dem Nicht-Bestehen eines Rechts auf das Bestehen eines Rechts schließen? Von dieser

Schlußweise aber macht KAUFMANN in dem Maße Gebrauch, daß sich ihm das Recht auf Selbsterhaltung unter den Händen sogar in eine „Pflicht“ der Selbsterhaltung verwandelt. (198, 27, 158.)

Nehmen wir aber das Wort „Recht“ im sprachüblichen Sinne, so ist sofort klar, daß es ein Grundrecht auf Selbsterhaltung für die Staaten ebensowenig geben kann wie für die Individuen. Das Recht ist, wie auch KAUFMANN zugestanden hatte, eine Ordnung von Willensverhältnissen, es soll entscheiden, „welcher Wille jeweils der maßgebliche sein soll“. Es muß daher eine Regel enthalten, die entscheidet, welcher Wille im Kollisionsfalle dem anderen zu weichen hat. Diese Entscheidung kann aber nicht durch einen an der Kollision beteiligten Willen erfolgen, denn welcher Wille maßgeblich ist, soll ja gerade durch das Recht erst entschieden werden. Das Recht kann niemals durch den bloßen Willensinhalt des einen oder anderen Beteiligten bestimmt sein, sondern nur durch eine Regel des Verhältnisses der Willensbefriedigung des einen und anderen. Nicht das strittige Gut als solches ist schon ein Rechtsgut, sondern es ist dieses nur insofern, als die Regel der richtigen Verteilung dem einen oder anderen ein Recht darauf gibt. Sofern sie aber dem einen ein Recht darauf gibt, schließt sie, eben dadurch, den anderen von diesem Rechte aus.

Was soll man sich danach unter einem Grundrecht der Selbsterhaltung denken? Soweit die Selbsterhaltungsinteressen der Staaten nicht in Konflikt geraten, kann ihre Befriedigung nicht rechtswidrig sein; denn erst für den Fall eines solchen Konfliktes kommt überhaupt ein Recht auf Selbsterhaltung in Frage. Liegt aber ein solcher Konflikt vor, so muß das Interesse des einen an der Selbsterhaltung dem des anderen weichen, und die Rechtsfrage geht dahin, welches Interesse den Vorzug verdient. Ein Grundrecht auf Selbsterhaltung widerspricht sich daher selbst, denn es würde jedem von beiden den Anspruch geben, daß der andere ihm zu weichen habe. Statt die Interessenkollision zu lösen, würde es ihr nur noch eine Rechtskollision hinzufügen.

Dieser Widerspruch ist nur die unmittelbare Folge des anderen, im Begriff des „Koordinationsrechts" als einer „auf dem Willen der Genossen" beruhenden Rechtsordnung enthaltenen Widerspruchs. Eine vom Willen der Genossen unabhängige Rechtsordnung zwischen den Staaten ist für KAUFMANN undenkbar, da eine solche einen „allen Genossen zumutbaren Verteilungsgesichtspunkt" erforderte, „wie im Mittelalter der kirchliche Zweck einer war" und wie es seit der Reformation „nur noch der staatliche Machtzweck sein kann". (189.)

Der Gesichtspunkt der Regelung des Verhältnisses der Staaten durch das R e c h t scheint demnach ein wenigstens einem Völkerrechtslehrer nicht zumutbarer Gesichtspunkt zu sein.

Neuntes Kapitel.

Die Ignorierung des Rechtsbegriffs bei weiteren Staats- und Völkerrechtslehrern.

§ 1. Charakterisierung der heutigen Staatsrechtswissenschaft bei ANSCHÜTZ.

Es ist nicht die Absicht dieser Schrift, eine in irgend einer Hinsicht erschöpfende Übersicht über die unseren Gegenstand betreffende Literatur zu geben. Es kommt hier vielmehr nur darauf an, zu zeigen, von welchem Geist diese Literatur beherrscht wird, und dieser Zweck dürfte schon genugsam erfüllt sein durch die Feststellung, daß Schriften wie die bisher besprochenen überhaupt geschrieben werden, Verbreitung finden und zu Ansehen gelangen k o n n t e n. Zum Überfluß aber und zur Bestätigung dafür, daß es sich nicht um willkürlich hervorgesuchte isolierte Erscheinungen handelt, lasse ich noch einige aufs Geratewohl herausgegriffene Proben folgen.

Daß im Staatsrecht mit der Ablösung des Naturrechts durch die historische Schule die Frage nach Rechtsprinzipien ein- für allemal verabschiedet ist, dies ist so bekannt, daß es nicht lohnt, hierfür weitere Beweise zu erbringen. Es mag genügen, das Urteil eines Kenners des deutschen Staatsrechts wie ANSCHÜTZ anzuführen:

„Es ist deutlich, daß die in der älteren Literatur mit Vorliebe behandelte Frage nach dem Wirkungskreise der Staatsgewalt und seinen Grenzen — die Lehre vom ‚Staatszweck' — eine gar nicht aufzuwerfende Frage ist, sofern gefragt werden will nach einem mit Rechtsverbindlichkeit für alle Staaten ausgestatteten Normalkatalog der Staatszwecke, nach Vorschriften, aus denen zu entnehmen sei, was der Staat ‚darf' und ‚soll' oder ‚nicht soll'. Solche Vorschriften gibt es nicht. Es sind das Fragen, welche einem früheren, naturrechtlich gestimmten Zeitalter wichtig und lösbar erscheinen mochten, die aber in der heutigen Staatsrechtswissenschaft kaum anders als durch Übergang zur Tagesordnung zu erledigen sind. Es gibt kein Staatsrecht, welches der Gesamtpolitik des Staates Aufgaben, Grenzen und Richtung anweist." [1]

Damit ist der klare Verzicht auf jegliche rechtliche Beschränkung politischer Willkür ausgesprochen. Wenn die Frage nach der Grenze zwischen Recht und Unrecht der heutigen Staatsrechtswissenschaft nicht mehr wichtig erscheint, so stellt diese ihrem eigenen Zeitalter ein Armutszeugnis aus, das ihm vor einem gerechten geschichtlichen Urteil um so weniger zur Ehre gereichen wird, mit je größerer Selbstverständlichkeit es in seiner geringschätzigen Ignorierung so ernster Fragen einen Grund erblickt, hochmütig auf jenes „naturrechtlich gestimmte Zeitalter" herabzusehen.

---

1 GERHARD ANSCHÜTZ, Deutsches Staatsrecht. Enzyklopädie der Rechtswissenschaft in systematischer Bearbeitung, herausgegeben von HOLTZENDORF und KOHLER. 7. Auflage 1914. Bd. 4. S. 26.

§ 2. Der Souveränitätsbegriff als Prinzip der völkerrechtlichen Anarchie bei STENGEL.

Wie Staatsrechtslehrer den Souveränitätsbegriff als ein angebliches Rechtsprinzip mißbrauchen, um sich allem wirklichen rechtlichen Fortschritt unter dem Schutze einer Scheinwissenschaft entgegenzustemmen, dafür liefert ein deutliches Beispiel die Polemik KARL VON STENGELs gegen die von pazifistischer Seite vertretenen Bestrebungen zu Gunsten einer rechtlichen Organisation der Staatengemeinschaft.[1] Auf Grund der Erklärung, „Mitglieder der völkerrechtlichen Gemeinschaft" könnten „nur Staaten, d. h. nur souveräne Gemeinwesen" (4) sein, gelingt es ihm, diese Bestrebungen nicht nur als gefährlich für das Völkerrecht, sondern auch als staatsfeindlich darzustellen. Welche Verwirrung bei diesem Staatsrechtslehrer hinsichtlich der elementarsten Begriffe seiner Wissenschaft herrscht, geht schon daraus hervor, daß er, nachdem er die Souveränität für ein zum Inhalt des Staatsbegriffs wesentlich gehöriges Merkmal erklärt hat, das Zugeständnis macht, es sei „allerdings richtig, daß der Souveränitätsbegriff nicht übertrieben werden darf, und daß eine Beschränkung der Souveränität möglich ist, ohne daß dadurch ein Gemeinwesen seine Eigenschaft als Staat verliert" (92), daß er aber sofort wieder hinzufügt: „Andererseits muß aber betont werden, daß die Souveränität der Angelpunkt unseres Staatsrechtes und unseres Völkerrechtes ist." (92.) Was er sich unter der Übertreibung eines Begriffes vorstellt, sagt er nicht. Auch wie man sich ohne Widerspruch eine Beschränkung der Souveränität (die er selbst als die höchste, keiner anderen unterworfene Gewalt definiert) vorstellen soll, die nicht zugleich deren Vernichtung ist, erfahren wir nicht.

---

[1] KARL VON STENGEL, Weltstaat und Friedensproblem. Berlin 1909.

Daraus, daß „das Völkerrecht Staaten voraussetzt, d. h. selbständige und unabhängige, einer höheren Gewalt nicht unterworfene Gemeinwesen“, „ergibt sich von selbst, daß die Souveränität der Staaten die Grundlage des Völkerrechts ist und auch bleiben muß“ (93). STENGEL hat aber weder die Frage berührt, ob es ein Völkerrecht im Sinne dieser Definition überhaupt gibt, und ob diese Definition dem entspricht, was das Wort „Völkerrecht“ im sonstigen Sprachgebrauch bedeutet, noch auch, ob das Bestehen und Fortbestehen eines so definierten Gebildes irgend wünschenswert ist. Bis zur Erbringung dieses Nachweises kann seine Behauptung nichts weiter bedeuten, als daß mit der Aufhebung der staatlichen Souveränität auch das Wort „Völkerrecht“ seine Anwendbarkeit verlieren müßte. „Würden“, fährt er fort, „wie die Pazifisten anstreben, die sämtlichen zur völkerrechtlichen Gemeinschaft gehörigen Staaten zu einem Weltbundesstaat vereinigt, so gäbe es kein Völkerrecht im gegenwärtigen Sinne des Wortes mehr, die Beziehungen der zum Weltbundesstaat gehörigen Mitgliedstaaten wären durch das Weltbundesstaatsrecht geregelt.“ (93.) Gewiß, definiert man den Staat als das souveräne Gemeinwesen, so würden die Staaten, wenn sie sich zu einer sie umfassenden Rechtsorganisation vereinigten, eben damit den Anspruch verlieren, fortan noch Staaten genannt zu werden; dieser Anspruch würde vielmehr der ihnen übergeordneten Organisation zukommen. Auf diese terminologische Feststellung beschränkt sich die Tragweite der Argumentation, mit der STENGEL gegen die internationale Organisation zu Felde zieht. Denn welches Unglück mit einem solchen Wechsel der juristischen Terminologie für die Menschheit verbunden wäre, und ob das Interesse an der Beibehaltung jenes Wortes hinreicht, um seinetwegen für alle Zeit auf die Einführung des Rechts im Völkerleben zu verzichten, hat STENGEL nicht untersucht.

§ 3. Die Lehre von der Unmöglichkeit einer völkerrechtlichen Organisation bei ZITELMANN und HEILBORN.

Aber auch bei Juristen, denen es ernster ist mit dem Völkerrecht, finden wir dieselbe sklavische Abhängigkeit von der einmal eingewurzelten Macht des bloßen Wortes, dieselbe abergläubische Furcht, an dem an das Wort gehefteten Dogma auch nur mit dem leisesten Zweifel zu rütteln.

In seinem Aufsatz „Haben wir noch ein Völkerrecht?“ [1] schreibt ERNST ZITELMANN:

„Eine solche Erzwingbarkeit fehlt nun dem Völkerrecht allerdings, sie muß ihm fehlen; denn jeder wahre Staat ist souverän, d. h. er steht unter keiner anderen staatlichen Gewalt als seiner eigenen; wäre er einer mit rechtlicher Zwangsgewalt ausgerüsteten höheren Staatenorganisation unterworfen, so wäre er nicht mehr souveräner Staat, sondern Glied eines neuen Staates, eines Bundesstaates, und von Völkerrecht könnte keine Rede sein, höchstens noch von einem öffentlichen Recht innerhalb dieses Staatsganzen.“

In einer besonderen, das neue „Handbuch des Völkerrechts“ eröffnenden Monographie über die „Grundbegriffe des Völkerrechts“ hat HEILBORN im Anschluß an die herrschenden Lehren seine eigenen Gedanken über diesen Gegenstand von neuem niedergelegt. [2]

Davon ausgehend, daß „Gewalt und Macht selbst niemals Recht schaffen können“, meint HEILBORN, die von einer Macht erlassenen

---

[1] Preußische Jahrbücher. Bd. CLVIII. Heft 3. S. 477.

[2] PAUL HEILBORN, Grundbegriffe des Völkerrechts. Handbuch des Völkerrechts, herausgegeben von FRITZ STIER-SOMLO. Berlin, Stuttgart, Leipzig 1912. Bd. 1. Erste Abteilung.

Befehle könnten „nur dadurch zu Rechtssätzen werden, daß sie als solche seitens der Adressaten anerkannt werden, bezw. dadurch, daß die Fähigkeit der Staatsgewalt zum Erlaß von Rechtssätzen seitens der Staatsgenossen anerkannt ist.“ Hieraus aber schließt er, daß in letzter Linie das Recht „formell nicht auf dem Willen der übergeordneten Gewalt“ beruhe, „sondern auf dem Willen der ihr unterworfenen Menschen“ (6). Und so kommt er zu dem Ergebnis, daß „die Möglichkeit der Selbstverpflichtung des freien, verfügungsfähigen Menschen, d. h. die Verpflichtung kraft seines eigenen Willens, ohne daß eine übergeordnete Rechtsordnung dazu käme, die Grundlage allen Rechts“ sei (7).

Wie aber ein Befehl seitens der Adressaten als Rechtssatz anerkannt werden kann, wenn er nur insofern einen Rechtssatz darstellt, als ihm eine solche Anerkennung zu teil wird, diese so naheliegende Frage hat sich HEILBORN nicht vorgelegt. Sonst hätte er sofort den Widerspruch seiner Erklärung bemerken müssen, der daraus entspringt, daß der Rechtssatz, um als solcher anerkannt zu werden, in seiner Eigenschaft als Rechtssatz schon unabhängig von aller Anerkennung vorausgesetzt werden muß. Läßt man aber auch diesen Widerspruch auf sich beruhen, so entbehrt doch der weitere Schluß auf den Willen der Adressaten als Quelle des Rechts seinerseits aller logischen Grundlagen. Denn daß, wie HEILBORN behauptet, aus der Überzeugung von der Rechtlichkeit eines bestimmten Verhaltens „ohne weiteres der Wille entspringt, dafür tätig zu werden, daß das als gerecht und richtig erkannte Verhalten beobachtet werde“ (31 f.), ist eine willkürliche und handgreiflich falsche Behauptung. Er weist selbst an anderer Stelle darauf hin, daß neben dem Rechtsgefühl „auch und vor allem egoistische Triebe mächtig sind“, die die Geltung des Rechts unsicher machen und es bedingen, daß „ein äußerer Zwang“ zur Durchsetzung des Rechts hinzukommen muß (2). Die bloße Überzeugung, daß ein Verhalten Recht sei, schließt weder begrifflich noch tatsächlich den Willen zur Beobachtung dieses Verhaltens ein. Um so weniger aber läßt sich schließen, daß der Zwang zum rechtlichen Verhalten sich seinerseits „auf den Willen der Rechtsgenossen gründet". Der Wille, sich zu etwas zwingen zu lassen, was man nicht will, widerspricht sich selbst.

Aber auch wo der Wille vorhanden ist, ein bestimmtes Verhalten zu beobachten, läßt sich aus ihm ohne ein schon vorausgesetztes Recht keine Verpflichtung ableiten. Wenn HEILBORN die Unmöglichkeit einer derartigen Selbstverpflichtung darum für ein Scheinargument erklärt, weil die entgegengesetzte Auffassung von der Verpflichtung durch den Willen einer höheren Gewalt entsprechenden Einwendungen ausgesetzt sei und „die Möglichkeit eines Rechtsbruches nach jeder Auffassung bestehen bleibt" (6), so wird die Logik dieser Gegenargumentation nicht dazu angetan sein, jemand im Ernst für die Willenstheorie einzunehmen.

Daß „der Staat sich nicht aufopfern darf, sondern in Konfliktsfällen ausschließlich an sein eigenes Wohl denken muß", ist für HEILBORN eine „Binsenwahrheit" (21). Und die Unvereinbarkeit des Völkerrechts mit einer die Staatenanarchie beseitigenden Organisation der Staatengemeinschaft ist auch für ihn eine einfache Folge aus dem Begriff des Völkerrechts:

> „Das interne Recht der Verbandspersönlichkeit wäre begrifflich Staatsrecht; denn es regelte wie in einem Bundesstaat das Verhältnis des Verbandes zu den ihm eingegliederten, untergeordneten Persönlichkeiten. Mit dem Völkerrecht wäre es also vorbei." (35.)

Wie weit der Terrorismus des Souveränitätsdogmas geht, kann man auch daraus ersehen, daß er sich bis in die an den Schulen eingeführten Lehrbücher verfolgen läßt. Zum Beweis dafür mögen hier nur einige Stellen aus einem tatsächlich im Schulgebrauch befindlichen

Lehrbuch der deutschen Bürgerkunde[1] angeführt werden. Hier lesen wir, daß „die Vorliebe für einen Weltstaat (Universalreich) widernatürlich und deshalb tief unsittlich" ist, da „die Vielheit der Staaten durchaus natürlich und notwendig" sei (8). Und weiter: „Jeder Staat ist souverän, d. h. er ist vollkommen unabhängig, lebt nach eigenen Gesetzen" (9). „Kriege sind also in der Natur des Menschen begründet und werden daher, obgleich sie gewiß eine schreckliche Geißel der Menschheit sind, ungeheure Opfer an Gut und Blut verschlingen und ihr Ausgang stets unsicher ist, dennoch bleiben, solange der einzelne Mensch mit seinem Mitmenschen nicht in ewigem Frieden leben kann." (10.) Dieser Satz wird für sich noch einem kindlichen Gemüte harmlos erscheinen; denn daß, solange die Menschen nicht in Frieden leben können, zwischen ihnen noch Kriege möglich bleiben, ist wohl einleuchtend. Aber die Fortsetzung des Textes zeigt alsbald, wie dieser harmlos erscheinende Satz nur mißbraucht wird, um desto unverfänglicher mit einer alle Logik und alles Recht verdrehenden Sophistik den Völkerfrieden als ein durchaus unerwünschtes und utopisches Ideal beiseite schieben zu können:

> „Die Vorstellung von einem ewigen Völkerfrieden ist ein nichtiger Traum." (10.) Kriege „sind aber nicht allein natürlich und notwendig, sondern oft auch nützlich und heilsam, sie sind, wie der Kampf ums Dasein für den Einzelnen, für die Völker und Staaten ein unentbehrlicher Hebel zu höherer Entwicklung. Denn nicht der Zufall entscheidet endgültig über den Ausgang des Krieges, auch nicht äußerliche Fähigkeiten und Fertigkeiten, sondern

---

[1] Deutsche Bürgerkunde. Einführung in die allgemeine Staatslehre, in die Verfassung und Verwaltung des Deutschen Reiches und Preußens und in die Volkswirtschaftslehre. Von Dr. A. Giese, Professor am Sophien-Realgymnasium zu Berlin.

die gesamte körperlich-geistige, die wirtschaftliche und insbesondere die sittliche Tüchtigkeit eines Volkes." (12.)

Nachdem also gerade festgestellt war, daß der Ausgang der Kriege stets unsicher ist, wissen wir nun, daß nicht der Zufall über ihn entscheidet.

§ 4. TRIEPELs Lehre vom Gemeinwillen.

Es war der durchaus richtige Grundgedanke TRIEPELs, als er seine heute fast allgemein abgelehnte Lehre von dem „Gemeinwillen" [1] als der Quelle des Völkerrechtes aufstellte, daß, wie er selbst sagt, ein Rechtssatz, der nicht über den Subjekten steht, an die er sich wendet, nicht gedacht werden kann (78 f.). Und nur die auch von ihm als selbstverständlich angenommene Voraussetzung, daß ein Rechtssatz nichts anderes sein könne als der „erklärte Inhalt eines Willens" (28), hat das Mißglücken auch dieser Lehre verschuldet. Auch ihn beschäftigt die „metajuristische" Frage nach dem Rechtsgrunde des Rechts (82). Daß ein solcher Rechtsgrund des Rechts jedenfalls nicht im Rechte selber zu finden sei, ist ihm wohl klar. Und ebenso klar ist ihm auch, daß dieser Rechtsgrund nicht in der Erzwingbarkeit des Rechts liegen kann. [2] Da er aber einen solchen überhaupt nicht entbehren zu können meint, so bleibt ihm nichts übrig, als ihn in einem den Staaten übergeordneten Willen zu suchen. Diesen aber kann er, in Ermangelung einer den Staaten übergeordneten Rechtspersönlichkeit, nur fingieren, indem er sich aus dem Zusammentreffen

---

[1] HEINRICH TRIEPEL, Völkerrecht und Landesrecht. Leipzig 1899.

[2] Er irrt sich freilich, wenn er meint, daß vor ihm der innere Widerspruch dieser Zurückführung des Rechts auf die Befugnis zu zwingen noch nicht beachtet worden sei. Er hätte die Feststellung dieses Widerspruchs in vollster Prägnanz bereits in FRIES' „Philosophischer Rechtslehre" vom Jahre 1803 finden können.

des Willens der einzelnen Staaten einen von diesen verschiedenen „Gemeinwillen" (79) hervorgehend denkt. Auf diesem Gedanken beruht seine Lehre von der rechtserzeugenden Kraft der „Vereinbarung" im Unterschied vom bloßen Vertrage. Wenn aber der bloße Vertrag für sich kein Recht zu schaffen vermag, wie ist dann zu verstehen, daß es neben diesem „eine Art des Zusammentreffens mehrerer Willen gibt, die das zu leisten im Stande ist, wozu sich jener als ungeeignet erwies" (49)? Diese Frage ist für ihn gleichbedeutend mit der Frage nach der Möglichkeit einer „Verschmelzung inhaltlich gleichen Willens zu einem Willen" (49). Wollte man aber auch die Existenz des von TRIEPEL angenommenen Gemeinwillens als erwiesen annehmen, so bliebe doch die Verbindlichkeit dieses Gemeinwillens für die einzelnen Staaten gerade so unbegreiflich wie die von TRIEPEL selbst geleugnete Verbindlichkeit ihres Einzelwillens. Er sagt:

> „Ich finde die bindende Kraft des Völkerrechts einmal darin begründet, daß in dem Gemeinwillen, dessen Inhalt dem Staate als Norm seines Verhaltens gegen andere Staaten erscheint, ihm nicht ein durchaus fremder, sondern zugleich sein eigener Wille entgegentritt, so daß ihm nichts auferlegt wird, was er sich nicht selbst auferlegt hat. Nicht lediglich sein eigener Wille, aber doch nicht schlechthin ein fremder Wille." (182.)

Damit wiederholt TRIEPEL aber nur, was schon in seinem Begriff der Vereinbarung liegt, und die Frage, wie zu der bloßen Tatsache der Vereinbarung die Verbindlichkeit hinzukomme, wird dabei in Wahrheit überhaupt nicht berührt.

§ 5. Souveränität und Solidarität bei NIPPOLD.

Zu den wenigen, die immer wieder dafür eingetreten sind, daß die Völkerrechtswissenschaft auch die Fortbildung des geltenden Rechts in den Kreis ihrer Aufgaben ziehe, damit Probleme von so eminenter Wichtigkeit und Tragweite nicht juristischen Dilettanten zur Lösung überlassen bleiben, gehört OTFRIED NIPPOLD.[1] Wer sich so ernstlich wie NIPPOLD um die Fortbildung des geltenden Völkerrechts bemüht, bei dem wenigstens sollte man erwarten dürfen, daß er es als unerläßlich notwendig erkennt, zu allererst über die Kriterien Klarheit zu schaffen, nach denen sich entscheiden läßt, in welcher Richtung diese Fortbildung geschehen soll, und was überhaupt als Fortbildung, und was vielmehr als Rückbildung zu gelten hat.

Er läßt es denn auch an einer Untersuchung über „die Grundlage des neuen Völkerrechts" nicht fehlen. (35 ff.) Wenn er sich nun hier auch gegen eine Überschätzung des „vielfach mißverstandenen Begriffs" (42) der Souveränität wendet, so rühmt er es doch als einen Fortschritt, daß man die „alte Auffassung vom Völkerrecht als einer *über* den Staaten thronenden Rechtsordnung, einer Idee, bei der natürlich das Moment, daß der *Staatswille selbst* alles Völkerrecht schafft, in den Hintergrund treten muß" (45), verlassen hat. Und so sieht auch er gerade in der Souveränität den Grund der völkerrechtlichen Normen:

> „Die Souveränität im völkerrechtlichen Sinn bedeutet in Wirklichkeit nichts anderes als eine *Bejahung* der freien staatlichen Persönlichkeit im internationalen Verkehr, eine Anerkennung der

---

[1] OTFRIED NIPPOLD. Die Fortbildung des Verfahrens in völkerrechtlichen Streitigkeiten. Leipzig 1907.

Staaten als völkerrechtliche Subjekte." (44.) „Wenn der Staat eine ‚Selbstverpflichtung' eingeht, so tut er dies nicht trotz seiner Souveränität, sondern kraft seiner Souveränität, d. h. eben seiner freien völkerrechtlichen Persönlichkeit. Die Souveränität steht dem also nicht etwa im Wege, sondern sie befähigt ihn dazu." (47.) „Der Staat braucht diese Verträge nicht abzuschließen. Aber, wenn er es will, dann kann er es, dann kann ihn niemand daran verhindern. Wo er handelt, da handelt er also kraft seiner freien Persönlichkeit. Das ist der wahre Sinn der staatlichen Souveränität im Völkerrecht." (48.) Er meint, daß „das Völkerrecht im modernen Sinn selbst nur ein Ausfluß dieser Souveränität ist." (49.)

Wenn aber alles Völkerrecht erst aus dem souveränen Staatswillen hervorgehen soll, worauf beruht dann das Recht der Souveränität? Es müßte ja dann selbst erst eine Folge des darauf gerichteten Staatswillens sein, der ja aber seinerseits, um eine solche Folge herbeiführen zu können, schon als souverän vorausgesetzt werden müßte. Dieser Widerspruch läßt sich auf keine Weise aus der Welt schaffen.

Aber auch die Möglichkeit einer Selbstbeschränkung des souveränen Staates zugestanden, so ist doch die Frage nicht zu umgehen, ob es im bloßen Belieben des einzelnen souveränen Staates steht, sich eine solche Selbstbeschränkung aufzuerlegen, oder ob er nicht vielmehr dazu verpflichtet ist. Gibt es nicht ein Recht der anderen Staaten, eine gewisse Selbstbeschränkung von ihm zu fordern? Oder sollen sie etwa ihrerseits verpflichtet sein, seinen Launen zu Willen zu sein, wenn es ihm nicht beliebt, in der rücksichtslosen Verfolgung seiner Interessen Maß zu halten?

Daß die Souveränität nicht als Prinzip des Völkerrechts genügen kann, fühlt auch NIPPOLD, da er es für nötig hält, ihr ein Prinzip der „Solidarität" nicht etwa nur an die Seite zu setzen, sondern dieses geradezu als das „alleinige Prinzip des Völkerrechts" (59) aufzustellen. Er meint nämlich, das Charakteristische des modernen Völkerrechts in der Gemeinsamkeit der Interessen zu finden:

„Die Eigenart des Völkerrechts beruht vor allem darin, daß mehrere Staaten gemeinsam ihre gemeinsamen Interessen schützen und ihre gegenseitigen Beziehungen regeln." (35.) „Was die Eigenart, die Grundlage des Völkerrechts bildet, das ist die Gemeinsamkeit, die Solidarität." (59.)

Aber hierin findet sich eine verhängnisvolle Unklarheit. Allerdings haben die Staaten ein gemeinsames Interesse daran, „ihre gegenseitigen Beziehungen zu regeln", aber dieses, das spezifisch rechtliche Interesse der Staaten darf man nicht verwechseln mit den Interessen, deren Beziehungen einer rechtlichen Regelung bedürfen, und ohne deren Voraussetzung das gemeinsame Interesse an einer rechtlichen Regelung solcher Beziehungen gar nicht erst auftreten würde. Diese Interessen verlangen aber gerade insofern eine rechtliche Regelung ihrer Beziehungen, als sie mit einander kollidieren. Wo diese Interessen harmonieren, ist keine Rechtsentscheidung erforderlich. Die Interessengemeinschaft der Staaten, die die fragliche Grundlage des Völkerrechts bildet, ist also gerade die Gemeinsamkeit des Interesses an der Regelung von Interessenkonflikten. Wo aber ein solcher Konflikt entsteht, gibt das Interesse an einer rechtlichen Regelung doch noch nicht die Regel selbst, die den Konflikt entscheidet. Die Grundlage für die Gewinnung dieser Regel muß also anders woher genommen werden.

Diese Regel kann man jedenfalls auch nicht, wie NIPPOLD im Anschluß an ULLMANN zu versuchen scheint, einem „primären allgemeinen Rechtsverhältnis" entnehmen, „in dem jedes Mitglied sich als verpflichtet anerkennt, die anderen nicht zu verletzen, in dem jedem einzelnen Mitgliede aber auch der Anspruch zuerkannt ist, von jedem anderen die Unterlassung jeder Verletzung zu fordern" (43).

Denn die Norm, daß keiner den anderen verletzen darf, ist, wenn dabei an eine Interessenverletzung gedacht wird, auf den Konfliktsfall gerade nicht anwendbar. Der Konflikt besteht ja darin, daß die Verletzung wenigstens eines Interesses unvermeidlich ist, und wenn wir nach der Rechtsregel fragen, welches Interesse zu schonen sei, welches dagegen verletzt werden dürfe, so kann man darauf offenbar nicht mit der Regel antworten, daß kein Interesse verletzt werden dürfe. Soll aber jene Regel nur das Verbot einer Rechtsverletzung darstellen, so ist damit ebensowenig gewonnen, da wir ja gerade fragen, welches das Recht ist, das nicht verletzt werden darf.

Zehntes Kapitel.

Der privatrechtliche Nihilismus

bei

JULIUS BINDER.

§ 1. Die Lehre vom fiktiven Charakter der Rechtspflichten, begründet durch die Lehre von ihrem Adressaten.

Daß die Ansichten, die auf dem Gebiete des Privatrechtes herrschen, den im Staatsrechte geltenden entsprechen, bedürfte eigentlich keiner besonderen Erwähnung. Seit man einmal, nach dem Verlassen des Naturrechtes, sich wenigstens darüber einig ist, daß überhaupt nur im Staate ein wirkliches Privatrecht bestehen kann, muß auch klar sein, daß die auf diesem Gebiet herrschenden grundsätzlichen Ansichten durchaus von der Stellungnahme abhängen, die man zu den Problemen des Staatsrechtes einnimmt. Die Verhältnisse liegen daher hier nicht grundsätzlich anders als beim Staatsrecht, sondern erfahren nur eine weitere Verwicklung dadurch, daß die Lösung der privatrechtlichen Probleme die der staatsrechtlichen schon voraussetzt. Um indessen auch ein Beispiel dafür zu geben, wie weit sich der rechtliche Nihilismus mit seinen verwüstenden Konsequenzen hervorwagt und wie wenig er davor zurückscheut, selbst den ehrwürdigen und scheinbar so festen Bau des Privatrechts aus seinen Fugen zu treiben, erwähne ich die Lehren, die neuerdings JULIUS BINDER[1] über das Wesen der das Privatrecht regelnden Normen entwickelt hat.

BINDER geht davon aus, daß die Frage, worauf die „verpflichtende Kraft" der Rechtssätze beruhe, noch keine befriedigende Lösung gefunden habe. Um diese Tatsache zu erklären, stellt er seinerseits die Behauptung auf, das Problem sei darum unlösbar, weil die Annahme vom verpflichtenden Charakter der Rechtsnormen unbegründet sei. Sehr richtig bemerkt er, daß es vergeblich sei, die Frage nach dem Grunde der verpflichtenden Kraft der rechtlichen Imperative „mit einem Hinweis auf den Zwangscharakter des Rechts oder die Anerkennung durch die Rechtsgenossen beantworten" zu wollen: „Beides ist unmöglich; die Anerkennung des Rechts durch die Rechtsgenossen erweist sich bei näherer Betrachtung als eine Fiktion, und der Umstand, daß ein rechtlicher Befehl zwangsweise durchgesetzt werden kann, reicht nicht aus, ihn zu einem verbindlichen Befehl zu machen." (13 f.) Diese an sich richtige Feststellung ist aber für ihn schon Grund genug zu der Behauptung: „Die Schuld, die Obligation als Rechtspflicht ist mit anderen Worten juristisch überhaupt nicht zu begründen." Er sagt:

„Für die nüchterne juristische Betrachtung liegt vielmehr, wenn wir den Ausgangspunkt der herrschenden Lehre, die an die Rechtsgenossen gerichtete Rechtsnorm, festhalten, die Sache so: Der Umstand, daß eine Person dem an sie ergangenen rechtlichen Befehle nicht gehorcht, bildet für den staatlichen Zwangsapparat den zureichenden Grund, gegen den Ungehorsamen mit äußeren Zwangesmaßregeln vorzugehen, wozu ihm, wenn wir uns auf den Schuldner des Privatrechts beschränken, die Haftung in ihren verschiedenen Arten die nötigen Mittel und Wege gibt. Von einem Sollen in irgend einer durch den Wortsinn noch gedeckten Bedeutung ist dabei also

---

[1] JULIUS BINDER, Rechtsnorm und Rechtspflicht. Leipzig 1912.

keine Rede. Schon aus diesem Gesichtspunkte kommen wir dazu, die Idee der Rechtspflicht des Schuldners abzulehnen und uns auf die Haftung zu beschränken.“ (14 f.)

Diese Argumentation ist offenbar so wenig schlüssig, daß sie vielmehr die ihr ausdrücklich zu Grunde gelegte Voraussetzung aufhebt, „daß eine Person dem an sie ergangenen rechtlichen Befehle nicht gehorcht“. Denn in dieser Voraussetzung liegt die Annahme eines in der Rechtsnorm enthaltenen, an die Person gerichteten Imperativs. Wenn also BINDER sagt, die Leistung befreie „den Schuldner nicht von der Schuld, sondern von der Haftung“ (12), so ist dies eine durchaus willkürliche Behauptung und läßt auch die Frage nach dem rechtlichen Grunde der Haftung völlig im Dunkeln.

Nun greift aber BINDER die Lehre, daß die Rechtsnorm überhaupt einen kategorischen Imperativ enthalte, vor allem dadurch an, daß er ihr die Meinung gegenüberstellt, „sie sei nur ein hypothetisches Urteil im logischen Sinne“. „Die Konsequenz“ dieser Meinung ist nach ihm, „daß wir die Rechtspflichten im Sinne der herrschenden Lehre überhaupt zu streichen hätten“ (15 f.). Er knüpft dabei an die im Strafrecht bereits von BINDING und seinen Anhängern vertretene Lehre an, „daß der Rechtssatz in seiner hypothetischen Natur die Übertretung der kategorischen Norm voraussetze und die Folgen dieser Übertretung ausspreche“ (16). Hierbei verwechselt er aber das seiner logischen Form nach hypothetische Urteil, „daß etwas unter gewissen Voraussetzungen, die wir den juristischen Tatbestand nennen, geschehen soll“ (17), mit einem hypothetischen Imperativ. Daß ein Satz an die Voraussetzung eines bestimmten Tatbestandes eine rechtliche Folge knüpft, ist keineswegs, wie er meint, hinreichend, um diesem Satz den Charakter eines kategorischen Imperativs zu nehmen. Dazu wäre vielmehr erforderlich, daß der in dem Satze ausgedrückte Imperativ an die Voraussetzung eines seine Gültigkeit bedingenden Zweckes gebunden wäre. Der Tatbestand aber, unter dessen Voraussetzung der Imperativ Anwendung findet, schränkt die Verbindlichkeit des Imperativs nicht auf die Bedingung eines durch seine Befolgung zu erreichenden Zweckes ein, und dieser Imperativ ist daher, wie jedes Sollen, ein kategorischer. Ob man, wie es der naheliegenden und früher unbestrittenen Auffassung entspricht, den Adressaten der Rechtsnorm in dem Volke sucht oder, wie es BINDER tut, in der staatlichen Behörde (dem Richter oder dem Vollstreckungsorgan), das macht für diese grundsätzliche Frage keinen Unterschied. Denn wenn z. B. das Strafgesetz den Sinn hat: „Du sollst, wenn ein bestimmter, im Gesetz genau bezeichneter Tatbestand vorliegt, eine Strafe verhängen" (23), so ist doch auch dies ein kategorischer Imperativ, und die Frage, wie er als solcher verpflichten könne, wird nicht durch die Behauptung gelöst, daß sein Adressat nicht das Volk, sondern der Richter sei. BINDER hat also gar nicht bemerkt, daß er, statt die Rechtspflicht zu beseitigen, sie nur auf ein anderes Anwendungsgebiet verschiebt. Diese Verschiebung, wonach „nicht der Verbrecher das Strafgesetz übertreten kann, sondern nur der Richter oder das Vollstreckungsorgan" (23), und wonach zwar „die Behörde durch ihre staatsrechtliche Stellung der Pflicht unterliegt, diesem Befehl zu gehorchen", „dagegen der Untertan durch das Gebot der Rechtsordnung zwar mittelbar sehr empfindlich getroffen werden kann", „aber eine Rechtspflicht in irgend einem Sinne für ihn nicht besteht" (27 f.), — diese Verschiebung stellt nicht nur alle Begriffe auf den Kopf, sondern ist auch an sich eine überflüssige Bemühung, insofern sie uns dem von BINDER gesteckten Ziele der Beseitigung der Rechtspflicht um nichts näher bringt.

BINDER sagt zwar: „Wird das Gesetz verkündet, so geschieht dies natürlich, damit die Bevölkerung es kennen lernen könne; das bedeutet aber keineswegs: damit sie es befolgen könne" (36). Warum dann aber überhaupt die Bevölkerung das Gesetz kennen lernen soll, darüber gibt BINDER keine Aufklärung. Anscheinend findet er diesen Grund in der Lernbegierde der Bevölkerung. Zwar sagt er auch: „Das Volk soll sich danach richten, d. h. sich dem Gesetz entsprechend verhalten" (36); aber diese Konzession an die von ihm bekämpfte Auffassung steht im schroffsten Widerspruch zu dem ganzen Zusammenhang seiner Schrift.

§ 2. Die Reduktion der Obligation auf die Haftung.

„Von dieser Auffassung aus finden wir" nach BINDER „schließlich auch eine befriedigende Antwort auf die Frage, worin die verbindliche Kraft des Gesetzes beruhe" (36):

> „Fassen wir das Problem rein juristisch, verzichten wir darauf, eine metaphysische Rechtstheorie zu entwickeln, sehen wir auch von der ethischen Seite der Frage vollkommen ab, so können wir nur sagen: das Recht hat den Grund seiner Geltung in der realen Macht des Staates, die zu seiner Durchsetzung erforderlich ist." (37.)

Offenbar versteht hier BINDER unter der „Geltung" des Rechts nicht seine Eigenschaft, tatsächlich befolgt zu werden: denn dann würde er eine leere Tautologie aussprechen, sondern es ist allen Ernstes seine Meinung, daß die Verbindlichkeit des Rechts mit der zu seiner Durchsetzung verfügbaren Macht stehe und falle, woraus er denn, hierin ganz folgerichtig, auf die nur „relative Natur alles Rechtes" schließt, (die ihn übrigens nicht hindert, an anderer Stelle seine „absolute Geltung" (47) zu behaupten), sowie darauf, „daß es Rechtspflichten der Untertanen im eigentlichen Sinne überhaupt nicht geben kann":

> „Die Konsequenz der Rechtsordnung besteht nicht in dem Verpflichtetsein, sondern im Unterworfensein; das Recht ist reale Macht, die sich selbstherrlich durchzusetzen weiß und auf Verpflichtungen überhaupt nicht angewiesen ist." (37 f.)

Auch sagt er geradezu:

„Der Anspruch ist die Möglichkeit, einen Leistungserfolg zwangsweise zu realisieren.“ „Wir sagen, es sei einer berechtigt, vom anderen eine Leistung zu verlangen, wenn für die erwartete Leistung eine durch Prozeß und Vollstreckung realisierbare Haftung besteht.“ „Daraus ergibt sich aber, daß die ‚Schuld‘ überhaupt kein rechtlich relevanter Begriff ist.“ (40 f.) „Abzulehnen ist die allgemeine Kategorie der Untertanenpflichten; abzulehnen die kriminalistische Pflicht, Delikte zu unterlassen; abzulehnen die zivilrechtliche Pflicht, Verbindlichkeiten zu erfüllen.“ (45.)

Hier wird denn also unverhohlen aus dem Privatrecht ein bloßes Faustrecht gemacht. Alles kommt danach auf die Kraftprobe an, ob es dem Schuldner gelingt, sich der Haftung zu entziehen, um auch alle Obligation zu annullieren. Dem so naheliegenden und einleuchtenden Einwand, „ daß diese Auffassung nur dem brutalsten Despotismus entsprechen würde“ (38), sucht sich BINDER durch den Hinweis darauf zu entziehen, „daß mit der Staatsform dieses Problem gar nichts zu tun hat“ (38). Aber dies ist wiederum eine jener Ausflüchte, die einem Advokatenkniff ähnlicher sehen als einer wissenschaftlichen Argumentation. In der Tat, die Frage, wer Träger der Staatsgewalt ist, „ob es ein einzelner Mensch ist oder ob sie unter verschiedene Faktoren geteilt ist“ (38), wird durch die fragliche Rechtsauffassung nicht berührt; diese Auffassung läßt gewiß die Frage unentschieden, w e r jenen „brutalsten Despotismus“ ausüben soll. Aber was ändert dies daran, daß überhaupt der brutalste Despotismus die Konsequenz dieser Lehre ist? Ja viel mehr als der brutalste Despotismus, der ja, indem bei ihm Macht vor Recht geht, wenigstens noch den Unterschied dieser beiden Begriffe bestehen läßt, während hier dieser Unterschied überhaupt aufgehoben werden soll.

Wenn BINDER am Schlusse seiner Ausführungen den Zynismus

der von ihm entwickelten Lehre durch moralisierende Betrachtungen über die vom „sittlichen Bewußtsein des Menschen verlangte Unterwerfung unter die Rechtsordnung" übertüncht, so wird er dadurch nur sehr treuherzige Leser darüber hinwegtäuschen, daß, wollte man diese Erklärungen beim Worte nehmen, zu der durch die Übermacht der Gewalt sonst nur erzwungenen Unterwerfung hier obendrein die Proklamation einer Pflicht zur Unterwerfung unter die blinde Gewalt hinzukäme, wodurch der aller Moral Hohn sprechende Charakter dieser Lehre nur um so greller zu Tage treten würde. Und ebenso treuherzig muß man sein, um sich bei der Erklärung BINDERs, es sei „ein Gebot der Sittlichkeit, die Staats- und Rechtsordnung als eine in der Natur des Menschen begründete Einrichtung zu achten und ihren Geboten entsprechend zu handeln" (47), aus dem Bewußtsein rücken zu lassen, daß die Lehre BINDERs ja gerade darauf hinauslief, die nunmehr mit sittlicher Würde umkleideten Gebote der Rechtsordnung als Fiktionen zu erweisen.

Elftes Kapitel.

Die Restitution des Rechtsbegriffs

bei LUDWIG VON BAR

und ihre Kritik

bei P. SCHOEN.

§ 1. BARs Lehre von den Grundlagen des Völkerrechts.

Es wäre leicht, die Beispiele für die in der heutigen Jurisprudenz zur Herrschaft gelangte, das Recht in bloße Politik auflösende Tendenz beliebig zu vermehren. Besser aber als durch alle weiteren Beispiele, die uns zeigen könnten, wie typisch die geschilderten, das Recht angeblich auf eine feste faktische Basis stellenden, in Wahrheit aber alles Recht untergrabenden Bestrebungen sind, wird dies klar werden, wenn wir beobachten, welches Schicksal einer solchen Arbeit beschieden gewesen ist, die es sich zum Ziel setzt, auf das Bedenkliche dieser Entwicklung aufmerksam zu machen. Denn in der Tat ist jene Tendenz auch auf Widerspruch gestoßen. Und zwar ist es kein juristischer Laie, der seine Stimme gegen die hier dem Recht von Seiten seiner berufenen Sachwalter drohenden Gefahren erhoben hat, sondern kein Geringerer als LUDWIG VON BAR hat es sich angelegen sein lassen, noch in einer der letzten seiner Arbeiten mit dem Gewicht seines Namens für den ins Wanken geratenen Rechtsbegriff einzutreten.[1]

Wie es auch sonst seine Art ist, durch keine dogmatisch aufgestellten abstrakten Prinzipien beengt, einzig an Hand seiner umfassenden und gründlichen Vertrautheit mit der Eigenart des jeweils vorliegenden Gegenstandes vorwärts zu schreiten und auf Grund einer vergleichenden Betrachtung der ihm zu Gebote stehenden lebendigen Fülle der Einzelfälle mit unübertroffener Sicherheit den Wert allgemeiner Theorien abzuwägen, so geht er auch hier bei der Kritik der von seinen Fachgenossen eingeschlagenen Richtung nicht von einem vorgefaßten allgemeinen Prinzip aus, sondern er orientiert sich dabei über die fraglichen Theorien an ihrer Bedeutung und Tragweite für die in ihrem Bereich liegenden Anwendungsfälle. Auf diesem Wege aber gelangt er dazu, die Lehre abzulehnen, „welche in dem durch Übung (Gewohnheit) und durch internationale Konventionen erklärten Willen der Staaten die eigentliche Quelle des Völkerrechts erblickt", und für die über dem Willen der Staaten stehende „unmittelbar und immer geltende Gerechtigkeit als letzte Quelle des Völkerrechts" einzutreten. (145.)

Er weist darauf hin, „daß der Wille der Staaten allein der bindenden Kraft für die Zukunft entbehre", daß „der Wille", da er „an sich veränderlich" sei, nicht ausreicht, um „die Verbindlichkeit des im Vertrage erklärten Willens" zu begründen (145 f.), und daß daher diese Verbindlichkeit nur „durch den Glauben an die Notwendigkeit des Worthaltens" Bedeutung erhält.

Er zeigt, wie auch die Willenstheorie im Grunde auf eine „vernünftige Betrachtung der Dinge" zurückgreifen müsse, und wie sie in

---

[1] Grundlage und Kodifikation des Völkerrechts. Archiv für Rechts- und Wirtschaftsphilosophie. Bd. VI. Oktober 1912. S. 145 ff.

Widerspruch mit sich selbst gerät, wenn sie in der Voraussetzung, es handle sich um einen vernünftig bestimmten Willen, ihr Prinzip durchbricht, da auf diese Weise in Wahrheit die letzte rechtliche Instanz nicht im Willen, sondern in der Vernunft gesucht wird.

Er macht auf die Konsequenz aufmerksam, daß „jeder völkerrechtlichen Norm von jedem Staate, soweit sie gegen ihn gelten soll, durch eine einfache Willenserklärung der Boden entzogen werden kann, und daß nur Klugheitsmotive die allzu häufige Anwendung solchen Abschüttelns später als unvorteilhaft empfundner Verträge und Rechtsnormen hindern.“ (147, 155.)

Er zeigt, daß man sich den Widersprüchen der Willenstheorie auch nicht, wie es besonders TRIEPEL in seiner Lehre von dem in der völkerrechtlichen Vereinbarung entstehenden Gemeinwillen versucht, dadurch entziehen kann, „daß in den völkerrechtlichen Normen doch nicht nur der eigene Wille der einzelnen Staaten, vielmehr auch ein fremder Wille, der Wille anderer Staaten enthalten sei“ (147); denn „der fremde Wille ist für den eigenen Willen nur Motiv, nicht aber ein Moment, welches den Staatswillen hier zu einem teilweis aus einem fremden Willen zusammengesetzten Gebilde erheben könnte“ (148).

Er hebt die weitere Konsequenz hervor, daß nach der Willenstheorie „nur diejenigen Rechtsnormen Völkerrecht sind, die einhellig von den Staaten als bindend angenommen oder stillschweigend durch Übung anerkannt sind“, daß „dann aber ein Staat sich der Geltendmachung einer ihm im einzelnen Falle unbequemen Norm dadurch entziehen kann, daß er den oft unmöglichen Nachweis verlangt, er habe die fragliche Rechtsnorm schon früher als ihn bindend ausdrücklich oder stillschweigend (durch Unterwerfung unter dieselbe) oder Geltendmachung gegen einen anderen Staat anerkannt“, woraus man dann sehe, „wie die Willenstheorie in ihrer Konsequenz das Völkerrecht unsicher zu machen geeignet ist“. „Fraglich erscheint“, fährt er fort, „ob bei einem solchen Zustande noch von einer wirklich wissenschaftlichen Behandlung des Völkerrechts die Rede sein könnte.“ (149.)

Auch gegen die Theorie, die das objektive Prinzip des Völkerrechts in dem Selbsterhaltungsrecht der Staaten sucht, wendet sich BAR. „Wäre nun die Frage, ob die fernerweite Beobachtung eines Vertrags mit dem Selbsterhaltungsrecht noch vereinbar ist, so leicht zu beantworten, wie die Frage, ob Jemand, der sich in Gefahr von Leib und Leben und somit im Notstande befindet, sich Handlungen erlauben darf, die unter anderen Umständen rechtswidrig sein würden, so könnte in dem Selbsterhaltungsrechte zwar nicht die Basis für die notwendigen positiven Sätze des Völkerrechts, wohl aber immerhin eine brauchbare Grenze für die bindende Kraft der völkerrechtlichen Verträge gefunden werden. Aber die Frage entzieht sich wegen der unvergleichlich schwerer zu beurteilenden Lebensbedingungen eines Staates jeder sicheren Beantwortung.“ (151.)

BAR bleibt aber nicht bei einer bloßen Kritik falscher Doktrinen stehen, er weist vielmehr auch auf den wahren Grundsatz des Völkerrechts hin. Diesen Grundsatz schöpft er aus der Vernunft, und um ihn zu charakterisieren, scheut er sich nicht, den Ausdruck „Naturrecht“ anzuwenden und sich damit den Anfeindungen auszusetzen, zu denen dieses Wort von jeher eine Handhabe geboten hat. Wer sich freilich die Mühe nimmt, sich, statt bloß an Worte, an den von BAR damit verbundenen klaren Gedanken zu halten, der kann nicht verkennen, daß BAR aus den Umständen, „der Natur der Sache“, wie er es nennt, nicht sowohl den Begrif des Rechts schöpft, als vielmehr die Bedingungen, um den Begriff des Rechts überhaupt anzuwenden. Das „Naturrecht“ ist ihm als „Quelle des Völkerrechts im höchsten Grade fruchtbar“ (155), insofern als die „vernünftige Erwägung der Natur der Sache“ dazu führt, „eine höhere Idee“, „ein Recht, das in seinen

Grundlagen der Willkür entrückt ist" (153), zum Prinzip des friedlichen Verkehrs zwischen Menschenvereinigungen, die keiner höheren sichtbaren Macht unterworfen sind, zu erheben.

Weil BAR den Begriff des Rechts als etwas voraussetzt, das nicht auf den Willen oder andere faktische Grundlagen zurückgeführt zu werden braucht, sondern an sich objektive Geltung hat, darum fließt ihm letzten Endes das Ius divinum mit dem Ius naturae zusammen. Und wenn BAR zum Schluß von der „Idee der Menschheit" (158) sagt, sie müsse, „wenn das Völkerrecht wirklich Recht sein und sich fortentwickeln will, auch gegenwärtig und in Zukunft als letztlich maßgebendes Prinzip anerkannt bleiben", so meint er damit die Idee der Menschheit, sofern die Menschheit als Gemeinschaft vernünftiger Wesen die Idee des Rechtes voraussetzt. Damit weist er aber alle heteronomen Begründungen des Völkerrechts ab und läßt als einziges Prinzip das nächstliegende, nämlich das allem Recht zu Grunde liegende Prinzip der Gerechtigkeit zu.

§ 2. SCHOENs Apologie der Willenstheorie.

Welche Aufnahme haben nun diese Darlegungen BARs bei seinen Fachgenossen gefunden?

Daß man einer Stimme, die sich für die Restitution des Rechtsbegriffs erhebt, da, wo man sie nicht überhaupt ungehört verhallen läßt, nur abweisend entgegentritt und ihren Äußerungen gar noch zweideutige Motive unterzuschieben sucht, das beweist die Abhandlung P. SCHOENs[1], in der dieser die Arbeit seines verstorbenen Kollegen

[1] Zur Lehre von den Grundlagen des Völkerrechts. Archiv für Rechts- und Wirtschaftsphilosophie. 8. Band, 3. Heft. April 1915. S. 287 ff.

angreift. Der Umstand, daß sie, so viel mir bekannt ist, den einzigen Versuch darstellt, sich mit den Argumenten BARs auseinanderzusetzen, läßt es geboten erscheinen, die Abhandlung von SCHOEN in diesem Zusammenhang nicht zu übergehen.

SCHOEN steht auf dem Boden der „Willenstheorie" und richtet daher seine Polemik gegen die Kritik, die BAR an dieser Theorie geübt hat. Dabei erhebt er gegen BAR den Vorwurf, dieser habe überhaupt nicht versucht, den juristischen Aufbau der Willenstheorie als unhaltbar nachzuweisen, „sondern nur ihre unliebsamen Konsequenzen aufgezeigt": „v. BAR lehnt die Willenstheorie nicht ab, weil sie ihm juristisch unhaltbar erscheint, sondern weil sie zu ihm unerwünschten Resultaten führt" (289). Diese schwere Beschuldigung wird bereits hinreichend durch das von mir aus der BARschen Abhandlung Angeführte entkräftet. Es findet sich denn auch bei SCHOEN nichts, was auch nur einen Versuch ihrer Begründung darstellen könnte. In Ermangelung einer solchen fällt sie aber in ihrer ganzen Schwere auf den Angreifer zurück. Wenn SCHOEN freilich meint, daß BAR die Willenstheorie in ihren Konsequenzen angreift, so ist dem in der Tat so. Sollte es nicht auch genügen, um die Unhaltbarkeit einer Theorie nachzuweisen, die Unhaltbarkeit ihrer Konsequenzen aufzudecken? Daß aber einem wahrheitsliebenden Forscher die Falschheit einer Konsequenz unliebsam und unerwünscht erscheint, sollte ihm nicht zur Schande gereichen. Und wenn es richtig ist, daß BAR „die juristischen Ausführungen, in denen JELLINEK dieses Resultat" — daß der „Wille der Staaten die eigentliche Quelle des Völkerrechts" ist — „findet, nicht eingehender nachgeprüft hat" (was nach dem Gesagten zur Widerlegung JELLINEKs auch keineswegs erforderlich war), so werden hoffentlich die ersten Kapitel der vorliegenden Schrift dazu dienen, diese von SCHOEN empfundene Lücke auszufüllen und zu zeigen, was es mit der „feinen und eingehenden Entwicklung der Willenstheorie durch

JELLINEK“ für eine Bewandtnis hat. Die dort gegebenen Nachweisungen enthalten die von SCHOEN vermißte direkte Widerlegung der Willenstheorie, und solange sie nicht entkräftet sind, können wir in der Tat allen weiteren Streit um die Konsequenzen der Willenstheorie getrost auf sich beruhen lassen. Die folgenden Bemerkungen werden genügen, um zu zeigen, daß jene Nachweisungen bereits eine hinreichende Widerlegung der dem Gedankenkreis der SCHOENschen Abhandlung angehörigen Argumente enthalten.

Gegen die auch von SCHOEN vertretene Lehre, daß das Völkerrecht für den einzelnen Staat lediglich vermöge seines Willens gelte und in diesem Sinne auf Verpflichtung der Staaten durch sich selbst beruhe (301), erhebt sich „zunächst das rein rechtliche Bedenken, daß die Selbstverpflichtung des einzelnen Staates nicht Rechte zwischen ihm und anderen Staaten schaffen kann“ (302). Dieses Bedenken ist nach SCHOEN „einfach im Hinblick auf das innere Staatsrecht unhaltbar“ (304). Wenn er sagt, es sei nahezu unbestritten als Ergebnis der modernen Staatsrechtslehre anerkannt, daß der Staat den seiner Gewalt Unterworfenen gegenüber seinen Willen selbst binden kann, und wenn er argumentiert, es sei nicht einzusehen, warum, wenn dieses möglich sei, der Staat nicht auch „in derselben Weise ihm koordinierten Rechtssubjekten gegenüber seinen Willen sollte autonom binden können“ (304), so ist dies ebenso richtig, wie es für die zur Diskussion stehende Frage unerheblich ist. Denn, wenn es nahezu unbestritten anerkannt ist, daß in staatsrechtlicher Hinsicht der Staatswille ein hinreichender Geltungsgrund des Rechtes sei, so ist dies ja erst eine Folge der allgemeinen Herrschaft der Willenstheorie in der Rechtslehre, und es ist eine sonderbare Rechtfertigung dieser Theorie, sich darauf zu berufen, daß sie tatsächlich für richtig gehalten werde. Und es ist auch in der Tat nicht einzusehen, warum, wenn man eine falsche Voraussetzung auf die Lehre vom Staatsrecht angewandt hat, man denselben Fehler nicht auch in der Lehre vom Völkerrecht begehen können soll.

Auf den anderen Haupteinwand, daß die Willenstheorie „den Bestand des Völkerrechts dauernd in Frage stelle“, da der Staat aufhören kann, gebunden sein zu wollen, „indem die weitere Anerkennung einer Norm seinen Sonderinteressen entgegen ist, und er sich dann ohne Rechtsbruch von dieser Norm lossagen kann“, antwortet SCHOEN damit, daß „die angegebene Überlegung zweifellos richtig“ sei, allein darum sei „die Rechtslage tatsächlich doch keine so unsichere, wie es auf den ersten Blick scheint“ (302). Er bedient sich auch hier der Vergleichung mit dem Staatsrecht. Vertraue man hier auf die Konstanz des staatlichen Willens, so könne „noch mehr der auf Regelung des staatlichen Handelns nach außen hin gerichtete“ Staatswille als ein konstanter gelten. Die Gefahr, das Ansehen und Vertrauen zu verlieren, dessen er notwendig im internationalen Verkehr bedarf, hindere den Staat, sich mit einer einmal anerkannten völkerrechtlichen Norm in Widerspruch zu setzen. Die von BAR angegebenen und übrigens auf der Hand liegenden Tatsachen, die das Gegenteil beweisen, werden von SCHOEN dabei keiner Beachtung gewürdigt. Im übrigen aber sind Erwägungen dieser Art offenbar nur politischer Natur und insofern für die rechtliche Frage, was bei der a priori doch nicht auszuschließenden Veränderlichkeit des Willens die Konstanz seiner rechtlichen Bindung garantiere, durchaus unerheblich. Durch das Zugeständnis, daß nach der Willenstheorie im Grunde nur opportunistische Rücksichten die Wahrung des Rechts bedingen können, wird vielmehr geradezu eingeräumt, daß diese Theorie nur ein politisches Surrogat an die Stelle des Rechts zu setzen vermag.

Wenn aber SCHOEN auf dasselbe Bedenken weiterhin antwortet, „daß von einer Reihe völkerrechtlicher Normen“, nämlich von denjenigen, „die von allen Staaten als notwendig allgemein geltende angesehen werden", „der einzelne Staat sich auch rechtlich gar nicht lossagen kann, solange er überhaupt Mitglied der Völkerrechtsgemeinschaft bleiben will" (303), denn ein Staat, der derartiges täte, „würde sich nicht nur um das Ansehen und Vertrauen bei den anderen Staaten bringen, er würde sich auch rechtlich außerhalb der Völkerrechtsgemeinschaft stellen, indem er sich zu den grundlegenden Normen, auf die diese gestellt ist, und deren Anerkennung Voraussetzung für die Aufnahme in die Gemeinschaft ist, nicht mehr bekennt", so ist diese Argumentation allerdings von allen politischen Rücksichten unabhängig; für die Rechtsfrage aber ist auch sie offenbar unerheblich, da sie nur auf die Tautologie hinausläuft, daß Staaten, die sich von den Bedingungen der Mitgliedschaft der Völkerrechtsgemeinschaft lossagen, insofern nicht mehr als Mitglieder der Völkerrechtsgemeinschaft gelten können. Das bloße Wort „Völkerrechtsgemeinschaft" besitzt nicht die Zauberkraft, Staaten zu binden. Der Ausdruck verschleiert nur das Nichtssagende dieser Argumentation. SCHOEN hätte sie kürzer so formulieren können, daß von einer Reihe völkerrechtlicher Normen der einzelne Staat sich auch rechtlich gar nicht lossagen kann, ohne sich von ihnen rechtlich loszusagen. Eine Wahrheit, deren Gehalt vermutlich nicht hinreichen wird, um einen Staat davon abzuschrecken, sich von einer Rechtsnorm loszusagen.

Hätten sich die Willenstheoretiker übrigens nur einmal die Frage vorgelegt, wie es zugehen mag, daß überhaupt so etwas wie „Ansehen und Vertrauen" im politischen Leben eine Rolle spielen kann, so würde ihnen nicht entgangen sein, daß die Möglichkeit dieser Tatsache ein nach ihrer Theorie unbegreifliches Rätsel bleiben müßte. Sie hätten dann nämlich bemerkt, daß das Verhalten eines Willens einer solchen Beurteilung nur insofern unterworfen werden kann, als dabei schon das Bestehen gewisser, vom Willen unabhängiger rechtlicher Anforderungen vorausgesetzt wird. Das durch die Willenstheorie hinauseskamotierte Recht wird hier also nur unbemerkt durch eine Hintertür wieder hereingelassen. Vor dieser Selbsttäuschung hat BAR eigentlich schon die Anhänger der Willenstheorie gewarnt, wenn er darauf hinweist (155), daß das, was „am ehesten anderen Staaten als billig erscheinen wird", es ist, dessen Berücksichtigung gerade einen in kluger Weise gemäßigten Eigennutz bestimmen wird. Aber einen solchen ebenso kurzen wie tiefgehenden Hinweis, wie er für die besonnene und reservierte Darstellungsweise BARs charakteristisch ist, zu durchdenken, ist freilich nicht jedermanns Sache.

Wie sehr dies zutrifft, zeigt auch die Argumentation, mit der SCHOEN dem Einwand BARs zu begegnen sucht, daß, wenn das Völkerrecht auf den Willen der Staaten gegründet wird, „die Selbständigkeit des Völkerrechts gegenüber dem Staatsrecht der einzelnen Staaten nicht festzuhalten" sei, und daß „das Völkerrecht somit äußeres Recht der Staaten" werde.[1] Man könnte zwar zunächst geneigt sein, zu meinen, daß es sich bei dieser Unterscheidung zwischen Völkerrecht und äußerem Staatsrecht um einen bloßen Wortstreit handle. Denn, wenn man mit der Selbständigkeit des Völkerrechts dem Staatsrecht gegenüber nichts weiter behaupten will, als daß es nicht wie dieses auf nur „einseitiger Selbstbeschränkung in der Ausübung der Staatsgewalt" (305) beruhe, so ist diese Behauptung in der Tat ebenso unangreifbar wie trivial (wenn man wenigstens davon absieht, daß schon die einseitige Beschränkung in der Ausübung der Staatsgewalt nicht durch den bloßen Willen erzeugt werden kann). In diesem Sinne hat aber natürlich auch BAR nicht von der Selbständigkeit des Völkerrechts gesprochen, wenn er sie für unvereinbar mit der Willenstheorie erklärte. In der Tat kommt denn auch in SCHOENs Darstellung das in sachlicher Hinsicht für diese Streitfrage allein Wesentliche zum Vor-

[1] BAR, a. a. O. S. 147.

schein, wenn er mit JELLINEK erklärt, daß es für die Selbständigkeit des Völkerrechts nicht hinreichen würde, daß das durch den Willen des einen und anderen Staates geschaffene Recht, „vom rechtlichen Standpunkte beurteilt, nur zufällig übereinstimmt" (305). Genügt aber, um in diesem Sinne die Selbständigkeit des Völkerrechts nachzuweisen, die Feststellung, daß die Völkerrechtsnormen für jeden Staat doch immer nur unter der Voraussetzung gelten, „daß andere Staaten sie auch für sich wollen" (306)? Wenn man ein durch diese Voraussetzung charakterisiertes Recht „gemeinsames Recht" (306) und ein gemeinsames Recht der Staaten, eben um dieser Gemeinsamkeit willen, „Völkerrecht" nennen will, so steht dem weiter nichts im Wege. Aber offenbar genügt ein solches terminologisches Manöver nicht, um in der Aufweisung eines derartigen gemeinsamen Rechts der Staaten einen Existenzbeweis für das hier allein in Frage stehende Völkerrecht zu erbringen. Denn es ist klar, daß die bloß faktische Übereinstimmung des Willens des einen und anderen Staates, wenn sie auch, politisch betrachtet, denselben Erfolg hat, wie ihn rechtlicher Weise eine gegenseitige Verpflichtung hätte, nicht genügt, um auf das Bestehen einer gegenseitigen Verpflichtung und damit auf die rechtliche Notwendigkeit der Willenseinigung zu schließen. Diesen Trugschluß begeht aber offenbar SCHOEN, wenn er sagt:

> „So entsteht notwendig gemeinsames Recht, denn für keinen Staat wird die Norm Rechtsnorm, solange sie nicht auch von anderen Staaten als solche anerkannt ist. Äußeres Staatsrecht in dem Sinne, als ob sie von den einzelnen Staaten ganz unabhängig von einander als die freie Handhabung ihrer Staatsgewalt nach außen beschränkende Normen angenommen werden, deren inhaltliche Übereinstimmung nur eine zufällige und keine rechtlich festgelegte und gesicherte ist — sind die Sätze, welche wir als Völkerrechtssätze aussprechen, also nicht." (306.)

Und er wiederholt diesen Trugschluß, wenn er behauptet, das erklärte gemeinsame Recht der Staaten sei „etwas anderes als das äußere Staatsrecht“:

> „Es erscheint diesem wie allem einseitig von den einzelnen Staaten geschaffenen Recht gegenüber als ein Recht höherer Ordnung“; . . . „insoferne als es, auf den Willen mehrerer Staaten beruhend, eine mehrere Staaten wechselseitig verpflichtende Ordnung ist, während alles aus dem Willen des einzelnen Staates entsprungene Recht nur eine Lebensordnung für ihn und die seiner Gewalt Unterworfenen sein, nicht aber andere Staaten ihm gegenüber verpflichten kann.“ (307.)

Diese Beweisführung ist eine offensichtliche Erschleichung und erklärt sich nur durch eine erneute Verwechslung eines politischen Verhältnisses der Staaten mit einem rechtlichen. Wenn man das Völkerrecht als gemeinsames Recht der Staaten definiert, so versteht sich freilich, daß die einzelnen Staaten in seiner Annahme nicht „unabhängig von einander“ sind. Das besagt aber weiter nichts, als daß die Staaten in der Annahme einer nur auf Grund übereinstimmenden Willens der Staaten anzunehmenden Norm darin von einander abhängen, daß sie nur im Falle übereinstimmenden Willens zur Annahme einer solchen Norm gelangen können. Diese gegenseitige Abhängigkeit ist aber keineswegs eine gegenseitige rechtliche Abhängigkeit in dem Sinne, daß sich aus ihr auf eine wechselseitige Verpflichtung schließen ließe. Das Sophistische dieser Schlußweise beruht, wie man hieraus ersieht, darauf, daß auch hier wieder eine inhaltlose und insofern unbestreitbare Tautologie dazu mißbraucht wird, daß man ihr die zu beweisende Behauptung unterschiebt, um auf diese, in Wahrheit völlig unbegründete Behauptung den Schein der, jener Tautologie in der Tat innewohnenden Selbstverständlichkeit zu übertragen.

Es verrät offenbar ein gewisses Gefühl für die Fadenscheinigkeit dieser Argumentation, wenn SCHOEN es für nötig hält, zur Ergänzung von JELLINEKs nur politischer Begründung des Völkerrechts ein „alle internationalen Rechtsbeziehungen beherrschendes Prinzip der Gegenseitigkeit" einzuführen, „das eine gleichheitliche Selbstbeschränkung der Staaten in ihrem Verkehr zu einander veranlaßt und auch rechtlich sicherstellt" (306). Aber dies ist eine vergebliche Ausflucht. Denn entweder stellt dieses „Prinzip" nur eine Umschreibung jener Tautologie dar, wie man dies in der Tat annehmen muß, wenn SCHOEN ausdrücklich die „Voraussetzung der Gegenseitigkeit" identifiziert mit der „Voraussetzung, daß andere Staaten sie (die Norm) auch für sich wollen" (306); dann kann es die fehlende Begründung nicht ersetzen. Oder es soll damit wirklich ein rechtliches Prinzip eingeführt werden, d. h. ein solches der gegenseitigen Verpflichtung zur Annahme der fraglichen Norm; dann bedeutet es in Wahrheit die Preisgabe der Willenstheorie, da es die Unterwerfung unter die Völkerrechtsnorm dem Belieben der Staaten entziehen würde; denn, wie er wiederum selbst sagt, die Willen anderer Staaten „sind dem eigenen Willen koordiniert, und koordinierte Willen können einander nicht binden". (309.) SCHOENs Entgegnung auf BARs klare Argumentation ist also eitel Spiegelfechterei.

Mit wie untauglichen Mitteln der Versuch einer Apologie der Willenstheorie von SCHOEN unternommen wird, das geht auch allein schon aus der Art hervor, wie er das „Wesen und die Bedeutung der Anerkennung" zu erklären sucht. Der Darlegung BARs, „daß die Existenz eines bestimmten Staates eine Tatsache sei, also von der Anerkennung seitens anderer Staaten nicht abhänge" (311), weicht SCHOEN durch die Antwort aus, daß allerdings das Bestehen eines Staates eine Tatsache sei und daher nicht von der Anerkennung anderer Staaten abhänge, daß aber die Willenstheorie auch nur das Recht auf den Willen der Staaten zurückführe: „Die Frage, ob ein neues Staatswesen entstanden ist, fällt daher überhaupt aus dem Bereich dieser Theorie heraus. Erst die weitere Frage, wie rechtliche Beziehungen zwischen dem Neustaat und den Altstaaten entstehen, muß sich nach der Theorie beantworten lassen." (311.) Mit dieser Unterscheidung ist aber offenbar für die Rettung der Willenstheorie nicht das Mindeste gewonnen. Denn wenn SCHOEN sagt, daß erst die Anerkennung den neuen Staat „zur völkerrechtlichen Persönlichkeit macht", daß erst sie „die Existenz rechtlicher Beziehungen zwischen dem Neustaat und den Altstaaten erwirkt" (312 f.), und daß daher für diese rechtlichen Beziehungen die Anerkennung als „Vereinbarung" konstitutiv sei, so springt der Zirkel dieser Behauptung in die Augen. Was könnte auch einleuchtender sein, als daß, wenn durch eine Vereinbarung rechtliche Beziehungen hergestellt werden sollen, die die Vereinbarung mit einander treffenden Staaten schon als völkerrechtliche Subjekte auftreten müssen. Ohne ein schon vorausgesetztes Recht, einander durch ihren Willen zu verpflichten, könnten ja an den Willen, den die Staaten in der Vereinbarung einander kund tun, keine rechtlichen Folgen geknüpft sein. Nach der Willenstheorie müßte man, um ein solches Recht zu begründen, die Vereinbarung, durch die allein es entstanden gedacht werden könnte, als bereits abgeschlossen voraussetzen. Jede rechtskräftige Vereinbarung würde also eine andere, schon zu Grunde liegende erfordern, und so fort in unendlicher Reihe, so daß niemals ein wirkliches Recht entstehen könnte.

Indessen, man muß darauf gefaßt sein, daß diese einfache Überlegung nicht ausreicht, um die Anhänger der Willenstheorie von der Unhaltbarkeit ihrer Lehre zu überzeugen. SCHOEN wird sich auf seine Sätze berufen:

„Äußerlich — und das ist gleichbedeutend mit rechtlich — gebunden sein kann man nur an etwas, was in der Außenwelt existiert, nicht also an eine bloß gedachte, sondern nur an eine ausgesprochene

Norm. Erst mit der Erklärung des der Überzeugung entsprechenden Rechtsgedankens ist der bindende Rechtssatz existent. Diese Erklärung setzt aber den auf sie gerichteten Willen voraus, der wieder als seine Voraussetzung den weiteren Willen umschließt, daß das als Recht Erkannte auch Recht, d. h. bindend sein soll für die Erklärenden wie die Genossen. So ist das, was den Rechtssatz schafft, die Erklärung, und diese beruht auf dem rechtlich freien Willen der Rechtsgenossen." (293.)

In der Tat, wenn man davon ausgeht, „rechtlich" sei gleichbedeutend mit „äußerlich", so muß gefolgert werden, daß nur die „Erklärung" und also die Anerkennung das Recht schafft. Und in diesem Sinne ist die Willenstheorie wirklich unwiderleglich. So verstanden ist sie aber auch noch von keinem denkenden Menschen bezweifelt worden. Denn wie sollte ein solcher sich in den Sinn kommen lassen, die Wahrheit der Tautologie in Frage zu ziehen, daß die Anerkennung nur durch die Anerkennung entstehen könne. Mehr besagen aber jene von SCHOEN angeführten Sätze nicht. Sie sind wieder ein bloßes Spiel mit dem Worte „Recht", ein Spiel, das als harmlos gelten könnte, wenn SCHOEN selbst vorsichtig genug gewesen wäre, nicht schon innerhalb weniger Zeilen seine willkürliche Umdeutung dieses Wortes zu vergessen und nicht alsbald die von ihm dem Worte gegebene Bedeutung mit der ihm im üblichen Sprachgebrauch zukommenden zu verwechseln. Denn dies tut er in den Worten: „daß das als Recht Erkannte auch Recht, d. h. bindend sein soll für die Genossen". Einzig durch diese gröbliche quaternio terminorum kann er zu der Selbsttäuschung gelangen, durch seine Argumentation etwas zur Begründung der Lehre geleistet zu haben, daß das Völkerrecht auf einer Verpflichtung der einzelnen Staaten durch ihren eigenen Willen beruhe (301).

Daß er aber einer so folgenschweren Selbsttäuschung zum Opfer fallen konnte, erklärt sich wenigstens zum Teil durch einen falschen

Schluß aus der an sich durchaus richtigen Voraussetzung, daß das bloße „innere Überzeugtsein von der Richtigkeit eines bestimmten Verhaltens" nur erklärt, daß „der Einzelne sich innerlich gebunden halten mag" (293), aber noch nicht dazu hinreicht, daß er auch objektiv rechtlich gebunden sei. So richtig nämlich diese Voraussetzung ist, so verfehlt ist der von SCHOEN daraus gezogene Schluß, daß, da das innere Überzeugtsein hier nicht ausreiche, man nur an etwas in der Außenwelt Existierendes rechtlich gebunden sein könne und also „nicht an eine bloß gedachte, sondern nur an eine ausgesprochene Norm". Denn die hierbei stillschweigend gemachte Voraussetzung, daß, wenn das Recht nichts Innerliches sei, es etwas Äußerliches sein müsse, ist offenbar falsch. Sie beruht auf einer unvollständigen Disjunktion, und diese entsteht nur durch die Verwechslung des Gegensatzes von Subjektivem und Objektivem mit dem des Psychischen und Physischen. Eine rechtlich bindende Norm ist freilich etwas anderes als das bloße „innere Überzeugtsein" von der rechtlichen Bindung an die Norm. Aber daraus folgt nicht, daß diese Norm irgend wo in der Außenwelt existieren müsse. Andererseits ist es richtig, daß das Aussprechen der Norm und also die „Erklärung" nur in der Außenwelt vor sich gehen kann. Aber daraus folgt wiederum nicht, daß die ausgesprochene Norm selbst sich in der Außenwelt vorfindet. Sie bleibt vielmehr, auch nachdem sie ausgesprochen ist, als Norm etwas „bloß Gedachtes", wenn auch darum nicht weniger Objektives. Mag man die unausgesprochenen Normen nicht rechtliche, sondern „nur moralische Imperative" nennen, so wäre es doch ein Trugschluß, um der Verschiedenheit dieser beiden Begriffe willen zu meinen, es könne nicht dieselbe Norm sein, die als ausgesprochene ein rechtlicher, als unausgesprochene ein moralischer Imperativ heißt; und so wenig die rechtliche Norm etwas Äußerliches ist, so wenig ist die moralische etwas Innerliches.

Hat man sich einmal von dieser Verwechslung der ausgesprochenen Norm mit der Aussprache der Norm frei gemacht, so wird man auch nicht mehr auf den Mißgriff verfallen, aus der Willkürlichkeit jener Aussprache (der Erklärung oder Anerkennung) darauf zu schließen, daß die Rechtsnorm selbst ein Produkt des Willens sei. Der Einsicht in die Unhaltbarkeit dieser Behauptung kann sich übrigens SCHOEN selbst nicht völlig verschließen, wie er durch das Zugeständnis verrät, daß sich die Einzelnen an die Rechtsnormen „gebunden halten, auch wenn sie im Einzelfalle ihrem individuellen Interesse nicht entsprechen, weil sie die Überzeugung haben, daß solche Regeln notwendig und die von ihnen anerkannten nicht das Produkt von Willkür, sondern eine gerechte Ordnung ihres Zusammenlebens sind" (296). Was unter solchen Umständen die Willenstheorie noch zu bedeuten hat, darüber hat sich SCHOEN nicht ausgesprochen. Gerade dies, was er hier ausdrücklich zugesteht, war ja die Lehre BARs gewesen, gegen die er zu Felde zieht.

SCHOEN nennt es einen unbestrittenen Gedanken, „daß es für den Juristen nur einen Rechtsbegriff geben kann, und daß das Völkerrecht daher, wenn es überhaupt Recht im allgemein verstandenen Sinne sein soll, wesensgleich sein muß mit dem Privatrechte, dem Strafrechte und anderen Rechtsdisziplinen, über deren Wesen man eine sichere Auffassung gewonnen hat, daß daher auch die letzten juristischen Grundlagen des Völkerrechts keine anderen sein können als die anderer Rechtsteile" (292).

Wenn er dennoch das für das Verhältnis der einzelnen Menschen zugestandene Prinzip für das Verhältnis der Staaten nicht gelten lassen will, so wird er diese Inkonsquenz vermutlich durch das Prinzip der Souveränität rechtfertigen wollen. Und in der Tat dient ihm dieses Prinzip dazu, die Verpflichtung durch ein über ihrem Willen stehendes Recht von den Staaten abzuwälzen:

„Wer soll", fragt er, „in für die souveränen Staaten bindender Weise diese Feststellung" (des objektiven Rechts nämlich) „treffen?" (290.)

Man möchte geneigt sein, zu antworten, daß diese Feststellung denen zukommt, die auch sonst berufen sind, die Wahrheit festzustellen, und also in diesem Falle den Rechtslehrern. SCHOEN findet es anders:

„Weder die Ansicht einzelner, noch die jeweils herrschende Meinung der Wissenschaft kann hier formal maßgebend sein für die Staaten. Die Staaten selbst sind berufen, die einzelne Norm auf ihren Wert zu prüfen, und selbst ihre Überzeugung, daß eine bestimmte Norm der Natur der Sache entspricht, kann sie formal an diese nicht binden. Denn der souveräne Staat kann begrifflich an keinen Satz gebunden sein, an den er nicht gebunden sein will; selbst eine Norm, die er bei objektiver Prüfung als eine der Natur der Sache entsprechende anerkennen muß, kann er formal zu Recht als eine für ihn bindende ablehnen, wenn er aus einem Grunde nicht an sie gebunden sein will." (290.)

Damit wird uns denn das zum Überdruß gehörte Wortspiel nochmals vorgeführt. Gewiß, es bleibt immer gleich wahr, daß, wenn Souveränität Unabhängigkeit des Staates von allen über seinem Willen stehenden Normen bedeutet, der souveräne Staat an solche Normen nicht gebunden sein kann. Und es bleibt immer gleich falsch, daß diese nichtssagende Tautologie irgend einen auf die wirklichen Staaten anwendbaren Schluß erlauben könnte, da die rechtliche Möglichkeit eines im definierten Sinne souveränen Staates sich selbst widerspricht.

Dies also sind die Gründe, aus denen SCHOEN sich nicht entschließen kann, „von der juristisch als richtig erfundenen Lehre abzugehen" (313).

Schlußbetrachtung.

§ 1. Die Rechtswissenschaft und der Krieg.

Es war der Zweck dieser kritischen Betrachtungen, den Betrug aufzudecken, dessen sich juristische Lehren schuldig machen, wenn sie an Stelle des preisgegebenen Rechtsbegriffs politische Surrogate irgend welcher Art zur Grundlage einer den Namen der Rechtswissenschaft usurpierenden Dialektik machen. Wenn wir dabei vorzugsweise auf das Völkerrecht eingegangen sind, so geschah dies aus dem Grunde, daß auf diesem Gebiet, wo die Praxis noch nicht durch die übermächtige Einwirkung erstarrender Traditionen für den gestaltenden Einfluß einer vernünftigen Theorie unzugänglich geworden ist, die Wissenschaft eine um so schwerere Verantwortung trägt, je größer die Tragweite des Nutzens richtiger wie des Schadens verkehrter Untersuchungen hier noch sein kann.

Auf diesem Gebiete tritt denn auch, wie die ausgeführten Darlegungen zeigen, am klarsten zu Tage, daß die sogenannte Rechswissenschaft, weit entfernt, der wissenschaftlichen Sicherstellung des Rechts zu dienen, sich in eine frivole Advokatenkunst verwandelt hat, die sich, unter Vorschützung angeblicher Rechtsprinzipien, der Herbeiführung rechtlicher Zustände mit allen ihr zu Gebote stehenden Mitteln widersetzt, indem sie die höchste Autorität, die nur von der Heiligkeit des Rechtes ausgehen kann, gegen das Recht selber ausspielt.

Die vorangehende Polemik enthielt sich aller Argumente, die

einem Hinweis auf die bereits wirklich eingetretenen Folgen der wissenschaftlich als unhaltbar erwiesenen Lehren entnommen werden könnten. Nun aber fasse man einmal die Folgen ins Auge, die jene schulgerecht geübte Verdrehung der einfachsten Rechtsbegriffe gezeitigt hat und deren furchtbare Wirklichkeit die lauteste, durch keine tönende Rhetorik zu überschreiende Anklage gegen die feile Priesterin des Rechts erhebt. Der Krieg tobt zwischen den Staaten, die das Haager Abkommen unterzeichnet haben. Die internationale Anarchie, das Faustrecht der Staaten ist auf den Schild erhoben, nachdem es jahrzehntelang unter dem Schutze von Verträgen sein Dasein fristete und als schleichendes Gift das Vertrauen zwischen den Völkern zerstörte. Wo bleibt nun die Wirksamkeit jener Verträge? Wo bleibt nun der vorgebliche gute Wille der Staaten, auf den jene Verträge sich aufbauten und aufbauen mußten, solange man nicht im Ernst daran denken wollte, sie auf die allein sichere Grundlage zu stellen, auf ein verfassungsmäßig geschütztes Völkerrecht? Die, welche das über den Staaten stehende Recht leugneten, um nur den Erfolg roher Gewalt anzubeten, die erleben nun das, womit sie in Gedanken spielten. Ob sie nun zufrieden sind, daß die Wirklichkeit ihre kühnsten Träume erfüllt hat? Und jene gottseligen Optimisten, die der Sicherung des Rechts entraten zu können glaubten und das Schicksal der Menschheit einem Fetzen Papier anvertrauten, muß ihnen angesichts der rechtlos wütenden, alle wahren Kulturwerte mit der Vernichtung bedrohenden Gewalt nicht bewußt werden, ein wie großer Anteil der Schuld auf sie entfällt, weil sie nicht fragten, ob die Wirklichkeit auch die phantastische Welt ist, die sich in ihren Büchern spiegelte?

Man wende nicht ein, dieser Krieg sei als ein unabwendbares Verhängnis über die Menschheit hereingebrochen, und es liege kein Grund vor, die harmlos ihrer Wissenschaft lebenden Rechtsgelehrten dafür verantwortlich zu machen. Denn solange diejenigen, deren höchster

Beruf es wäre, auf die Sicherung des Rechtes hinzuwirken, und denen die hohe Aufgabe anvertraut ist, das Rechtsbewußtsein im öffentlichen Leben zu festigen und zum Siege über alle Machtvergötterung zu führen, sich den Pflichten ihres Berufes so weit entfremden, daß sie, im Schwindel des Tanzes um das goldene Kalb der Souveränität, selber vor diesem Götzen in den Staub sinken, hat man keinen Grund, nach einem im Verborgenen waltenden bösen Geist zu suchen, um auf ihn die Verantwortung dafür abzuwälzen, daß eingetreten ist, was nur ein hinreichend entwickeltes öffentliches Rechtsbewußtsein abzuwenden vermocht hätte.

§ 2. Rechtswissenschaft und Metaphysik.

Fragt man schließlich, wie es sich erklärt, daß solche, den Rechtsbegriff ignorierenden Lehren in der Rechtswissenschaft Fuß fassen konnten, so geht die Antwort deutlich genug aus unseren kritischen Betrachtungen hervor: Es erklärt sich durch nichts anderes als durch den Einfluß einer Philosophie, deren eigenste Natur es mit sich bringt, daß sie sich, wo sie überhaupt Eingang finden konnte, durch eine fortschreitende Zersetzung aller Rechtsbegriffe geltend machen mußte, und in deren Natur es zugleich liegt, daß man ihrem zersetzenden Einfluß um so widerstandsloser anheimfallen mußte, je unmerklicher er sich vollzog und je mehr man sich in dem dünkelhaften Wahne sonnte, sich von allen metaphysischen Spekulationen befreit zu haben.

Geht man den historischen Quellen des Einflusses nach, der die Rechtswissenschaft in diese verhängnisvolle Bahn gedrängt hat, so entdeckt man in ihm vor allem eine Nachwirkung der despotischen Herrschaft, mit der die HEGELsche Philosophie alle Regungen kritischen Denkens so lange niedergehalten hat. Diese Philosophie, die einem alle liberale Denkungsart erstickenden Staatsabsolutismus huldigte, mußte allen denen willkommen sein, die sich gern einer Scheinwissenschaft bedienten, um als Anwälte der durch die bestehenden Machtverhältnisse geheiligten Institutionen aufzutreten, und die kein geeigneteres Mittel finden konnten, um die Bestrebungen echter Wissenschaft niederzuhalten, deren Erfolg für sie nur eine Gefährdung des Fortbestandes dieser Institutionen bedeutet hätte. Und so wurde diese Philosophie zum fruchtbaren Nährboden, auf dem die Giftpflanze jener Advokatenkunst wuchern konnte, unter deren Pesthauch alle Kraft des Rechtsbewußtseins dahinschwinden mußte, jener Advokatenkunst, die es verschuldet hat, daß die Rechtswissenschaft sich mehr und mehr zur Magd der Politik erniedrigen lassen mußte, und deren letzte Früchte wir in diesem Kriege ernten.

Wenn die Rechtswissenschaft den Verführungen einer servilen Denkungsart so völlig unterlegen ist, so verdient diese Schwäche um so härtere Verurteilung, als es nicht an vernehmlichen Warnungen vor dem intellektuellen und moralischen Abgrund gefehlt hat, dem sie sich entgegentreiben ließ. Und zwar nicht etwa nur von Seiten philosophischer Autoren, die von dem durch KANT gelegten festen Grunde der Kritik der Vernunft aus den Rückfall der Philosophie in die dogmatische Willkür bekämpften, sondern auch aus dem Lager klar denkender und den Ernst ihrer Wissenschaft hoch haltender Juristen haben sich schon längst gewichtige Stimmen erhoben, um auf die der Wissenschaft und dem Recht selbst gleich verderblichen Konsequenzen aufmerksam zu machen.

Will man ein Beispiel, so weise ich auf die noch heute, und heute mehr als je, der ernstesten Beachtung würdigen Abhandlungen hin, in denen FRICKER[1] bereits vor vier Jahrzehnten die Schleichwege

[1] FRICKER, Das Problem des Völkerrechts, Zeitschrift für die gesamte Staatswissenschaft, 28. Jahrgang, 1. Heft, S. 90 ff. 2. u. 3. Heft, S. 347 ff. Tübingen 1872.

aufgedeckt hat, auf denen seine den Spuren HEGELs folgenden Fachgenossen den Bau ihrer eigenen Wissenschaft unterwühlten, und von denen namentlich die letzte[1], die diese Polemik an Hand einer Kritik der BERGBOHMschen Lehre vom Willen der Staaten als Quelle des Völkerrechts nochmals aufnimmt, durch die Hingabe, mit der sie die Sache des mißachteten Rechtsbegriffs führt, ein Ehrfurcht gebietendes Beispiel für einen in der Wissenschaft unserer Tage schwerlich zu findenden Ernst darstellt.

Ich weise auch auf die freimütigen Worte hin, mit denen später SCHLIEF[2] die Völkerrechtslehrer ermahnt hat, eingedenk zu bleiben, daß es nicht ihre Aufgabe sei, dem Politiker Handlangerdienste zu leisten und unter allen Umständen eine sophistische Beschönigung des einmal Bestehenden zu liefern, sondern daß es im Gegenteil ihr hehrer Beruf sei, der Vervollkommnung der bestehenden Zustände die Wege zu ebnen und der politischen Entwicklung die Richtlinien vorzuzeichnen.

Ich weise schließlich auf die wahrhafte Prophetie LUDWIG VON BARs[3] hin, in der dieser tiefdenkende Rechtslehrer und warmherzige Menschenfreund vor den Folgen gewarnt hat, die die fortschreitende Untergrabung des Rechtsbewußtseins heraufbeschwören mußte, eine Prophetie, deren Ignorierung seitens der zu ihrer Beherzigung am meisten berufenen Fachmänner um so sträflicher erscheinen muß, als man hier über eine bloß gelehrte Kritik hinaus zugleich den voll-

---

1 FRICKER, Noch einmal das Problem des Völkerrechts. Zeitschrift für die gesamte Staatswissenschaft, 34. Jahrgang, 1. u. 2. Heft, S. 368 ff. Tübingen 1878.

2 SCHLIEF, Der Friede in Europa, eine völkerrechtliche Studie. 1892. (S. 161 f.)

3 Vergleiche hauptsächlich die kleine Schrift von BAR: Der Burenkrieg, die Russifizierung Finnlands, die Haager Friedensconferenz und die Errichtung einer internationalen Academie zur Ausgleichung von Streitigkeiten der Staaten. Hannover 1900.

ständigen Plan für die einzig wirksame Einrichtung gefunden hätte, durch die man der über die gemeinsamen Güter der Menschheit hereinbrechenden Katastrophe hätte begegnen können.

Aber diese und ähnliche Stimmen sind im Winde verhallt. Wozu hätte man sich auch freiwillig des Vorteils berauben lassen sollen, den ein Fortschreiten auf dem nun einmal so erfolgreich betretenen Wege bot, wenn nicht um der Wahrheit und also um eines Wertes willen, der auf der allein noch geltenden Wage des politischen Vorteils nichts mehr wog. Eine ehrliche Rückkehr zum Rechtsbegriff hätte allen jenen dialektischen Spitzfindigkeiten und sophistischen Deutungskünsten den Boden entzogen, die man doch nicht fahren lassen konnte, ohne grundsätzlich darauf zu verzichten, sich zum Advokaten des politischen Erfolges zu machen. Dafür hätten sich aber hohe praktische Anforderungen geltend gemacht, denen sich zu entziehen man ein zweifaches Interesse hatte.

Einmal ist es verlockender, durch Zusammentragung und Wiederausbreitung historischen Wissensstoffes oder durch ein eitles Spiel mit Begriffen vor der dem Selbstdenken abgeneigten und daher jederzeit zur Bewunderung bloßer Gelehrsamkeit bereiten Menge zu glänzen, als sich für eine vielleicht sehr unpopuläre und die höchsten Anforderungen an die Wahrheitsliebe und die persönliche Unabhängigkeit des Einzelnen stellende Idee einzusetzen, eine Idee, die, wenn mit ihr Ernst gemacht werden soll, die mühsamste und entsagungsvollste Organisationsarbeit verlangt, ohne dafür auch nur durch die Verheißung künftigen Nachruhmes zu entschädigen. Denn wenn der durch diese Arbeit herbeizuführende Rechtszustand einmal verwirklicht ist, so wird man es unbegreiflich finden, daß Wesen, die den Anspruch auf Vernünftigkeit erhoben und die überhaupt so etwas wie ein Schamgefühl besaßen, es ertragen konnten, in einem anderen als dem Rechtszustand zu leben.

Andererseits muß, wer sich in den Dienst der Rechtsidee begibt, sich auf Kämpfe gefaßt machen, in denen die Übermacht auf Seiten seiner Gegner steht. Denn da in der Natur notwendig die stärkere Gewalt über die schwächere triumphiert, so ist es eine nur durch eigene Arbeit der Menschen zu lösende Aufgabe, die Macht in den Dienst des Rechtes zu ziehen. Nur im Kampf mit dem Unrecht kann darum das Recht zum Siege gelangen.

Soll es aber gelingen, die Rechtslehre, um sie auf eine gesunde Basis zu stellen, von dem Einfluß einer unwissenschaftlichen Philosophie zu befreien, so ist das Erste, was not tut, den Irrwahn ein- für allemal aufzugeben, als ließe sich dies Ziel dadurch erreichen, daß man sich von aller Metaphysik überhaupt emanzipiert. Hat man einmal eingesehen, daß die vollständigste Kenntnis der Tatsachen, sowie die subtilste Zergliederung von Begriffen niemals zur Begründung auch nur des einfachsten Rechtssatzes genügen kann, daß also Erfahrung und Logik zum Aufbau der Rechtslehre unzureichend sind, so ist eben damit der metaphysische Ursprung des Rechtsbegriffes festgestellt. Dann muß aber auch einleuchten, daß einem Rechtslehrer, der metaphysische Voraussetzungen entbehren zu können meint, in Wirklichkeit nur die Klarheit des Bewußtseins um die metaphysischen Voraussetzungen fehlt, von denen er selbst Gebrauch macht, und daß er daher durch den Verzicht auf die Möglichkeit einer wissenschaftlichen Kritik seiner Voraussetzungen die einzige Waffe aus der Hand gibt, um sich einer trügerischen dogmatischen Metaphysik zu erwehren. Denn allerdings besteht in Folge der Evidenzlosigkeit der metaphysischen Erkenntnis für die Rechtslehre dauernd die Gefahr, daß sie ohne den Schutz einer den höchsten Anforderungen an wissenschaftliche Strenge genügenden Kritik der Vernunft das Opfer sich unbemerkt einschleichender Vorurteile und damit einer immer zügelloser ins Phantastische schweifenden Metaphysik wird.

Nur durch eine aufrichtige Rückkehr zum Rechtsbegriff und damit zu einer ehrlichen Metaphysik des Rechts, und das heißt zu einer auf eine erneute Kritik der praktischen Vernunft gegründeten Rechtslehre, wird man hoffen können, die unsauberen Geister, die sich der Jurisprudenz unserer Tage bemächtigt haben, wieder aus der Wissenschaft zu bannen und damit die Rechtslehre in wissenschaftlich gesunde und zugleich für die höchsten praktischen Zwecke des Lebens fruchtbare Bahnen zurückzulenken.

Nachwort.

Das Manuskript dieses Buches lag zum größten Teil im Herbst 1914 abgeschlossen vor, und die Drucklegung hat sich nur infolge der in den Zeitumständen begründeten technischen Hindernisse bis jetzt hinausgeschoben. Außer der Abhandlung von SCHOEN, die mich zur nachträglichen Einfügung des 11. Kapitels veranlaßt hat, konnte die seit dem Jahre 1915 erschienene Literatur nicht mehr berücksichtigt werden.

Göttingen, 23. Mai 1917.

Der Verfasser.

Register.

Druck von Dr. Reinhold & Co. in Leipzig.

Berichtigungen.

Seite 35, Zeile 6 v. o. muß vor ὕστερον πρότερον ein Anführungszeichen stehen.

Seite 48, Zeile 15 v. o. statt: geradewegs ließ: geradenwegs.

Seite 75, Zeile 12 v. u. statt: minder lies: mindert.

Seite 91, Anmerkung Zeile 5 v. o. statt: daß lies: das.

Seite 168, Zeile 14 v. u. statt: Die lies: Diese.

Seite 175, Zeile 9 v. u. muß vor statt zu sagen ein Komma stehen.

Kolibri 360 GmbH
Ferdinand-Jühlke-Straße 7
99095 Erfurt, Deutschland
produktsicherheit@kolibri360.de